- 일상의 소중한 것들을 간직하는 -

퇴근후, 굿즈만들기

- 일상의 소중한 것들을 간직하는 -

퇴근 후, 굿즈 만들기

고양이빵집

R

프롤로그

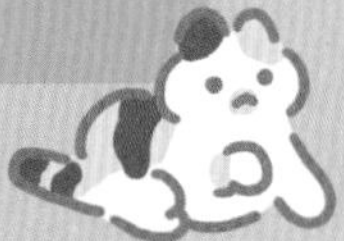

아무것도 없는 하얀 종이 위에 나의 상상이 그려지는 것을 좋아합니다. 어릴 때부터 그림 그리는 걸 좋아해서 여느 그림 그리기를 좋아하는 아이들처럼 매일 수많은 노트에 그림과 만화를 그리며 자랐고, 막연히 화가라는 꿈을 꾸곤 했습니다. 유년 시절, 아버지께서 크리스마스 선물로 주신 사람과 사물을 그리는 책을 수없이 따라 그렸던 그 책은 아직도 소중히 간직하고 있습니다.

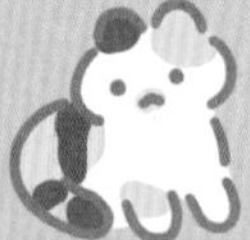

최근 소소한 취미로 사람, 동물, 사물이나 풍경 등 좋아하는 것들을 그리는 사람들이 늘어난 만큼 내 그림을 굿즈로 제작해 보고 싶어 하는 생각하는 사람들도 많아졌습니다. 고양이빵집도 이러한 과정에서 시작되었습니다. 반려동물과의 소소한 일상을 일기처럼 기록하듯 하루하루 그리던 것이 무료한 일상에서 작은 즐거움이 되었고, 그림을 그리면 그릴수록 점점 성장해가는 그림 실력이 느껴졌습니다. 생각보다 더 많은 사람들이 고양이빵집의 일러스트를 좋아해 주는 것을 보면서 나의 그림을 공유하고 싶은 마음, 굿즈를 만들어 판매해 보고 싶은 마음을 담아 여러 가지 굿즈를 만들기 시작하였습니다.

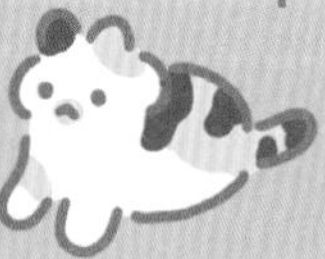

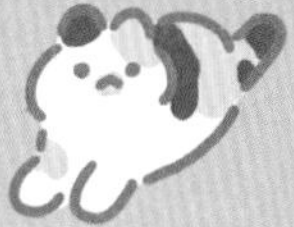

『퇴근 후, 굿즈 만들기』에서는 많이 제작하는 기본적인 굿즈의 제작 방법을 그대로 따라 해 볼 수 있도록 상세히 담았습니다. 그림을 그리는 방법보다는 굿즈를 어떻게 제작하는지에 대해 집중적으로 살펴볼 수 있습니다. 모든 일이 그러하듯 처음 시작하기가 어려울 뿐이지, 기본적인 방법을 파악하면 다양한 굿즈의 제작 방법 또한 금방 응용할 수 있습니다. 어떻게 판매를 시작해야 할지, 어떠한 방법으로 알려야 할지 막막했던 현실적인 고민에도 조금이나마 도움이 될 수 있도록 다양한 정보를 담았습니다. 취미로 시작했던 드로잉으로 굿즈를 제작하고 나만의 온라인 소품숍이 되기까지 꾸준히 작업을 이어 왔기에 가능한 일이었습니다.

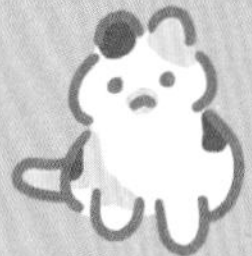

좋아하는 일을 멈추지 마세요. 아무리 좋아하는 일이라 해도 어느 순간에는 힘들고 지칠 수 있겠지만, 꾸준히 성실하게 이어간다면 반드시 좋은 결과와 마주할 수 있을 테니까요.

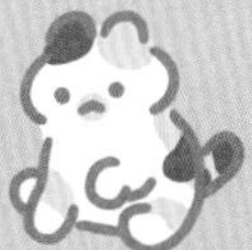

고양이빵집

김혜선

contents

Chapter #01
굿즈 만들기 준비

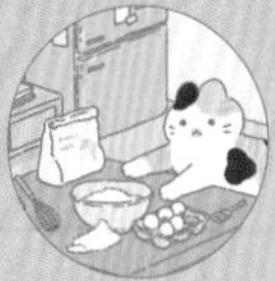

Chapter #02
인기만점 문구류 만들기

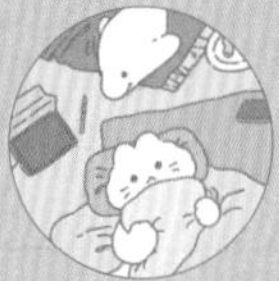

Chapter #03
귀여운 생활소품 만들기

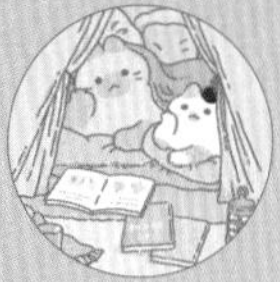

Chapter #04
나만의 소품숍 만들기

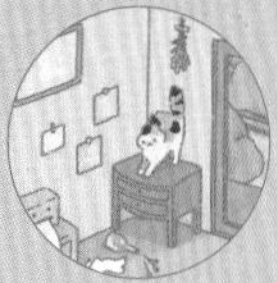

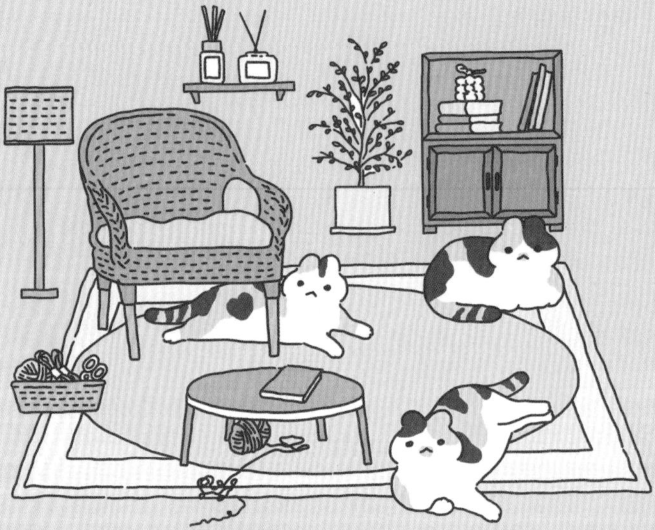

나만의 굿즈로 가득 채운 소품숍을 만들어 보세요 —

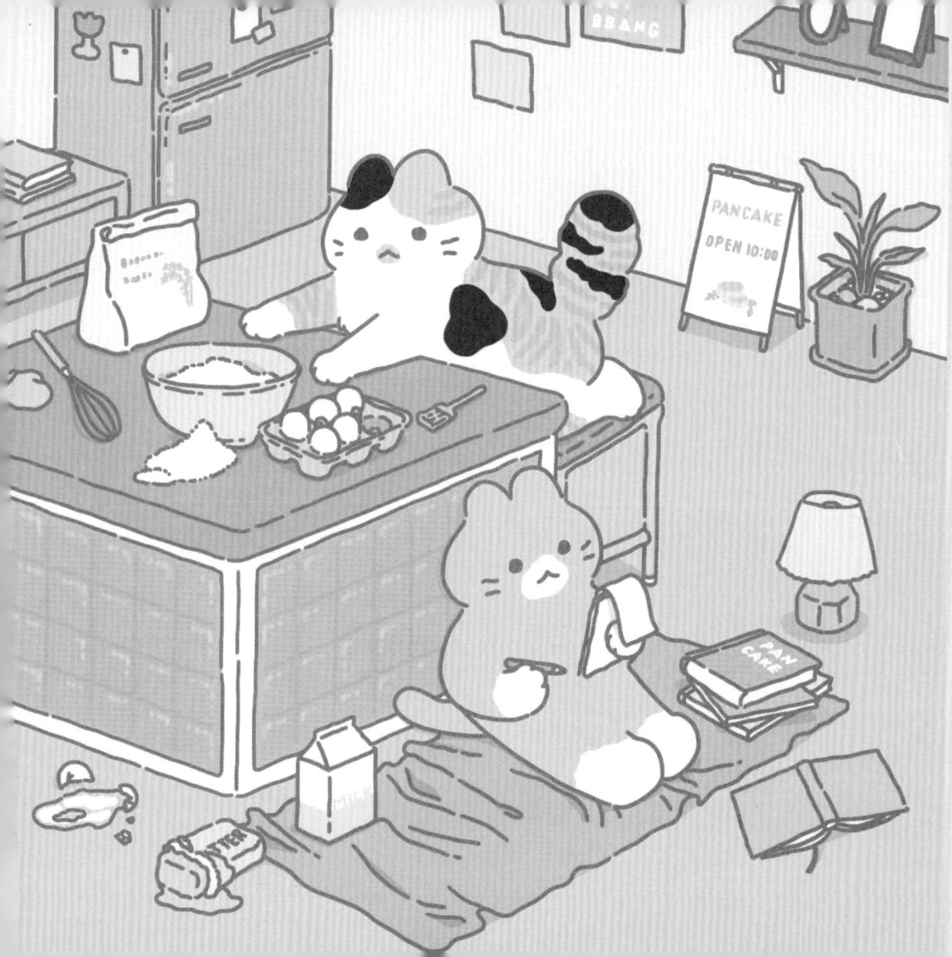

Chapter #01

굿즈 만들기 준비

01

굿즈 기획 및 제작 순서 알아보기

NOTE

- 굿즈 제작 순서

① 품목 결정 & 제작업체 서치

② 그림 그리기

③ 주문 접수 파일 만들기

④ 인쇄파일 발주하기

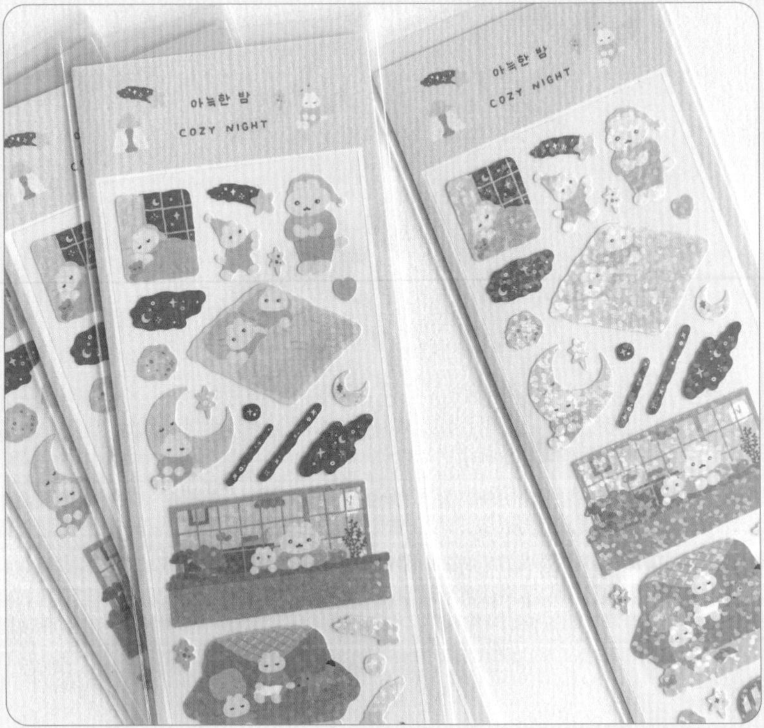

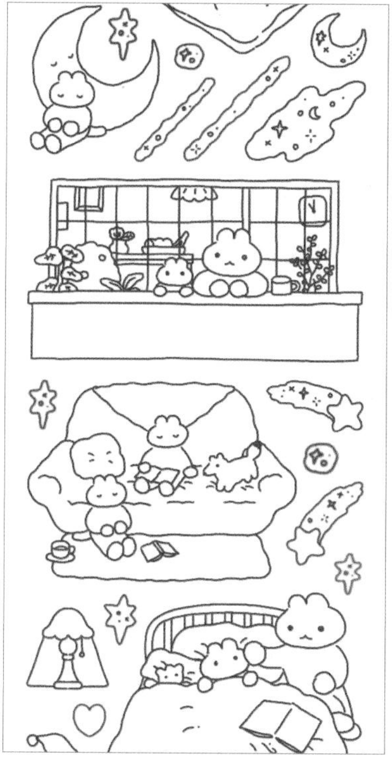

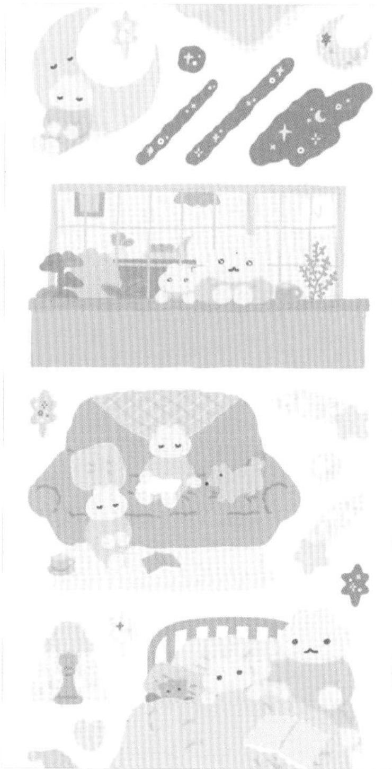

고양이빵집의 '아늑한 밤'이라는 스티커를 만드는 과정을 통해 굿즈 제작 순서를 살펴볼게요.

제작할 굿즈의 품목을 정하고 주제를 먼저 정합니다. 여름이 되기 전, 봄밤의 선선한 느낌이 좋아서 스티커로 만들고 싶었어요.

밤에 관련된 소스를 먼저 떠올려 보니, 달, 반짝이는 별, 잠이든 모습, 선선한 바람을 느끼는 모습 등 다양한 소스들을 떠올랐습니다.
이 소스들을 바탕으로 자유롭게 스티커를 디자인했어요. 엄마 고양이와 아기 고양이가 함께 창밖의 밤하늘을 보는 모습, 자기 전 잘 자라고 이야기해 주는 엄마 고양이의 모습, 아기 고양이들이 모여 있는 모습 등 다양하게 그려주고, 캐릭터만 있으면 밋밋해질 수도 있으니 다양한 소품들을 부분부분 채워 넣었습니다.

완성된 디자인으로 주문 접수 파일을 완성하여 스티커를 주문합니다.

스티커에 어울리는 제목(품명)도 정해주고 주제에 어울리는 용지나 코팅 종류 등을 선택하면 완성도를 더 높여 줄 수 있어요. 아늑한 밤 속 달과 별의 반짝이는 느낌을 더하기 위해 홀로그램 코팅 중에서도 반짝거림이 많은 코팅으로 완성도를 높여주었습니다.

이렇게 스티커 굿즈 하나가 완성되었습니다.

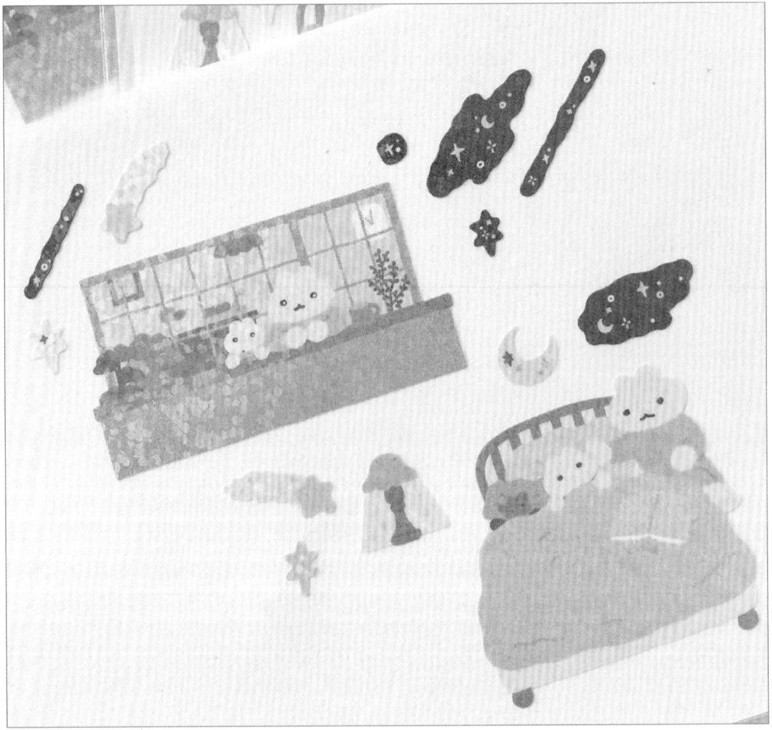

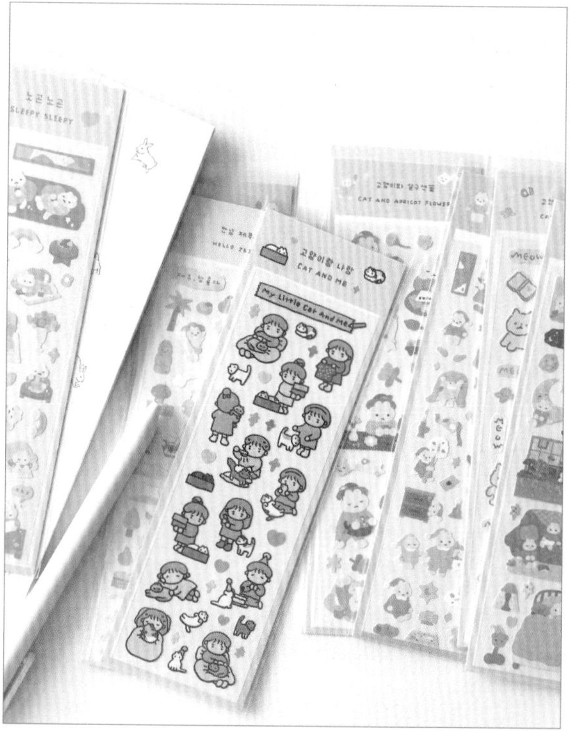

① 품목 결정 & 제작업체 서치

제작하려는 상품군을 정했다면, 먼저 제작업체를 알아보세요. 업체를 결정했다면 업체마다 요청하는 필수 사항들을 숙지합니다. 만약 스티커라면 사이즈, 용지, 코팅 종류, 접수 파일 방법 등을 확인 후 작업을 시작하세요.

② 그림 그리기

아이패드의 프로크리에이트 프로그램으로 작업사이즈 캔버스를 만들고 디자인합니다. 디자인할 때는 제품에 나타내고자 하는 주제를 정하고, 주제에 맞는 다양한 소스를 구상해서 그립니다.

③ 주문 접수 파일 만들기

프로크리에이트에서 디자인 작업을 마친 파일을 PC로 이동하여 포토샵과 일러스트레이터를 이용해 접수 파일로 만들어 주세요.

④ 인쇄파일 발주하기

제작업체에서 요청하는 파일로 변환하여, 굿즈의 사이즈, 용지 및 코팅 종류 등을 선택하여 주문합니다.

02

프로그램 준비하기

NOTE

굿즈를 만들기 위해 그림을 그릴 아이패드와 작업한 그림을 PC에서 인쇄파일로 만들기 위한 포토샵과 일러스트레이터 프로그램을 준비합니다.

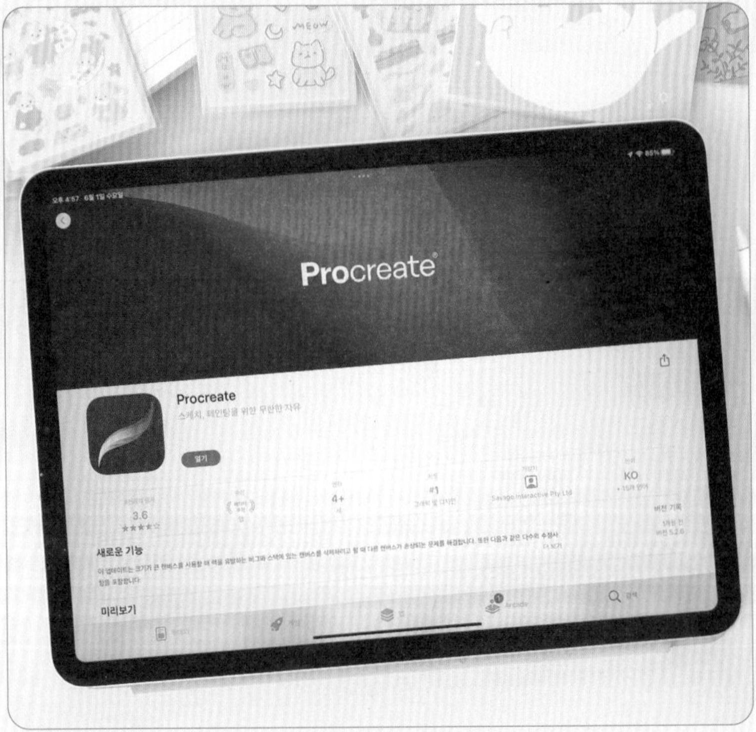

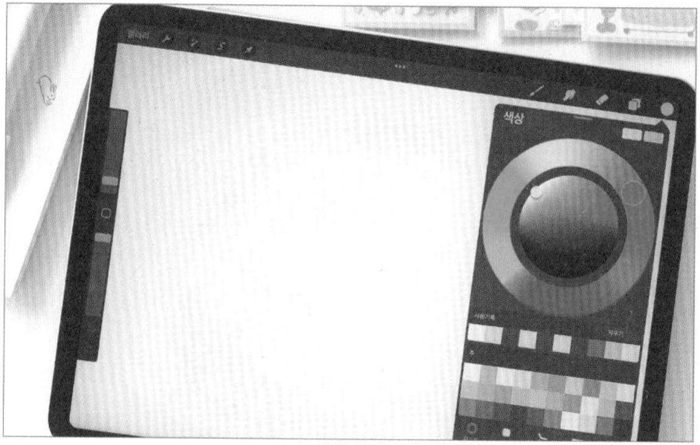

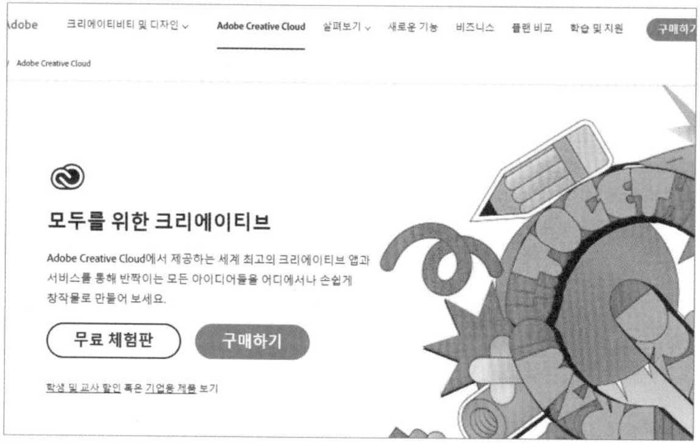

① 프로크리에이트

애플펜슬이 호환되는 아이패드를 준비하고 [앱스토어]에서 '프로크리에이트' 앱을 설치해주세요. 프로크리에이트는 유료 앱이지만 다양한 방면에서 꾸준히 사용되는 프로그램으로 한 번 설치해두면 오랫동안 사용할 수 있어요.

② 포토샵 & 일러스트레이터

PC에서는 디자인 작업한 파일을 인쇄파일로 만들어 줄 포토샵과 일러스트레이터 프로그램이 필요합니다. 포토샵과 일러스트레이터는 Adobe사에서 만든 프로그램으로, 그림을 그리고 사진을 편집하는 데에 많이 사용합니다. Adobe 사이트에서 정액권을 결제하여 사용할 수 있어요. 홈페이지에서 다양한 결제 플랜을 둘러보고 나에게 맞는 플랜을 선택해보세요. 모든 프로그램은 7일 동안 '무료 체험하기'로 체험할 수 있으니 체험판을 사용해 본 뒤 구매를 결정해도 됩니다. 포토샵은 현재 '포토그래피' 플랜이 가장 저렴하며 일러스트레이터의 종류는 하나입니다.

03

프로크리에이트 기본 기능과 색상 모드

NOTE

프로크리에이트는 그림을 그리는 사람들에게 정말 편리한, 모든 조건을 갖춘 프로그램입니다. 기존에 PC에서만 그릴 수 있었던 태블릿에 휴대성을 더해 어디에서든 쉽고 편하게 작업을 할 수 있습니다.

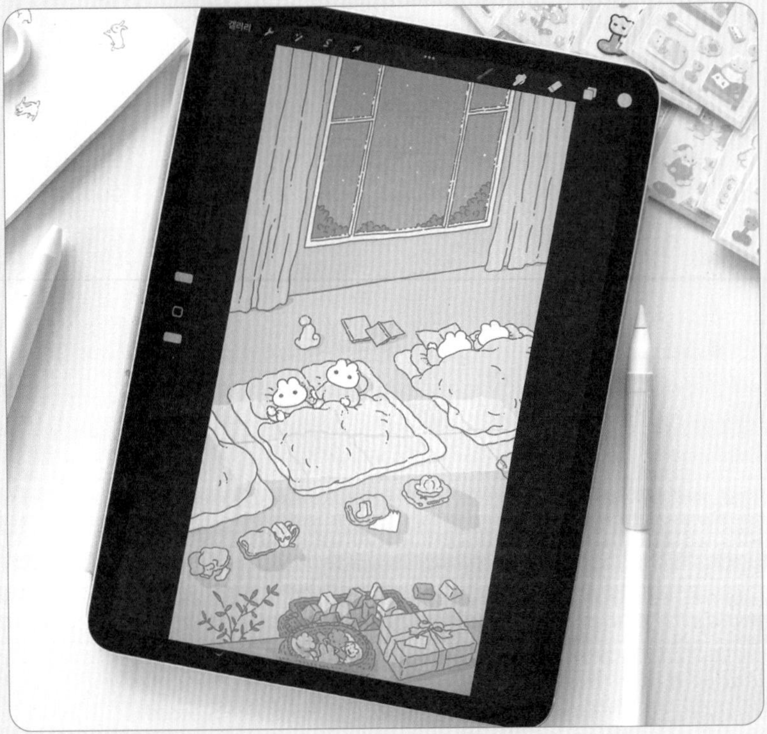

프로크리에이트 기본 화면 구성

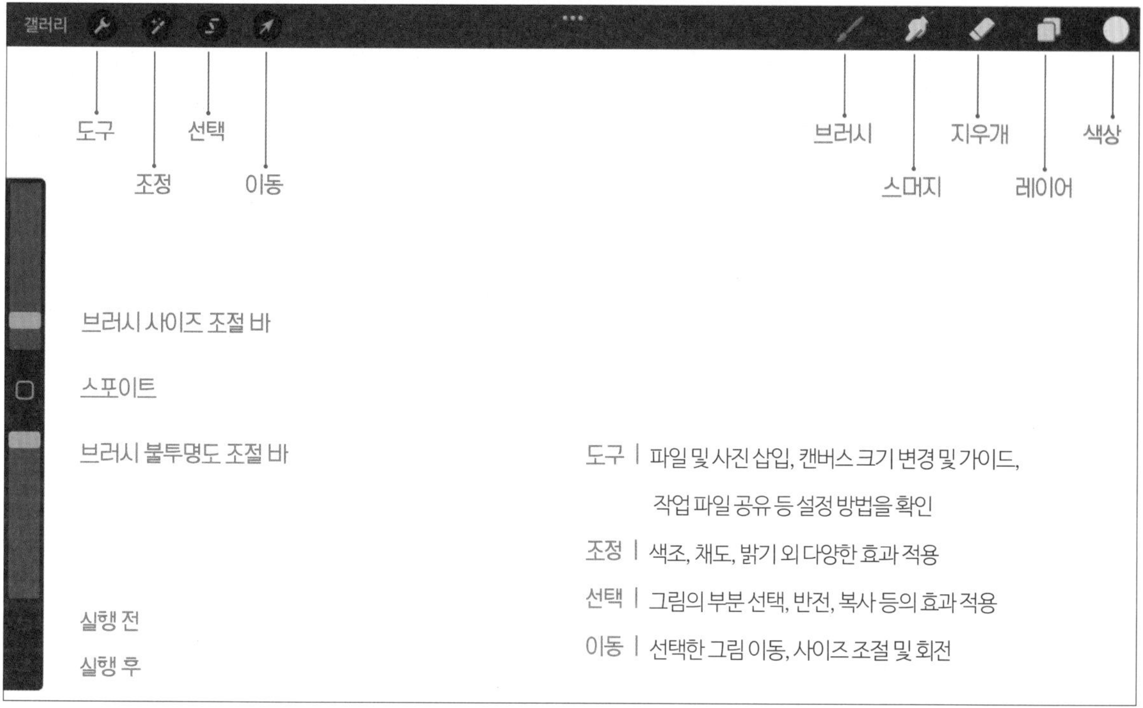

도구 | 파일 및 사진 삽입, 캔버스 크기 변경 및 가이드, 작업 파일 공유 등 설정 방법을 확인

조정 | 색조, 채도, 밝기 외 다양한 효과 적용

선택 | 그림의 부분 선택, 반전, 복사 등의 효과 적용

이동 | 선택한 그림 이동, 사이즈 조절 및 회전

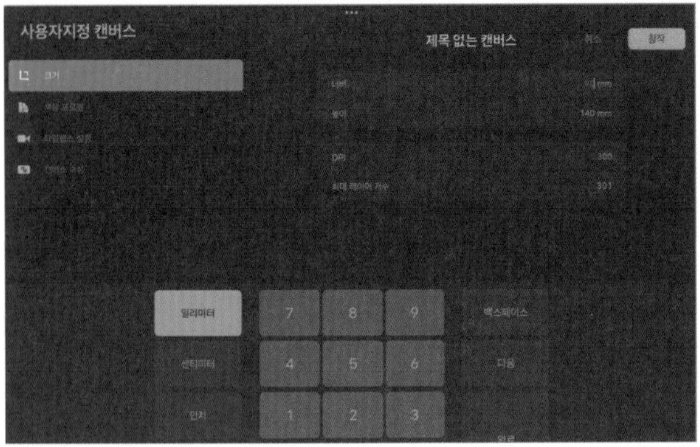

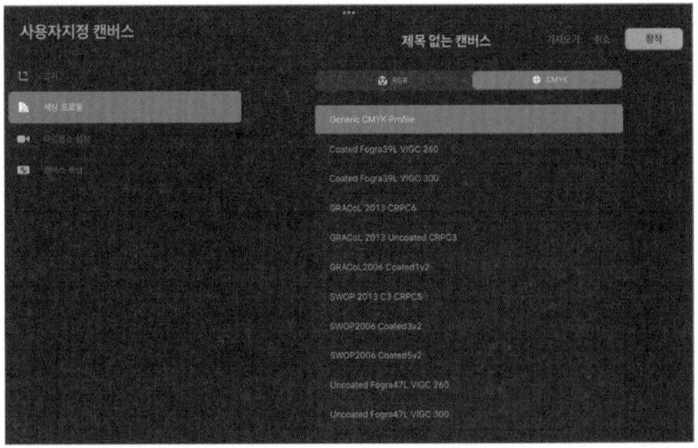

프로크리에이트 오른쪽 상단에 [+] 버튼을 눌러 새 캔버스를 만들 수 있습니다. 지정된 사이즈로 만들 수도 있고, [사용자지정 캔버스]로 원하는 사이즈 및 설정으로 캔버스를 만들 수도 있어요.
인쇄용 사이즈의 단위는 'mm, cm'로 설정하고 DPI(해상도)는 인쇄용 고해상도인 '300'으로 설정합니다. 캔버스의 크기가 클수록 '최대 레이어 개수'는 적어집니다.

[색상 프로필]에서는 반드시 인쇄 모드인 [CMYK]를 선택합니다. 다양한 종류가 있지만, 제일 기본이 되는 상단의 'Generic CMYK Profile'을 선택해주세요. 프로크리에이트는 원래 RGB 모드만 있었지만, 업데이트되면서 CMYK 모드가 추가되었습니다. 간혹 버그가 있긴 하지만, RGB로 설정 후 작업을 하면 PC에서 색 보정을 해야 하는 번거로움이 있으니 CMYK로 작업을 하는 것을 추천하며, 차차 보완될 것으로 생각합니다.
상단에 [제목 없는 캔버스]를 선택해 작업할 파일의 이름을 적은 뒤 [창작] 버튼을 누르면 사용자지정 캔버스가 만들어집니다.

색상 모드: RGB와 CMYK

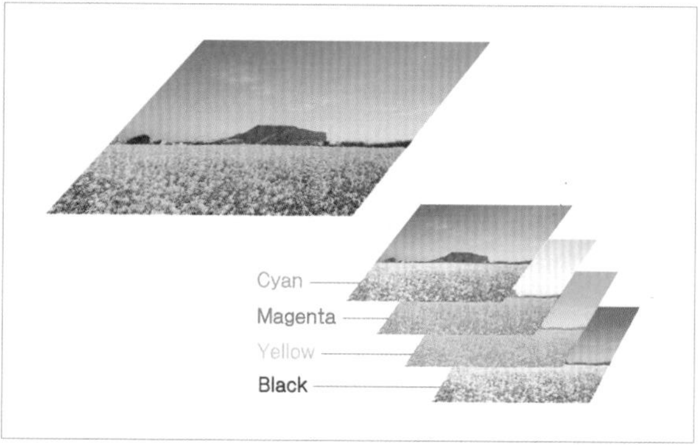

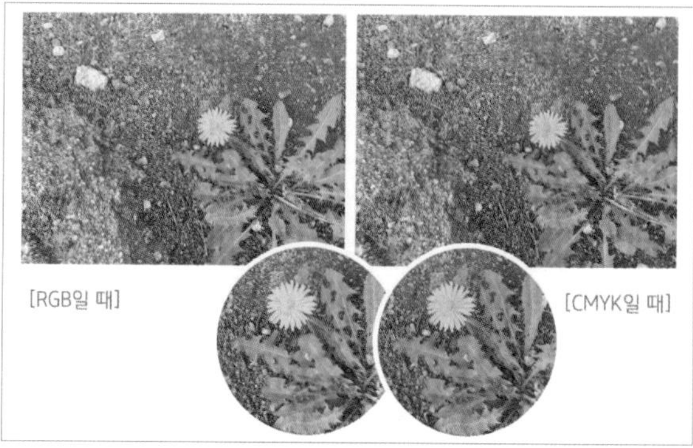

인쇄를 하려면 'RGB'와 'CMYK'의 차이를 반드시 알아두어야 합니다. 'RGB'는 빛의 3원색 red, green, blue 세 가지를 조합하여 색을 표시하는 방법으로, 세 가지 색을 합칠수록 밝아집니다. 디지털에서 사용되며, 모니터나 스마트폰 등 빛을 이용하는 장치에서 사용됩니다. 'CMYK'는 인쇄용 컬러로 색료혼합이라고 하는데, cyan, magenta, yellow, black 네 가지 색을 조합하여 색을 표시하는 방법으로, 프린터가 이러한 방식입니다. 네 가지 색을 한 종이 위에 겹겹이 덧씌우면서 색을 표현하는 방식으로 색상 표현 영역이 제한적이고 색을 합칠수록 어두워집니다.

굿즈를 제작하다 보면 화면에서 보던 것보다 더 탁한 느낌으로 제작되는 경우가 있는데, RGB로 인쇄를 한 경우입니다. 그래서 인쇄해야 할 작업물은 반드시 CMYK로 작업합니다. CMYK는 섞을수록 어두운색이 나오고, 인쇄 시 너무 많은 양의 색이 조합되면 번지거나 뭉칠 수 있습니다. 또 너무 연한 색, 파스텔톤인데 눈에 띄지 않을 정도로 미미한 색일 경우에도 인쇄 시 티가 나지 않을 수 있습니다. 이러한 것들은 인쇄소마다 차이점이 있고, 그에 따른 주의사항을 기재해 놓으니 작업 전에 꼭 숙지해주세요.

04

나만의 캐릭터 구상하기

NOTE

평소 주의 깊게 봐온 것들을 캐릭터로 만들어 보세요. 자신과 주위의 친구들도 좋고 함께 하는 반려동물도 좋습니다. 혹은 키우는 식물이나 꽃에도 생명을 더해 캐릭터로 만들어 보세요.

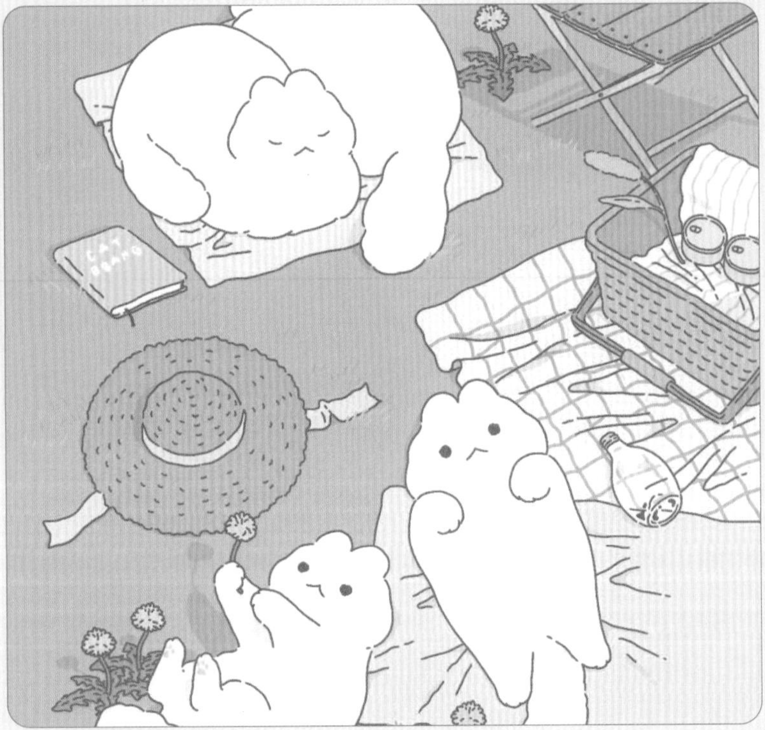

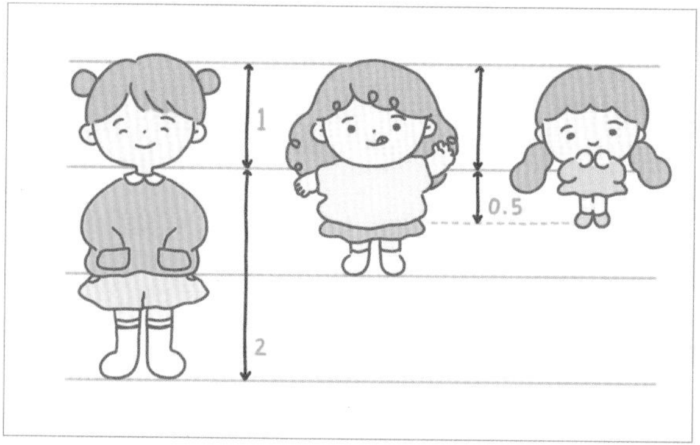

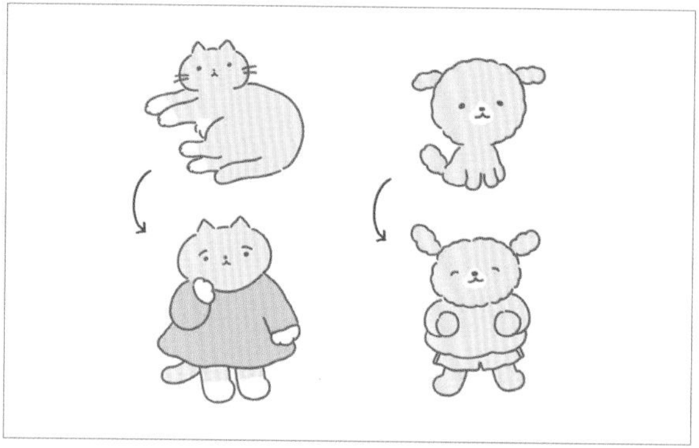

굿즈 제작에 앞서 나만의 캐릭터를 만들어보세요. 평소 관심 있던 동물이나 인물을 캐릭터로 구상해 봅니다.
인물 캐릭터를 생각했다면 몇 등신으로 할건지를 먼저 정해보세요. 캐릭터를 귀엽게 표현하고 싶다면 보통 2등신, 1등신으로 그리고 혹은 그보다 더 작은 0.5등신으로 그리기도 합니다. 캐릭터의 모습을 어느 정도 설정했다면 그 외 디테일한 부분을 설정해주세요. 캐릭터의 표정, 머리나 옷 스타일, 동작 등 나만의 스타일을 담아서 만들면 좋아요.

동물 캐릭터를 생각했다면 동물의 본래 모습 그대로 그릴 것인지 의인화시킬 것인지 생각해보세요. 기본적인 동물 그림 틀에서 무늬 및 털의 느낌, 눈코입 등에 포인트를 만들어서 다양한 방법으로 그릴 수 있어요. 대상을 소묘하듯 구체적으로 그리는 것보다 단순하게 그리는 것이 보기에도, 굿즈를 제작했을 때도 눈에 잘 띕니다. 그리고 캐릭터에 성격을 입혀서, 표정이나 행동 등으로 그 특징이 잘 나타날 수 있게 그립니다. 캐릭터는 한 번에 완성하기 힘들어요. 굿즈를 제작하면서도 조금씩 변형될 수밖에 없으니 여러 번 그려보고 조금씩 다듬어가면서 완성하고 멋진 이름도 만들어 주세요.

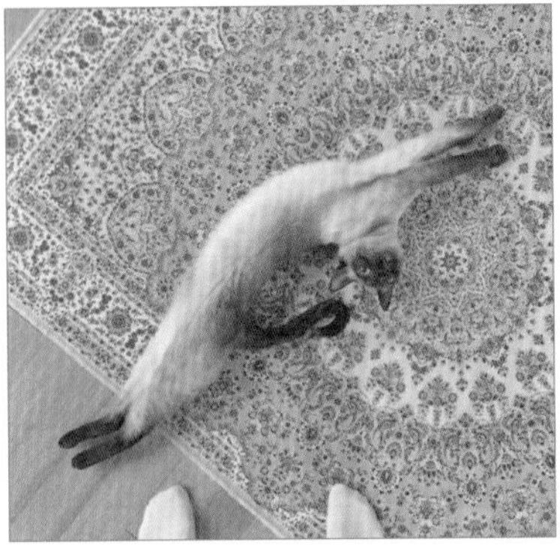

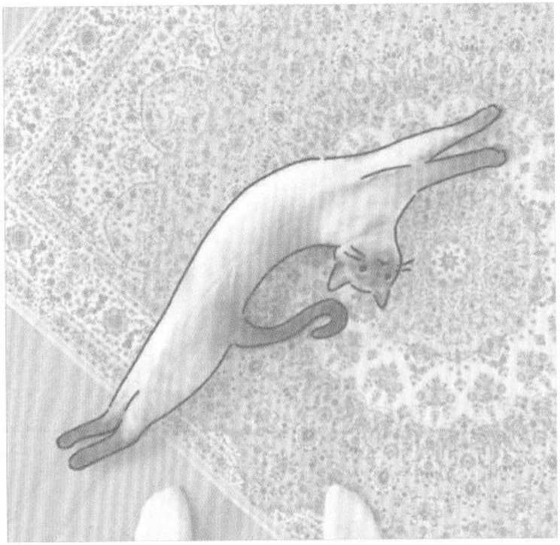

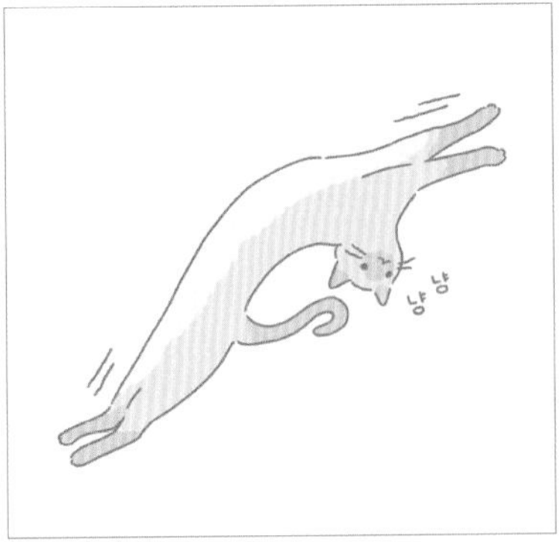

01 '고양이빵집'의 고양이 캐릭터를 그려볼게요. 무작정 펜을 잡고 끄적여보는 것도 좋지만, 우선 사진이 있다면 먼저 꼼꼼히 살펴보세요. 특히나 동물의 경우 사람처럼 평소 눈에 익은 모습이 아니기 때문에 세심한 관찰이 필요합니다.

02 사진 속 고양이의 긴 몸의 체형을 살리며 스케치해 주세요.

03 채색은 너무 디테일하게 하지 않아도 좋아요. 털의 색은 어떻게 고를지, 색이 다른 부분의 경계를 어떻게 칠해야 할지 너무 고민하지 말고 사진에서 보이는 그대로 편하게 칠해주세요. 사진과 동일한 크기의 고양이 캐릭터가 완성되었습니다.

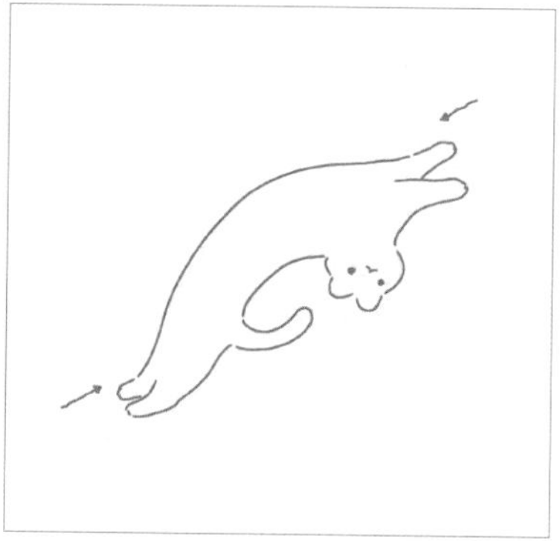

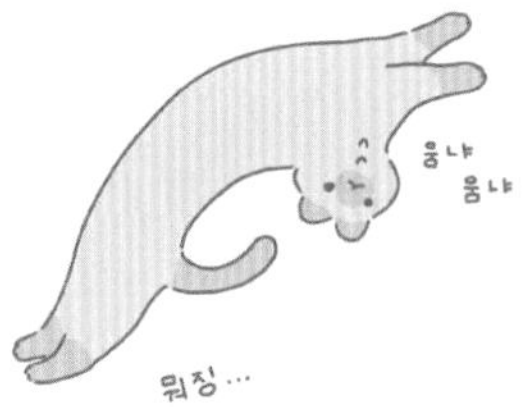
움냐
움냐
뭐징…

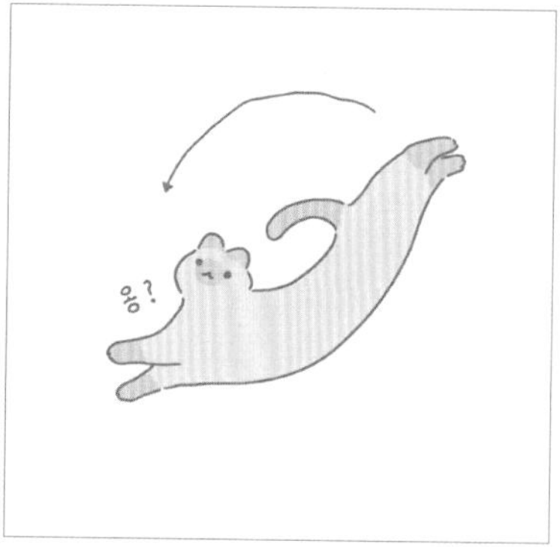
옹?

04 다시 스케치로 돌아가 볼게요. 실 사이즈로 그려도 좋지만, 좀 더 짧게 해주면 귀여운 느낌을 살릴 수 있을 것 같아요.

05 다시 채색해볼게요. 이번에는 배의 밝은 부분 채색은 생략했어요. 캐릭터는 단순화할수록 눈에 잘 띄기 때문에 캐릭터를 살펴보고 생략할 수 있는 것들은 과감히 생략합니다.

06 캔버스를 시계 반대 방향으로 돌려서 길쭉하게 누워있는 고양이 캐릭터로 만들어볼게요.

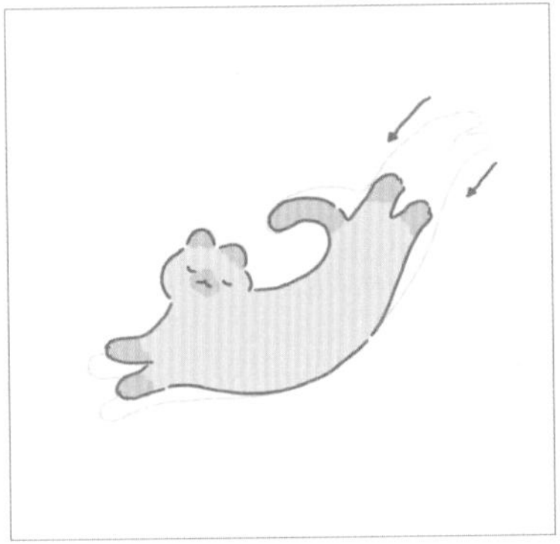

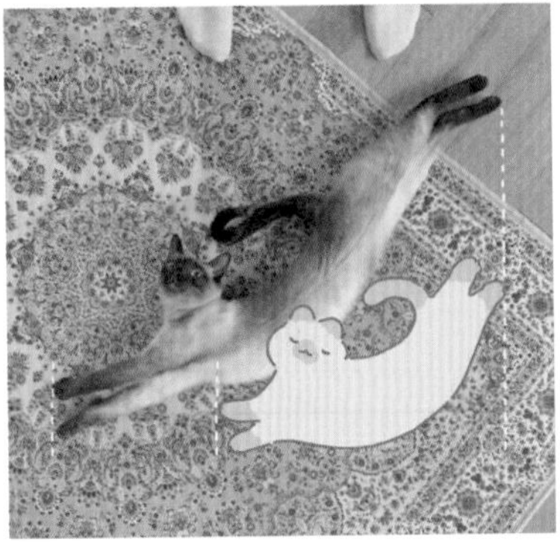

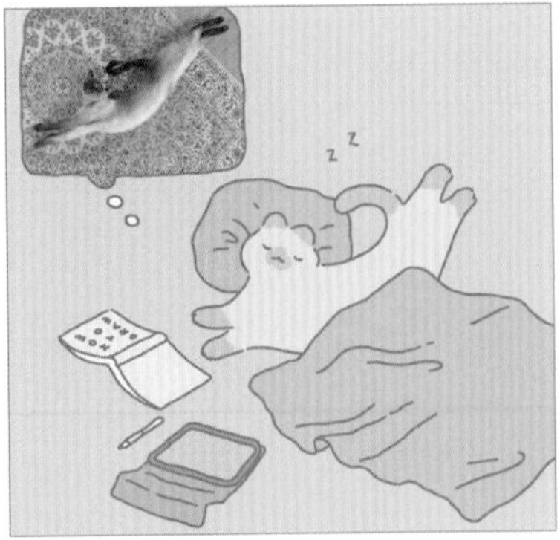

07 이대로 마무리해도 좋지만, 좀 더 통통하고 귀여운 느낌을 더하기 위해 한 번 더 사이즈를 줄여볼게요. 이때 팔, 다리의 길이는 많이 줄였지만, 허리의 길쭉한 느낌은 그대로 살렸어요. 고양이의 특징 중 하나가 긴 몸이기 때문에 허리는 쭉 늘어난 느낌을 유지해 주도록 합니다.

08 1:1 사이즈에서 확실히 많이 줄어든 고양이 캐릭터가 탄생했어요.
동물 캐릭터를 그릴 때 기억해야 할 점은, 대상이 되는 동물의 특징입니다. 고양이는 길쭉길쭉하며 긴 꼬리, 귀여운 젤리를 가진 자그마한 발, 강아지는 웃는 표정, 반갑게 흔드는 꼬리, 산책할 때의 신나는 모습 등을 포인트로 그려보세요.

09 이렇게 캐릭터를 완성했다면 간단한 소품들과 배경을 더하여 하나의 일러스트로 완성할 수 있어요.
고양이 외에도 많이 사랑받는 동물에는 곰, 오리, 햄스터, 쿼카 등이 있습니다. 좋아하는 동물이 있다면 찾아보면서 다양하게 스케치해보고 채색해보세요. 만들고자 하는 캐릭터의 특징을 확실히 알 수 있게 되고, 조금씩 변형을 더하여 나만의 캐릭터를 완성할 수 있어요.

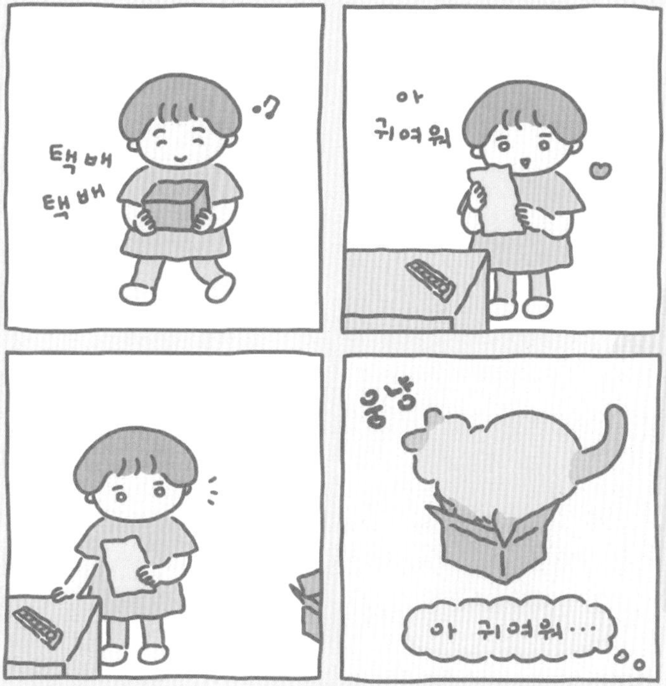
택배
택배
아
귀여워
웅냥
아 귀여워…

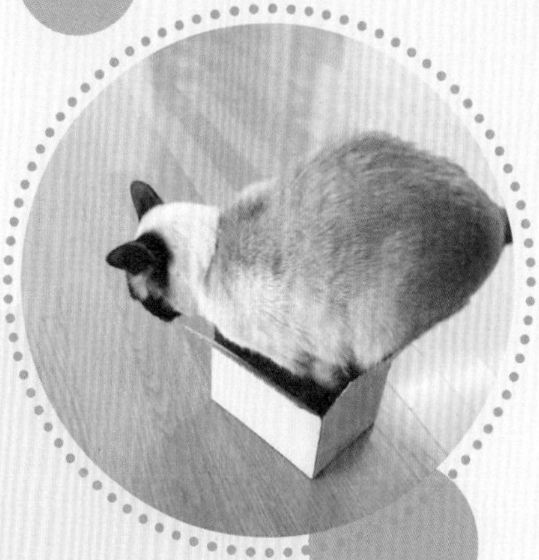

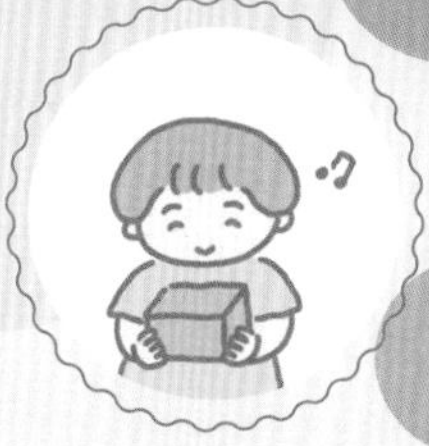

일상 속에서 만나는 귀여운 것들♡

두 번째 여름 이야기

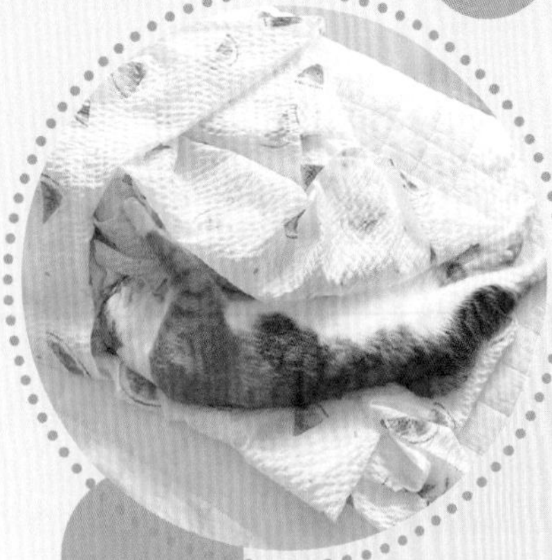

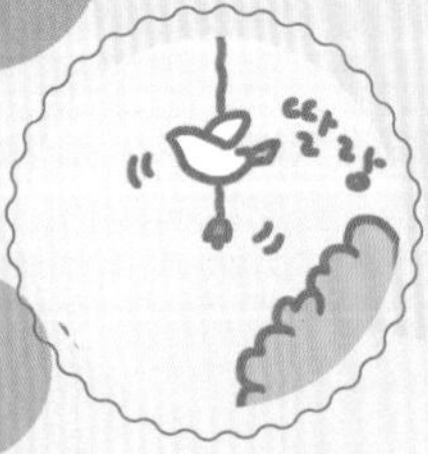
딸랑

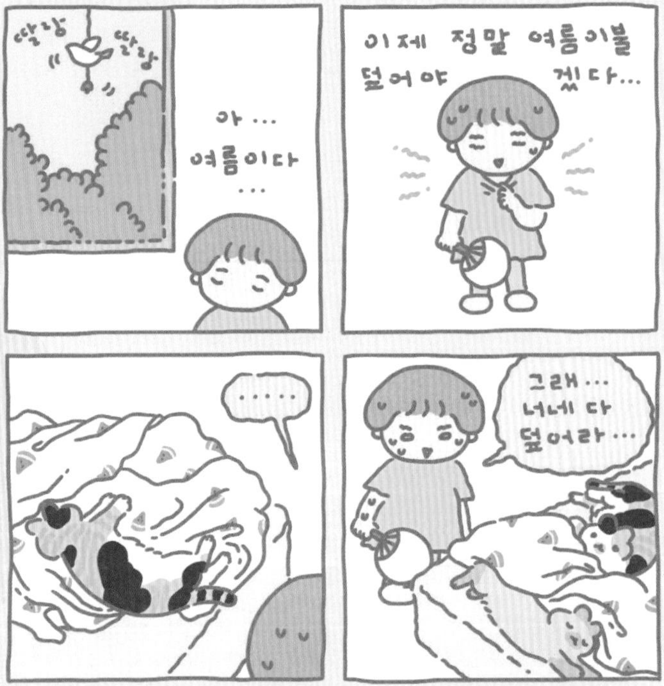
딸랑 딸랑
아...
여름이다
...
이제 정말 여름이불
덮어야 겠다...
......
그래...
너네 다
덮어라...

고양이도 여름이불이 필요해...

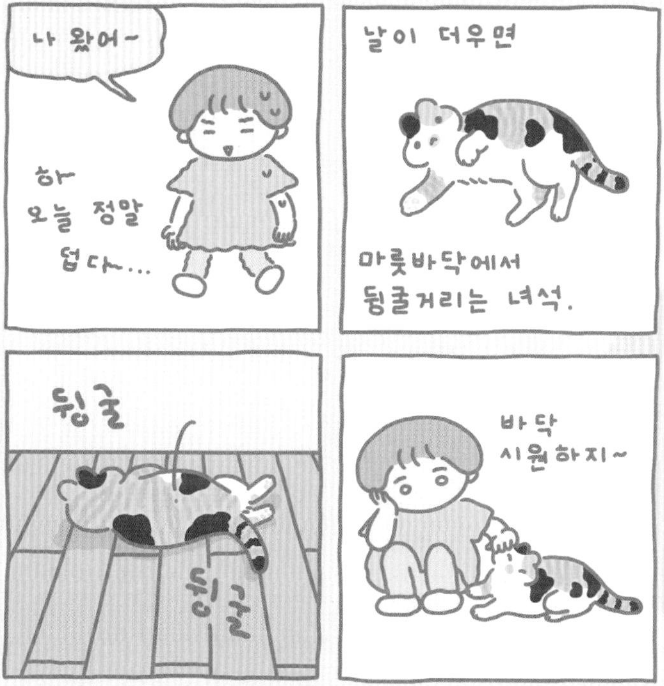
나 왔어~
하
오늘 정말
덥다…
날이 더우면
마룻바닥에서
뒹굴거리는 녀석.
뒹굴
뒹굴
바닥
시원하지~

여름에는 뒹굴거리자 :)

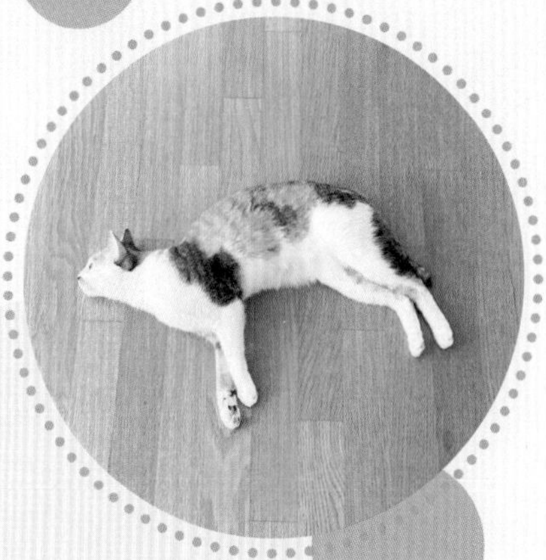

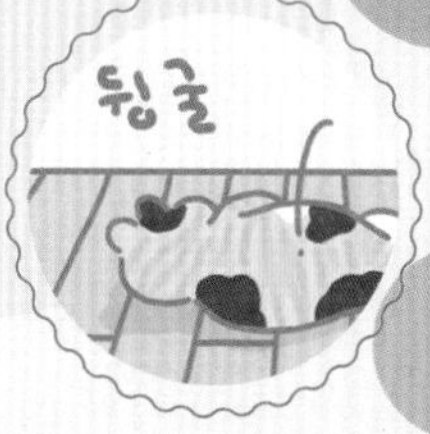
뒹굴

네 번째 여름 이야기

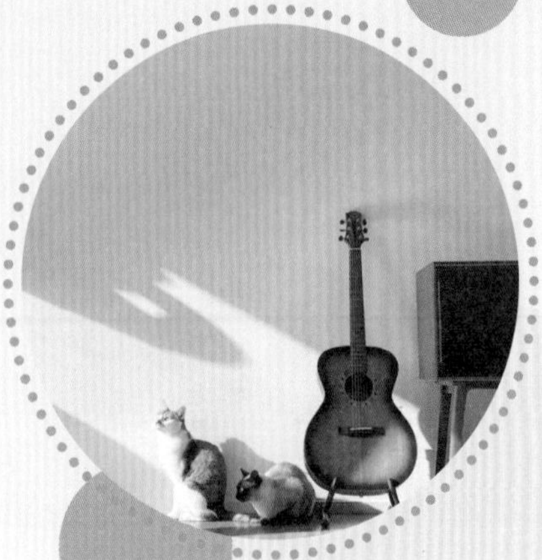

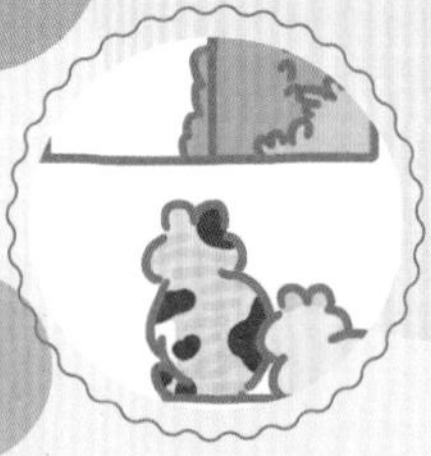

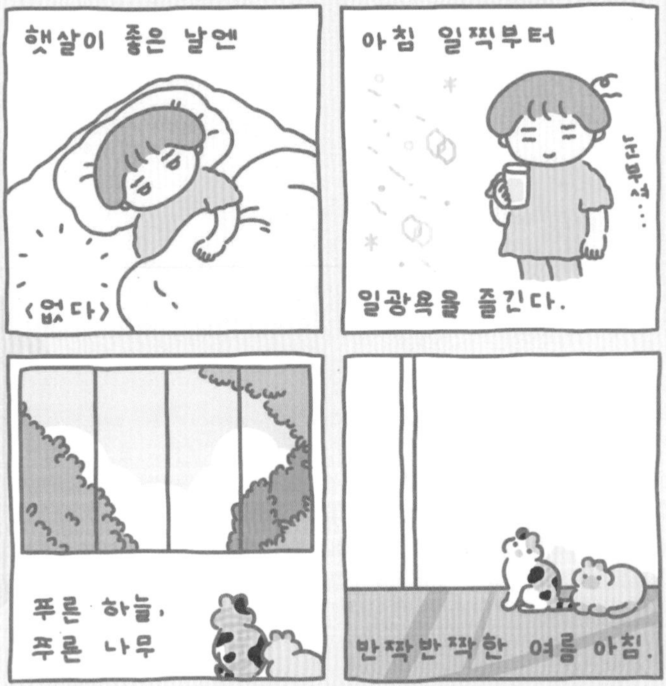
햇살이 좋은 날엔
〈없다〉
아침 일찍부터
눈부셔...
일광욕을 즐긴다.
푸른 하늘,
푸른 나무
반짝반짝한 여름 아침.

행복은 늘 가까이에 있어요

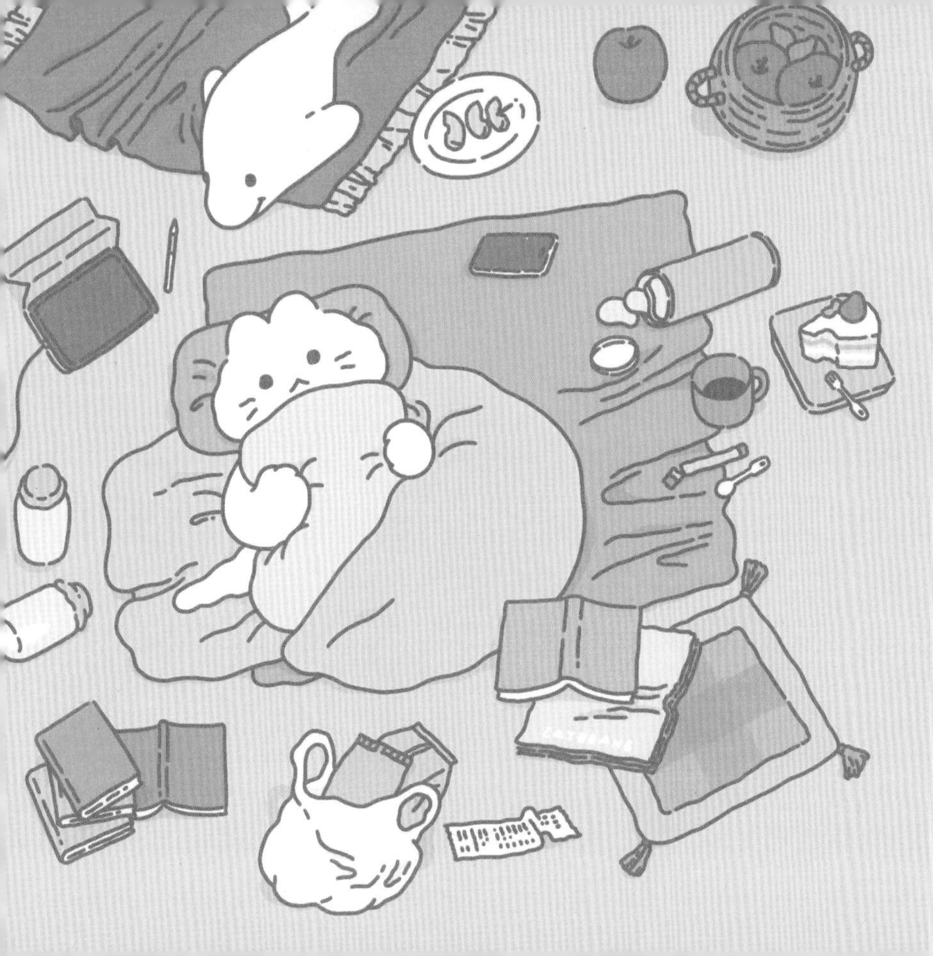

Chapter #02

인기만점 문구류 만들기

01

엽서, 명함 만들기

NOTE

캐릭터와 다양한 소품들, 예쁜 배경이 어우러진 일러스트 엽서는 가장 만들기 쉽고 인기 있는 굿즈 중 하나입니다. 다양한 사이즈로 만들 수 있어서 벽면이나 책상 앞, 다이어리의 앞에 포인트로 붙여도 좋고, 작은 사이즈는 일러스트 명함으로도 사용할 수 있습니다. 엽서와 함께 나만의 캐릭터가 담긴 하나뿐인 명함도 만들어 보세요.

SAMPLE SITE

성원애드피아 | https://www.swadpia.co.kr 디지털엽서

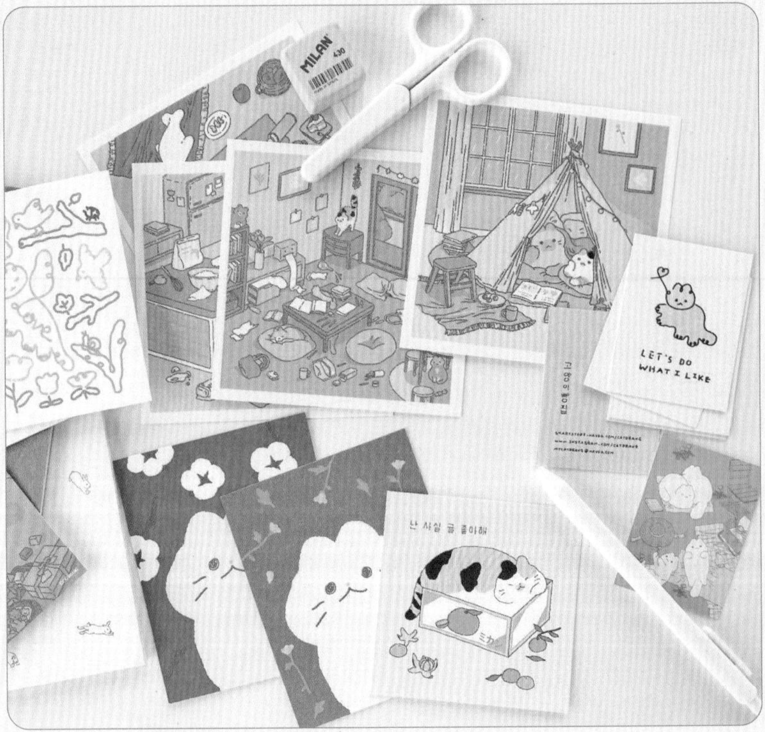

1. 엽서 만들기

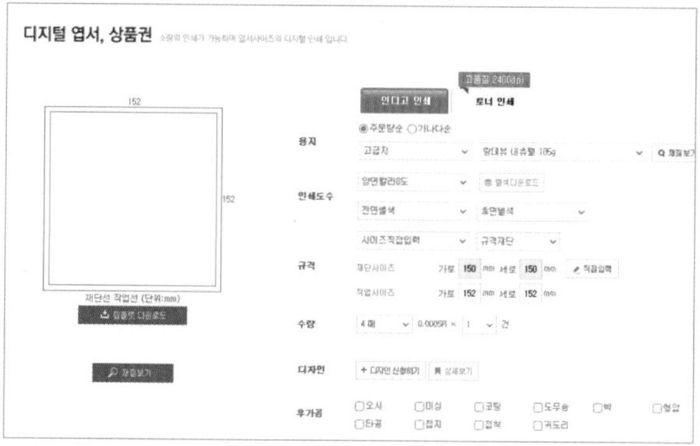

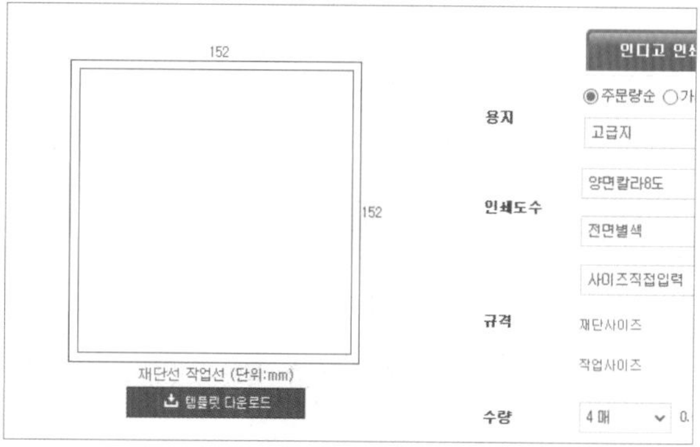

01 제작할 엽서의 사이즈를 먼저 정합니다. 아직 엽서 사이즈에 대해 감이 안 잡힌다면, 인쇄사이트의 샘플을 참고해보세요. 용지, 인쇄 도수(단면/양면 선택), 규격, 수량을 선택할 수 있어요. 규격은 일반적으로 표준규격 사이즈인 100mm×148mm가 기본값이며, [사이즈직접입력]을 선택하여 원하는 사이즈로 제작을 할 수 있어요.

150mm×150mm의 정사이즈 엽서를 제작하고 싶다면 [재단사이즈]에 150, 150을 입력해보세요. 자동으로 [작업사이즈]가 설정됩니다. 재단사이즈는 실제 엽서 사이즈고 작업사이즈는 엽서 재단 시 안전하도록 사방으로 여유 공간을 둔 사이즈입니다. 그러므로 작업은 작업사이즈인 152mm×152mm의 캔버스를 설정해 그려야 하며, 이 '작업사이즈'와 '재단사이즈'는 모든 인쇄 작업에 있어 제일 기본이 되는 중요한 부분이므로 작업 전 꼭 확인해주세요. 재단사이즈에 따른 작업사이즈는 인쇄소마다 다르므로 작업할 사이트에 들어가 먼저 확인 해두세요.

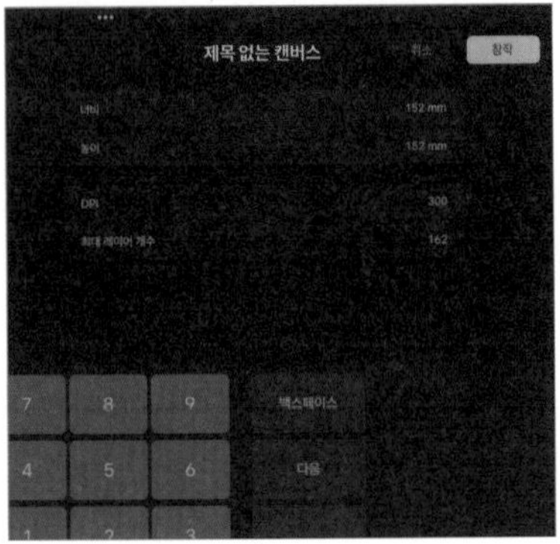

02 작업사이즈와 재단사이즈를 확인했다면, 프로크리에이트에서 재단사이즈에 맞는 새 캔버스를 만들어 주세요. 사용자지정 캔버스를 너비 152mm, 높이 152mm, DPI 300으로 만듭니다.

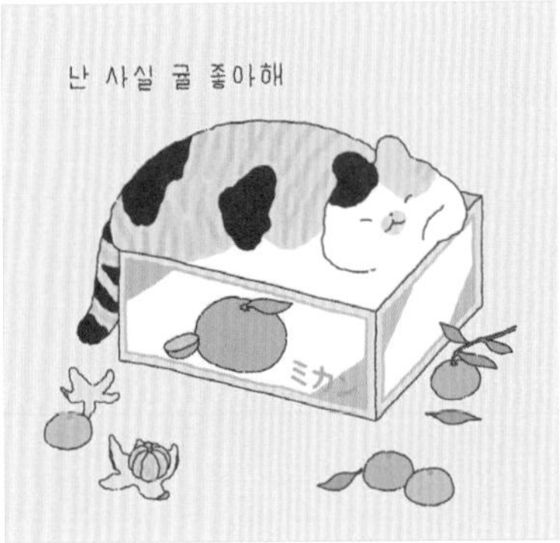

03 캐릭터와 함께 배경, 소품들을 그려 엽서에 들어갈 일러스트를 완성해주세요. 배경을 그려도 좋고, 단순하게 캐릭터만 그려도 좋아요. 양면으로 만들고 싶다면 캔버스에 레이어를 추가해 뒷면도 완성합니다.

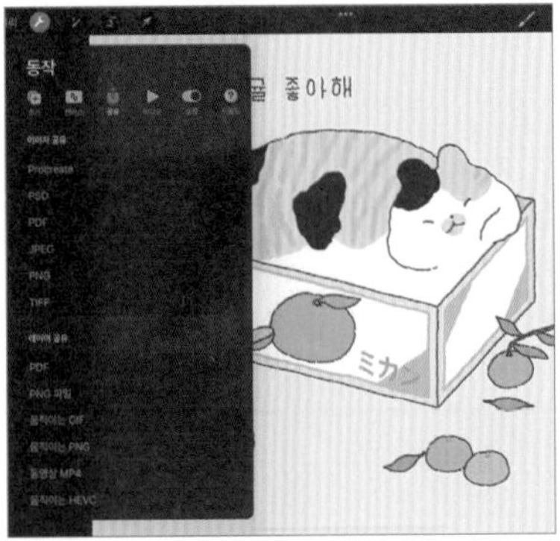

04 일러스트를 다 완성하였다면 상단의 [도구] 〉 [공유] 〉 [PSD]를 선택하여 자신의 메일로 전송해주세요. PC에 카카오톡이 설치되어 있다면 바로 보내도 좋고, 작업하면서 편한 방법으로 파일을 PC로 보내주세요.

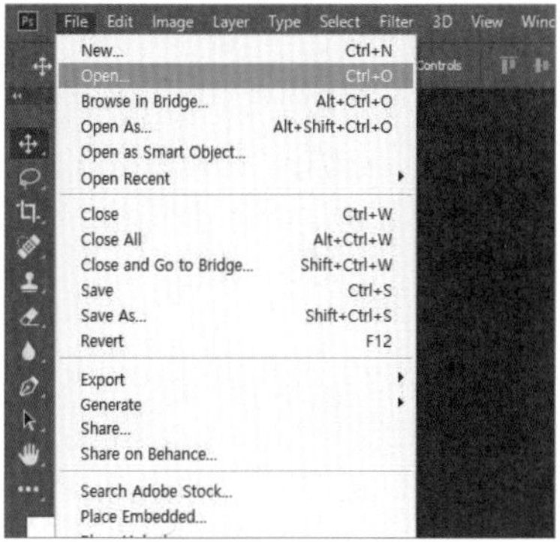

05 PC에서 포토샵을 실행하고 작업한 PSD 파일을 열어주세요. PSD 파일을 더블클릭해서 열어도 되고, 포토샵에서 [File] 〉 [Open]으로 불러와도 됩니다. (단축키: Ctrl+O)

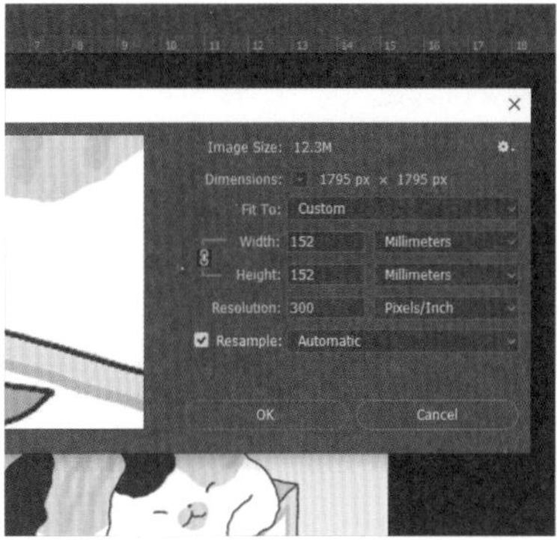

06 파일을 불러오면 두 가지를 필수로 확인해주세요. 먼저 [Image] 〉 [mode]에서 CMYK color로 설정되어 있는지 확인합니다. RGB로 인쇄 시 색이 어두워질 수 있어요. 두 번째는 [Image] 〉 [Image Size]를 확인합니다. (단축키: Ctrl+Alt+I) 앞서 설정한 작업사이즈 152mm×152mm가 맞는지, 해상도는 300인지 작업 전에 꼭 확인해주세요.

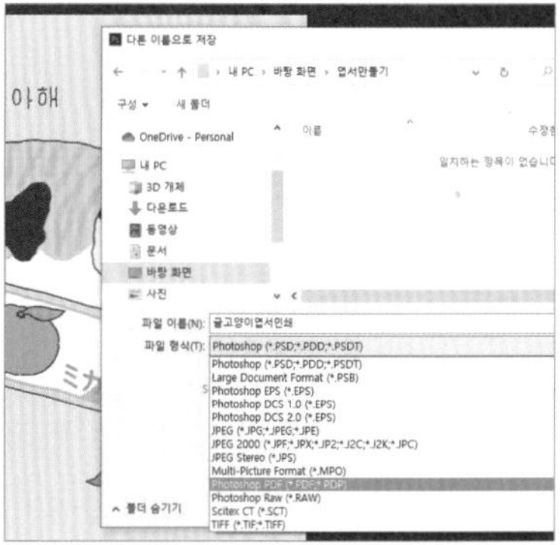

07 이 파일을 인쇄파일로 저장합니다. PSD 또는 PDF 파일로 만들어주세요. JPG 파일은 해상도가 떨어질 수 있어서 보통은 PSD, PDF 파일로 인쇄파일을 만듭니다. [다른 이름으로 저장]을 눌러 PDF 파일로 저장해주세요. (단축키: Shift+Ctrl+S) PDF 설정값은 Press Quality(인쇄용)로 선택하고, 일반적으로 Acrobat 6(PDF 1.5)으로 저장합니다.

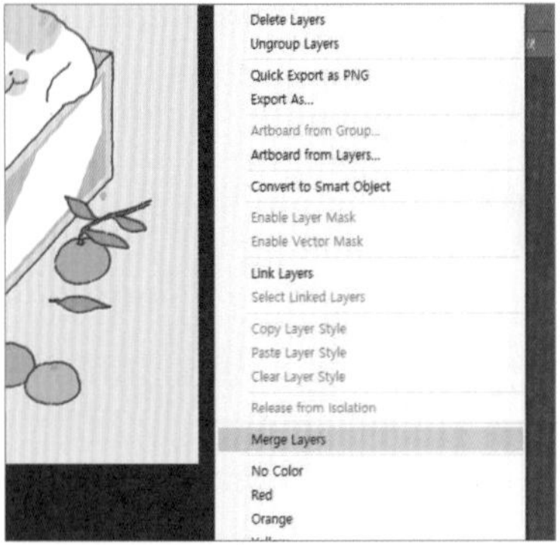

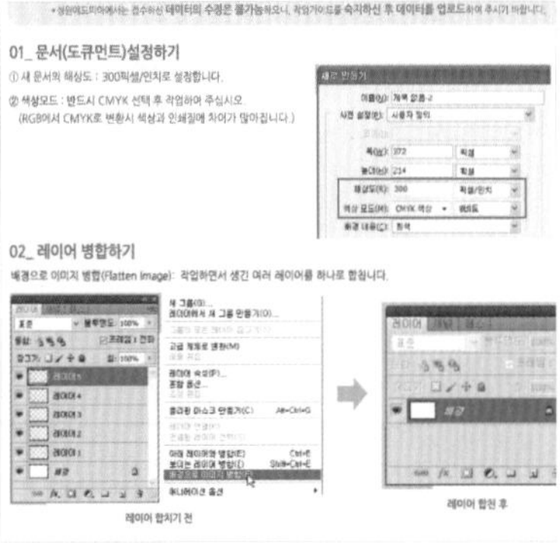

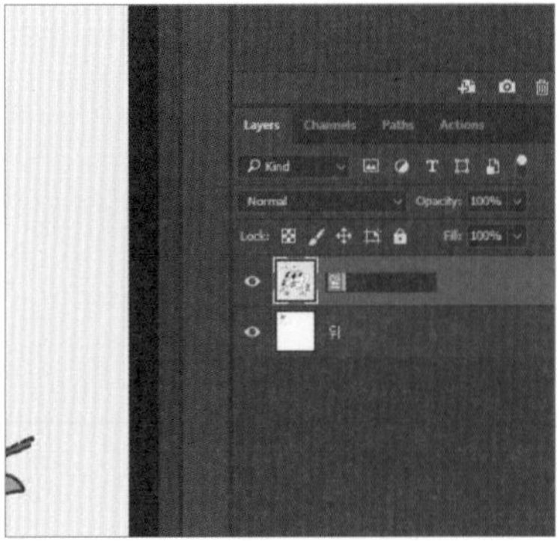

08 양면 엽서는 앞면, 뒷면 두 개의 레이어가 있는 PSD 파일로 접수합니다.

앞면 작업한 레이어를 모두 선택해주세요. 앞면 처음 레이어 선택 후 (shift)키를 누르고 마지막 레이어까지 선택해주세요. 마우스 오른쪽을 클릭하고 [Merge Layers]를 선택하여 병합합니다. (단축키: Ctrl+E) 뒷면 레이어도 동일하게 합쳐주세요.

09 레이어를 병합하는 이유는 제작사이트 '인쇄가이드'에 명시되어 있기 때문입니다. 인쇄소마다 제작에 필요한 사항들이 있으니 반드시 제작 전 가이드를 숙지하세요.

10 레이어 이름을 더블클릭하여 '앞', '뒤'로 바꿔주세요. 이 파일은 [File] 〉 [Save As] 〉 [PSD] 파일로 저장해주세요. 원본은 항상 따로 잘 저장 해두는 게 좋아요.

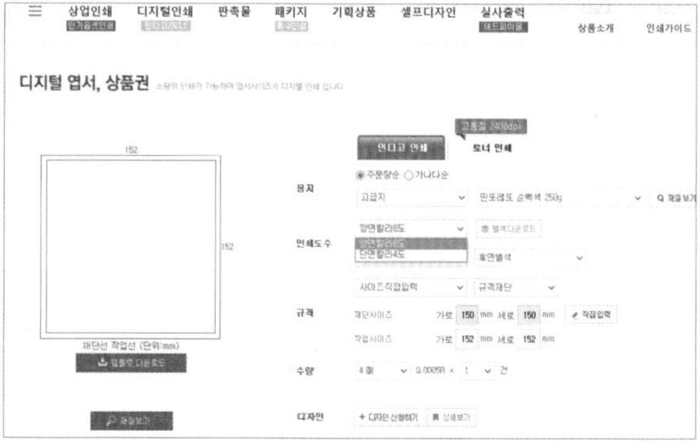

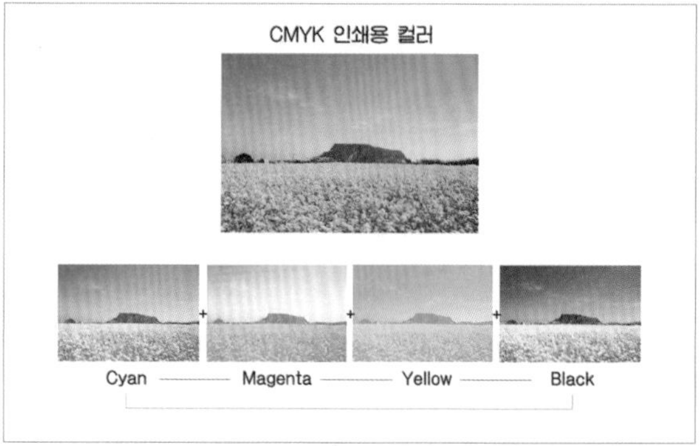

11 인쇄파일을 다 만들었으면 제작사이트에서 주문을 진행합니다. '인디고인쇄'와 '토너인쇄'는 엽서를 제작하는 방식의 차이인데, 인디고는 네 가지 토너를 차례대로 쓰는 것이고, 토너는 전기와 고온으로 용지에 착색시키는 방법입니다. 대체로 인디고 방식으로 많이 인쇄하며, 토너 인쇄는 쉽게 말해 일반 레이저 프린트를 생각하면 됩니다.
인쇄 도수는 양면일 경우 '양면칼라8도', 단면일 경우 '단면칼라4도'를 선택해 주세요.

12 CMYK는 cyan, magenta, yellow, black 네 가지 인쇄컬러를 말합니다. K(black)만 사용하여 인쇄하는 것을 흑백인쇄라고 하며 한 가지 색을 사용하는 1도 인쇄가 됩니다. 두 가지 색상을 사용하여 인쇄하면 2도 인쇄, 네 가지 색상을 모두 사용한다면 4도 인쇄가 됩니다. 보통 컬러 인쇄는 네 가지 색을 모두 사용하여 4도가 되며 단면일 경우 4도, 양면일 경우 4도+4도이기 때문에 8도가 됩니다.

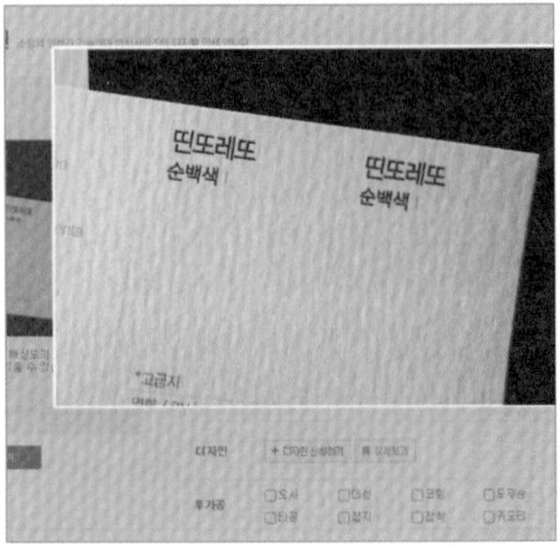

13 용지는 일반지, 고급지가 있지만 보통 고급지를 많이 사용합니다.

사이트에서 다양한 종류의 종이를 확인해 볼 수 있어요. [재질보기]를 선택해서 종이의 재질을 확인하고, 원하는 종이로 선택하세요. 고급지 중 띤또레또 250g을 선택 후 옆의 '재질보기'를 클릭해보면 종이 재질을 확대해서 볼 수 있습니다.

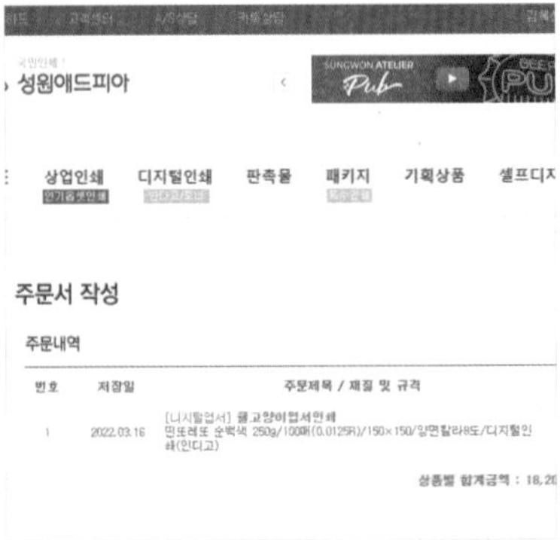

14 주문정보 입력 후 작업한 인쇄파일을 첨부하여 주문서를 작성합니다. 주문내역의 종이 재질, 엽서 사이즈, 수량이 맞는지 꼼꼼히 확인 후 접수해주세요. 성원애드피아의 경우 엽서 제작이 빠르게 진행이 됩니다. 약 350매~400매 이상 대량 제작할 경우 [교정확인 후 인쇄]라는 선택사항이 있으며, 교정 파일 확인 후 수정하고 재접수 할 수 있습니다.

2. 명함 만들기

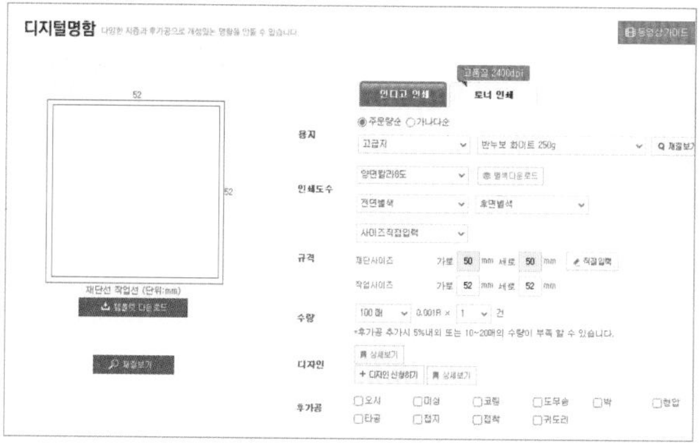

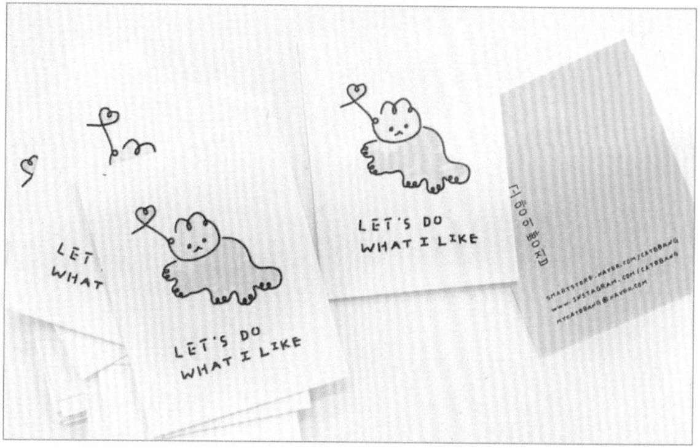

01 엽서 제작 방법을 응용하여 명함도 제작해 볼게요. 명함 역시 사이즈를 먼저 확인해 주세요. 명함의 규격사이즈는 90×50mm이지만 사이즈를 직접 입력하여 원하는 사이즈로 제작할 수 있어요. 귀여운 50×50mm의 미니사이즈 명함을 만들어 볼게요. 재단사이즈에 50×50mm를 입력하면 작업사이즈는 52×52mm로 확인됩니다.
명함의 종이 역시 일반적으로 고급지를 많이 사용합니다. [재질보기]로 종이 재질을 간단하게 확인하여 마음에 드는 종이를 선택해 주세요. 그리고 양면으로 제작할지 단면으로 제작할지 결정합니다.

02 명함의 앞면에는 엽서를 만들었던 일러스트를 넣고, 뒷면에 이름 등 정보를 넣어 양면으로 제작해 볼게요. 앞에 작업했던 엽서의 PSD 파일을 준비해 주세요.

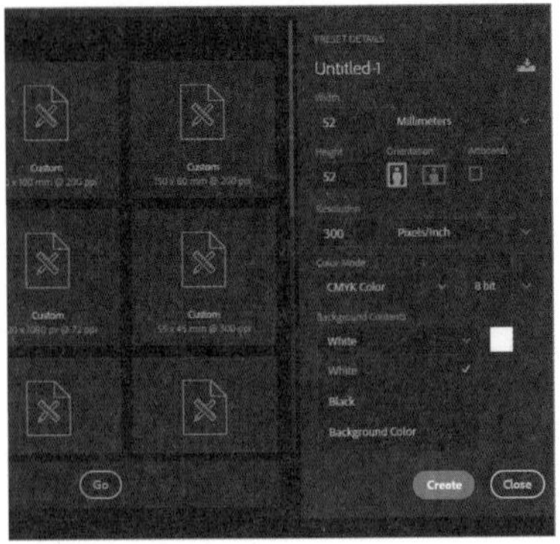

03 PC에서 포토샵을 실행한 뒤 [File] 〉 [New]를 선택하고 사이즈는 52×52mm, 300DPI, CMYK모드의 새 도큐를 만듭니다.(단축키: Ctrl+N) 도큐의 배경은 White, Black, Transparent(투명) 중에 White(흰색) 배경을 선택해주세요.
그리고 프로크리에이트에서 작업해둔 파일을 열어주세요.(단축키: Ctrl+O)

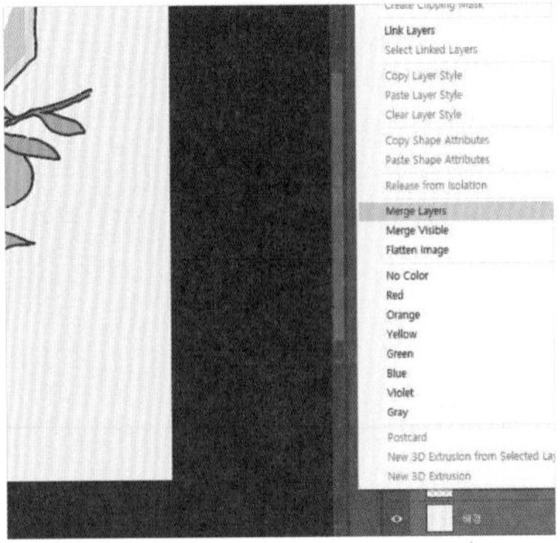

04 엽서 파일의 레이어가 여러 개라면 하나로 합쳐주세요. 맨 위 레이어를 선택 후 (Shift)를 누른 채 마지막 레이어를 선택합니다. 마우스 오른쪽을 클릭하고 [Merge Layers]로 레이어를 모두 합쳐주세요.(단축키: Ctrl+E)

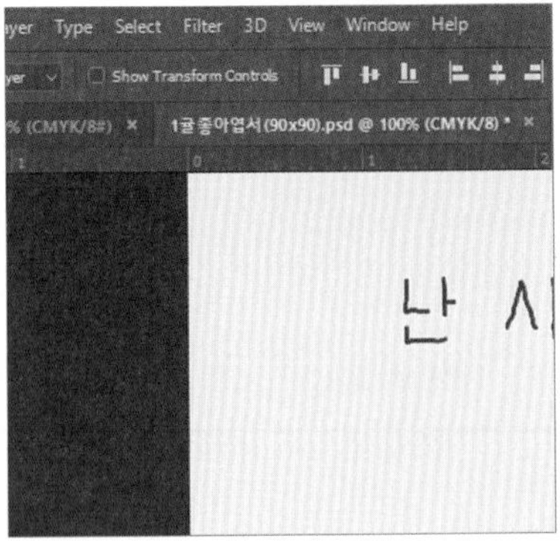

05 선택툴(단축키: V)로 캔버스 중앙을 클릭하고 드래그해서 만들어둔 새 도큐로 끌어옵니다. 이때 (Shift)를 누른 채로 끌고 와야 그림이 도큐의 정중앙에 떨어집니다.

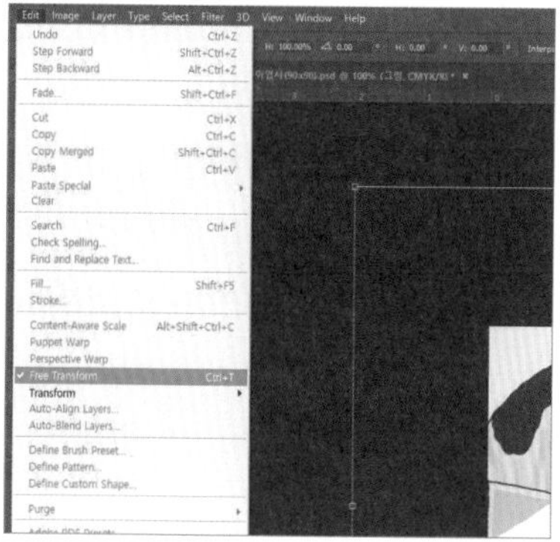

06 그림 사이즈가 명함 사이즈보다 크니 명함 도큐에 가져오면 그림이 밖으로 나가 있을 거예요. [Edit] 〉 [Free transform] (단축키: Ctrl+T) 를 선택해 그림의 사이즈를 줄여주세요. 도큐가 화면에 꽉 차서 그림을 선택할 수 없다면 (Ctrl + −)를 눌러 화면을 줄일 수 있어요. (Ctrl + +), (Ctrl + −)로 화면을 크게, 혹은 작게 조절할 수 있어요.

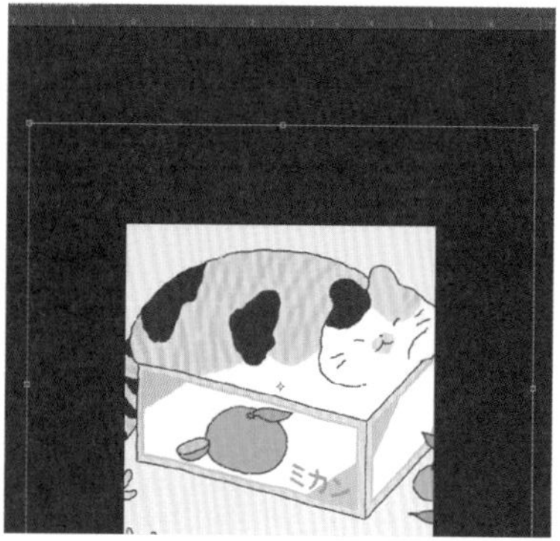

07 그림 크기를 줄일 때 (Shift)를 누르고 줄이면 정비율로 줄어들고, (Ctrl) 키를 누르고 줄이면 선택한 모서리 쪽만 자유롭게 줄일 수 있어요. (Shift + Ctrl)을 함께 누르고 크기를 줄이면 가운데에 정비율로 크기를 줄일 수 있어요. 이렇게 일러스트의 크기를 줄여서 도큐 안에 들어가도록 조절하고 (Enter) 키를 눌러 완료합니다.

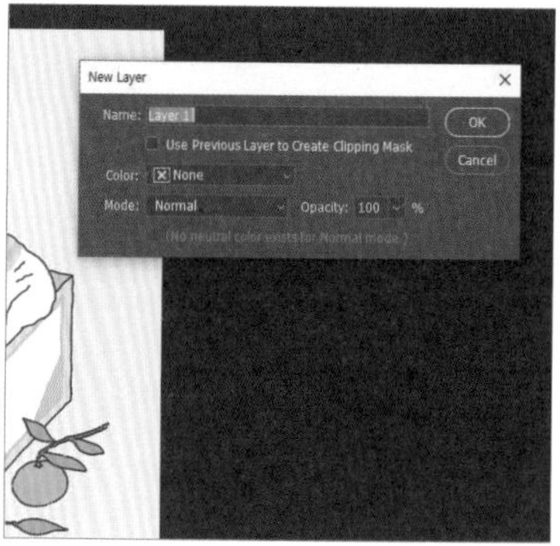

08 이제 명함의 뒷면을 만들어 주세요. 오른쪽 하단의 종이 모양 아이콘을 클릭하여 새 레이어를 만듭니다. (단축키: Ctrl+Shift+N)

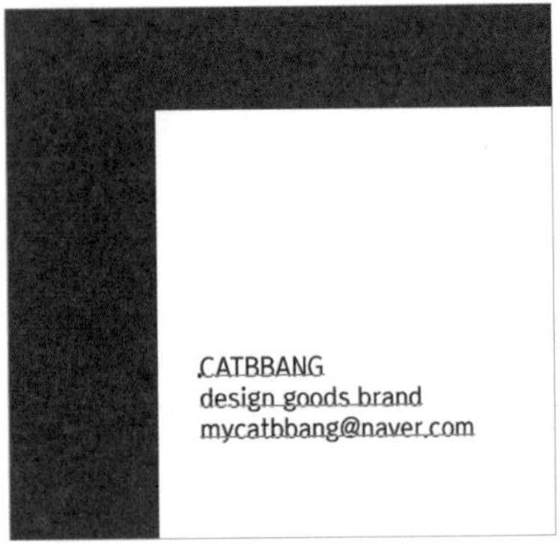

09 툴바에서 'T' 모양 문자툴을 선택하여 캐릭터 활동명과 메일 주소 및 SNS 주소 등 명함에 적고 싶은 내용을 적어주세요. (단축키: T) 원하는 위치를 클릭하여 글씨를 쓰고 선택툴을 눌러 완료합니다.

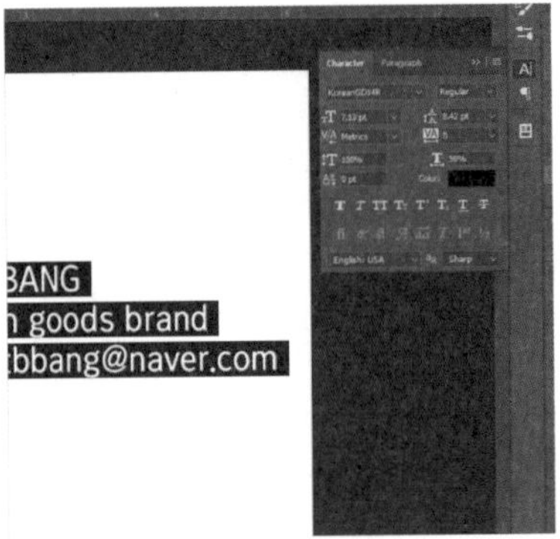

10 오른쪽 툴바의 'A' 모양 아이콘을 클릭하여 서체와 크기를 조절하고 완성되면 다시 선택툴을 눌러 완료합니다. ([Window] 〉 [Character]) 폰트 크기는 최소 5~6pt 이상으로 작업해야 인쇄했을 때 잘 보입니다. 너무 작게 쓰면 잘 보이지 않을 수 있어요. 사이즈가 가늠되지 않는다면 프린터로 인쇄해서 실제 크기를 체크해보면 좋습니다.

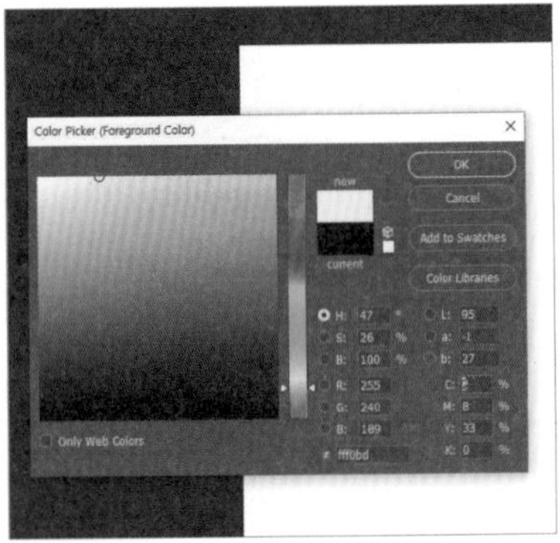

11 명함 뒷면이 허전하다면 배경색을 바꿔줄 수 있어요. 왼쪽 바에서 컬러 피커를 선택하여 원하는 배경색을 선택해 주세요.

인쇄용이니 C, M, Y, K 네 가지의 값을 조절하여 설정합니다.

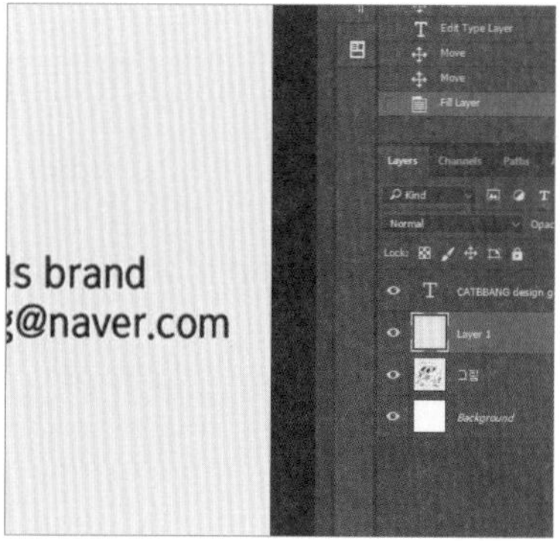

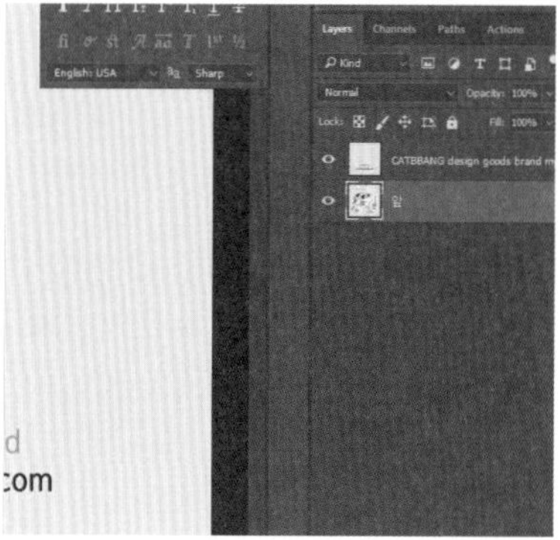

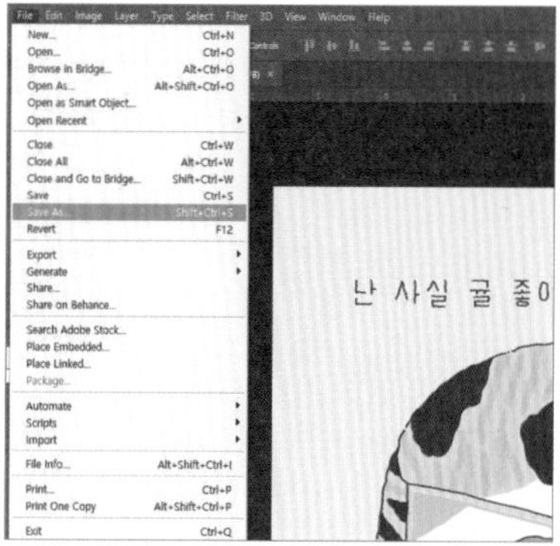

12 원하는 배경색을 선택했다면, 뒷면 레이어를 선택하여 (Alt+Del) 키로 배경색을 입혀주세요. (Ctrl+Del) 키는 옆 컬러 피커에 있는 컬러로 배경색을 입힐 수 있습니다. 폰트를 선택해 원하는 위치에 알맞게 배치해서 뒷면을 마무리해주세요.

13 앞면의 레이어를 모두 병합해서 하나로 만들고, 뒷면의 레이어도 모두 병합해서 하나로 만들어 주세요. 레이어의 이름도 더블클릭하여 '앞면', '뒷면'으로 알아볼 수 있게 바꿔주세요.

14 원본 파일은 유지하고 [File] 〉 [Save As]를 눌러 다른 이름으로 저장합니다. (단축키: Ctrl+Shift+S) PSD 파일로 저장해주세요.

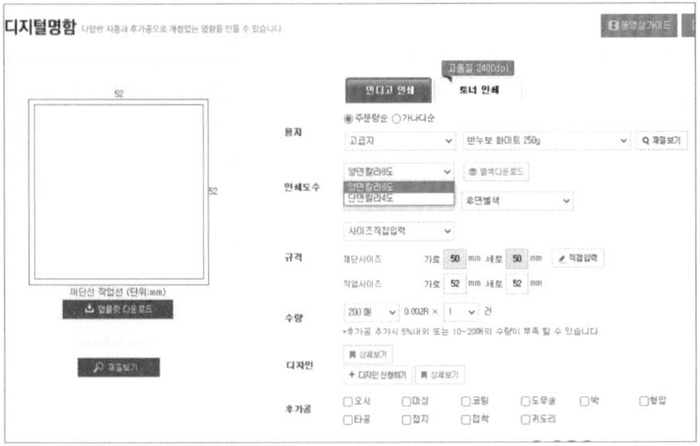

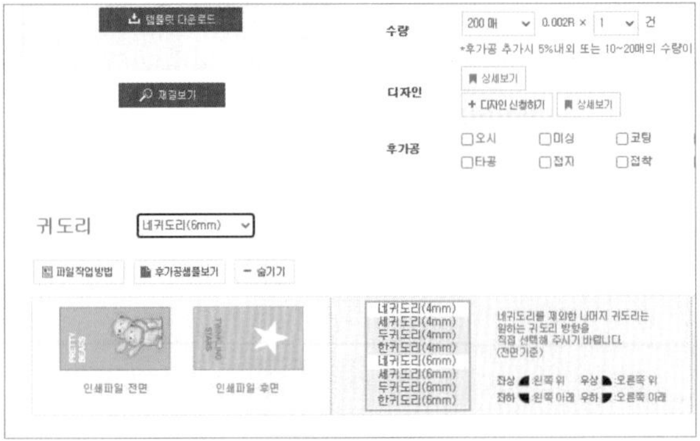

15 발주화면에서 명함 사이즈에 50×50mm, 제작 매수, 종이 재질을 선택하고 '양면칼라8도'로 선택합니다. 명함의 사방 모서리를 둥글게 잘라주고 싶다면 [귀도리] 옵션도 체크합니다. 모든 선택이 끝나면 [바로주문]을 눌러 인쇄파일을 업로드해주세요. 사이즈와 용지, 수량 등 모든 옵션을 잘 확인 후 주문하기를 눌러 발주합니다.

16 후가공은 인쇄 후에 가공을 한 번 더 한다는 뜻으로, [귀도리]는 사방 모서리를 둥글게 잘라주는 것을 말합니다. 한 개부터 네 개까지 적용할 수 있고, 네귀도리 사이즈는 4mm와 6mm가 있습니다. 6mm로 해도 좋고, 둥근 각을 좀 더 작게 하고 싶으면 4mm로 선택해주세요.

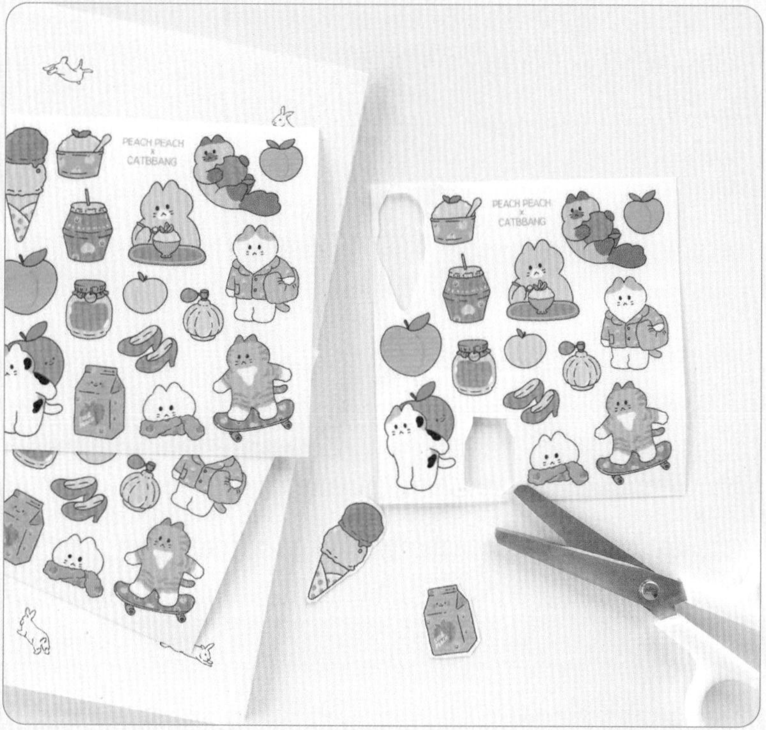

02

인쇄소 스티커(인스) 만들기

NOTE

'인스'라고도 하는 인쇄소 스티커는 스티커를 제작할 때 제일 먼저 접하게 되는 제품으로 칼선이 들어가지 않고 통으로 제작되어 나오는 스티커입니다. 직접 가위로 하나씩 오려서 사용합니다.

SAMPLE SITE

레드프린팅 | www.redprinting.co.kr
사각반칼스티커

스티커를 만들기 전에

종류

통으로 제작되어 나오는 인스와, 네모, 타원형, 원, 별모양 등 정해진 모양으로 만드는 도형 스티커, 테두리가 있는 칼선스티커, 테두리 없는 칼선 스티커가 있습니다.

용지

아트지: 스티커로 많이 사용하는 기본 용지로, 강접부터 초강접까지 다양한 접착력을 가지고 있습니다.

유포지: 좀 더 질기고, 물에 젖지 않는 재질로 아트지보다 좀 더 도톰한 느낌이 듭니다.

투명데드롱: 투명 스티커를 만들 때 사용하고, 후지는 흰색으로 제작됩니다.

모조지: 복사 용지(일반적인 A4)와 비슷한 재질로, 펜으로 필기가 가능한 종이입니다. 이 경우에는 코팅이 되지 않습니다.

리무버블: 떼었다 붙였다 할 때 자국이 남지 않는 재질로, 노트북이나 캐리어 등 다양한 곳에 붙이는 용도로 사용됩니다.

코팅

스티커의 코팅은 크게 두 가지로 유광코팅은 밝고 깨끗하고 또렷한 느낌을 주며, 무광코팅은 차분하고 부드러운 느낌을 줍니다. 그 외에도 다양한 홀로그램코팅이 있습니다.

재단 방법

묶음재단: 큰 스티커 용지 한 판에 여러 디자인을 앉혀서 인쇄한 후 판 그대로 받아 볼 수 있습니다.

개별재단: 큰 스티커 용지 한 판에 여러 디자인을 앉혀서 인쇄한 후 디자인 사이사이를 칼로 재단 후 원하는 사이즈대로 받아 볼 수 있습니다.

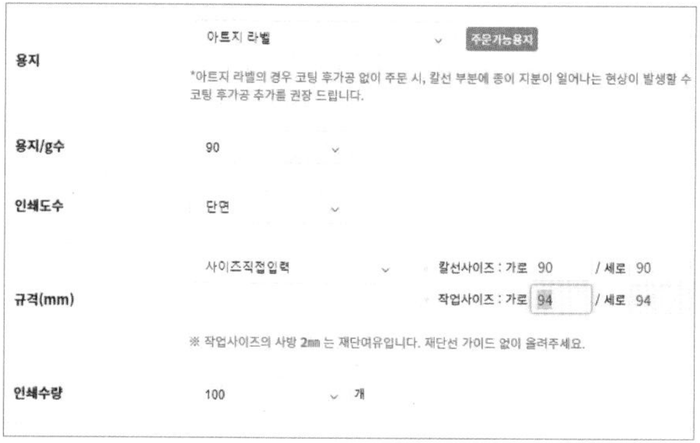

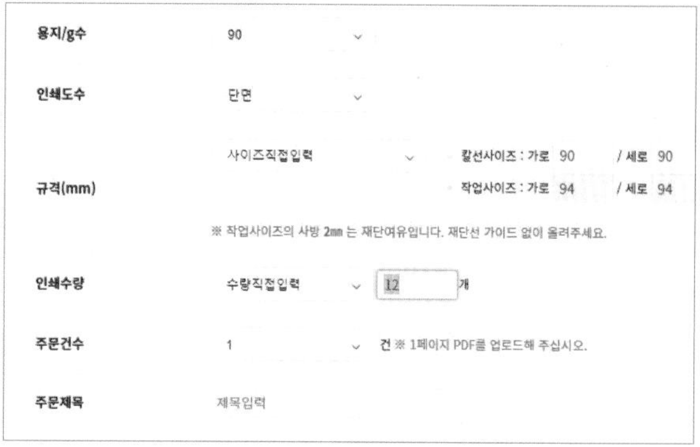

01 규격은 여러 가지가 있지만 일반적으로 90×90mm 사이즈를 많이 사용하고 있으니 90×90mm 사이즈로 만들어 볼게요. [재단사이즈]는 실제 스티커 사이즈입니다. 스티커를 재단할 때 안전하도록 바깥쪽으로 여백을 좀 더 만드는 [작업사이즈]가 있어요. 재단사이즈에 90×90mm를 입력하면, 작업사이즈는 자동으로 94×94mm로 확인됩니다.

02 레드프린팅의 장점은 소량 제작이 가능한 것입니다. 처음 제작한다면 샘플로 소량 주문하여 확인 후 대량 발주할 수 있어요.
인쇄 수량을 입력해 보면 스티커 1개와 10개의 가격이 같습니다. 스티커를 인쇄할 때 한 판에 작업한 뒤 개별 재단하기 때문에, 한 판에 들어갈 수 있는 최대 스티커 개수까지 가격이 같습니다. 입력해보니 약 12개까지 같은 가격으로 제작할 수 있어요. 제작할 때 사이트마다 미리 체크해두면 주문 수량을 결정할 때 참고할 수 있습니다.

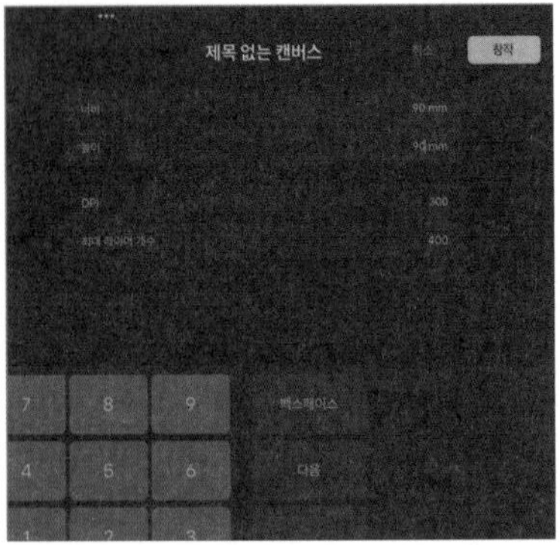

03 프로크리에이트에서 [사용자 지정 크기]를 누르고 90X90mm, DPI 300, CMYK 모드의 새 캔버스를 만들어 주세요. 구상했던 캐릭터와 소품 등을 자유롭게 그려서 스티커의 그림을 완성합니다.

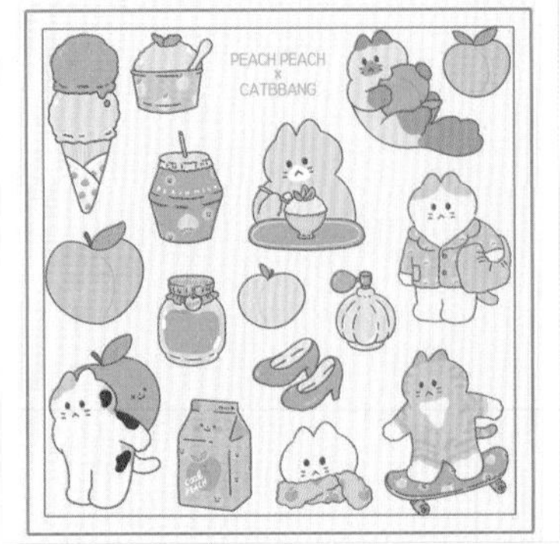

04 재단되어 받아보는 실제 스티커 사이즈는 90×90mm이지만, 그림은 사방으로 최소한 3~5mm 안쪽에서 작업해주세요. 스티커 재단칼이 들어갈 때 조금의 오차가 생길 수 있으니 여유 공간을 두고 그려야 합니다. 이 부분이 가늠하기 어려우면 90mm에서 양쪽 3mm씩 6mm를 뺀 84×84mm의 캔버스를 만들어 작업하면 됩니다.

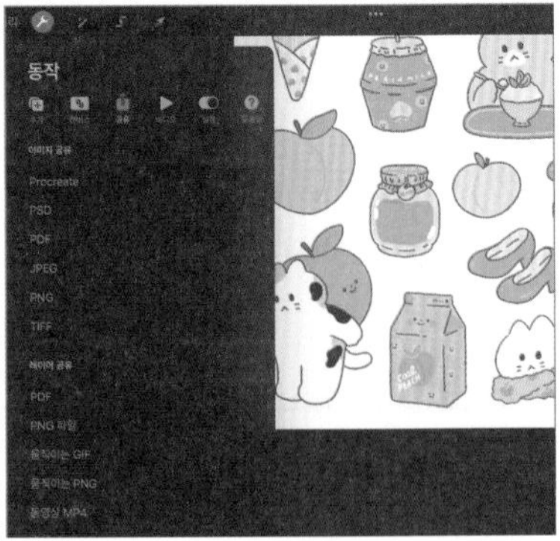

05 완성한 그림파일을 PC로 이동시켜 주세요. [도구] 〉 [동작] 〉 [공유] 〉 [이미지 공유] 〉 [PSD]를 선택합니다. 파일을 메일로 전송하거나 PC 카카오톡으로 전송해주세요.

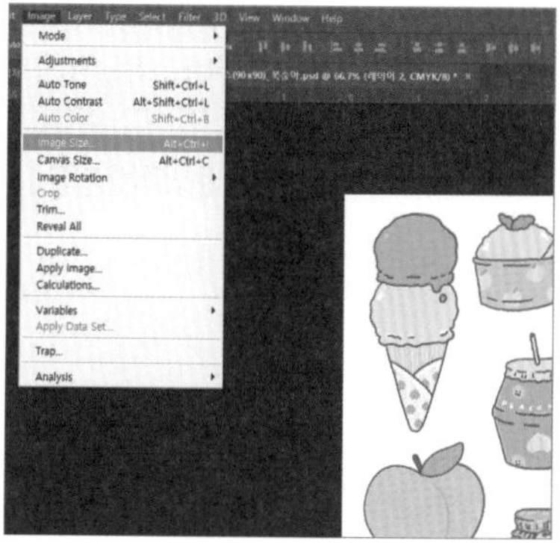

06 포토샵에서 그림 파일을 열고 [image] 〉 [Image size] 메뉴에서 반드시 작업파일 사이즈 및 해상도를 확인해 주세요. 가로 9cm, 세로 9cm, DPI가 300인지 확인합니다. 인쇄할 때 가장 중요한 건 정사이즈와 해상도라는 걸 기억해 주세요.

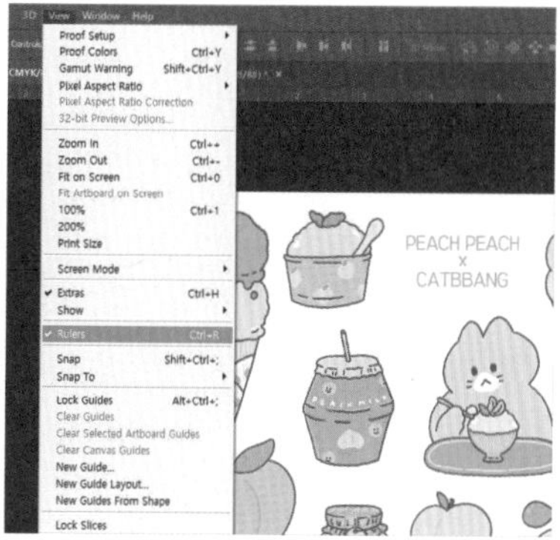

07 작업사이즈 확인을 위해 [View] 〉 [Rulers]를 선택해 자를 보이게 해주세요. (단축키: Ctrl+R)

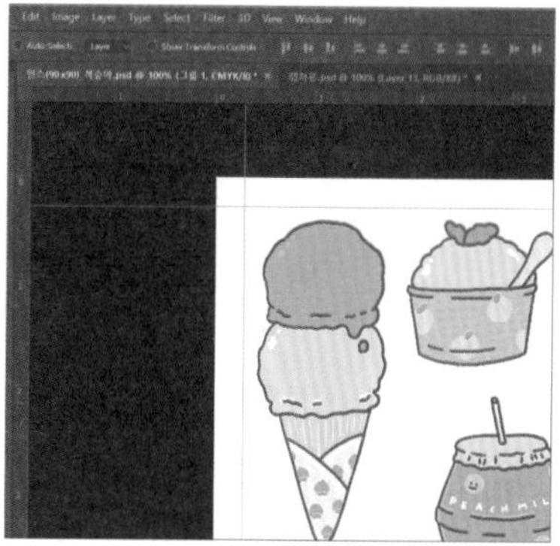

08 위에 있는 자를 클릭하면서 아래로 끌어서 3mm 눈금이 보이는 세로선에 놓아주세요. 왼쪽 자에서도 선을 끌어내서 가로 3mm 선에 맞춥니다. 이렇게 사방에서 3mm씩 안으로 들어가게 선을 만들어 주세요. 이 안쪽으로 그림들이 여유 있게 배치되어야 안전하게 제작할 수 있어요.

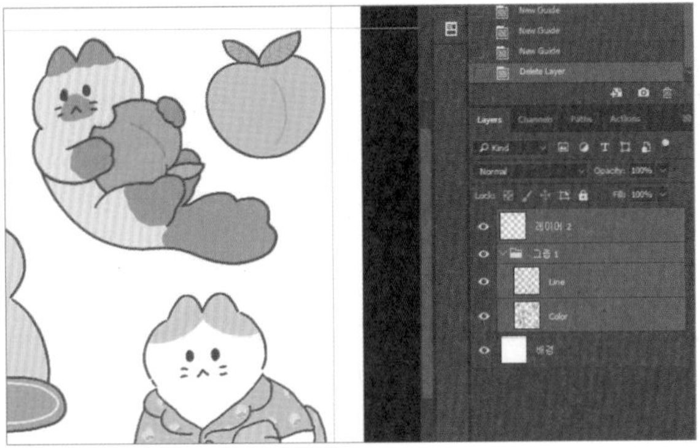

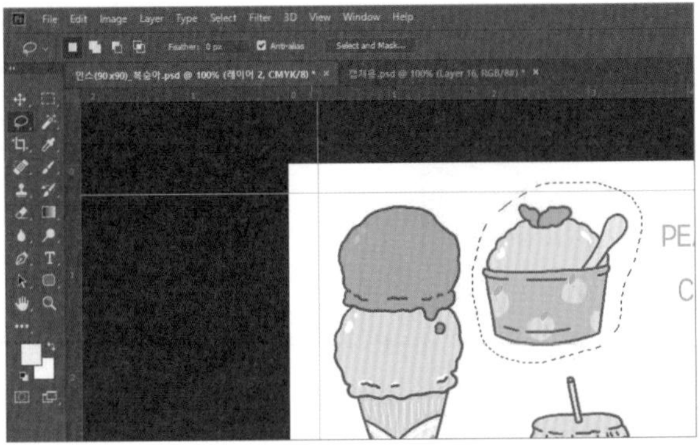

09 작업사이즈를 확인했다면 그림과 그림 사이의 간격을 확인해주세요. 인스는 가위로 오려서 사용하기 때문에 개체 사이의 간격이 너무 붙지 않도록 합니다.

그림들의 간격이 너무 붙어있다면 재배치해주세요. 먼저 개체를 이동시키기 위해 레이어를 하나로 합칩니다. 첫 번째 레이어를 선택하고 (Shift) 키를 누르고 마지막 레이어를 선택하면 전체 레이어가 선택됩니다. (Ctrl+E) 키로 모든 레이어를 병합해 주세요. 이때 반드시 배경 레이어를 제외하고 그림 레이어만 합쳐야 합니다.

10 툴바에 고리처럼 생긴 [올가미툴]을 선택하고 위치를 조절할 그림을 둥그렇게 감싸서 올가미를 씌워주세요. 그리고 [이동툴]을 선택하고 키보드의 화살표키로 미세하게 위치를 조절합니다.

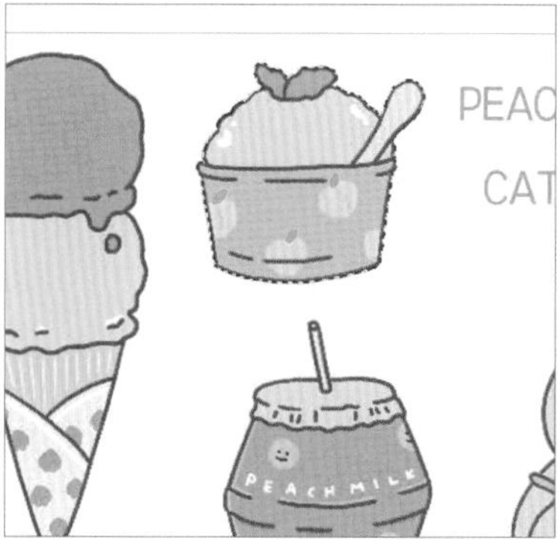

11 원하는 위치로 이동했다면 (Ctlr+D) 키를 눌러 선택 영역을 해지합니다.

[올가미툴]을 길게 꾹 누르면 [다각형 올가미툴]이 나오는데, 이 툴은 직선으로 그릴 수 있습니다. 그림의 테두리를 따라 클릭하고 이동해서 클릭, 다시 이동해서 클릭하는 방법으로 원하는 그림을 선택하고 마지막에 (Enter) 키를 눌러 닫아주세요.

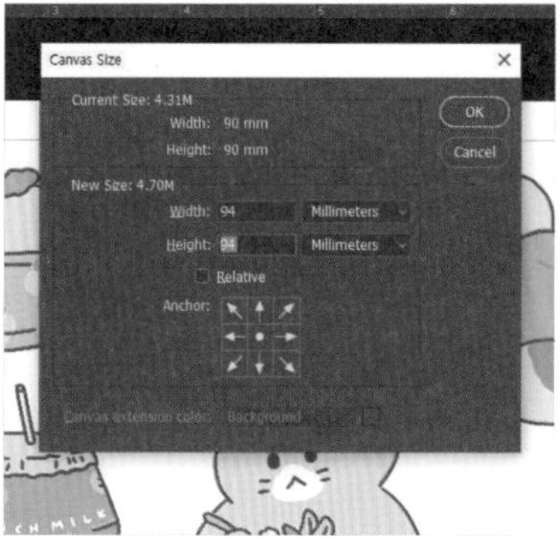

12 이렇게 모든 그림이 안전작업사이즈 안에 들어오고, 개체 간격을 잘 유지했다면 작업사이즈에 맞게 94×94mm 사이즈로 만들어야 합니다. [Image] 〉 [Canvas Size] (단축키:Ctrl+Shift+C)에서 캔버스 크기를 94×94mm 사이즈로 늘려주세요. 주의할 것은 [Image Size]는 이미지 자체의 크기를 변형하는 것이고, [Canvas Size]는 이미지는 그대로 두고 캔버스의 크기만 변형하는 것입니다.

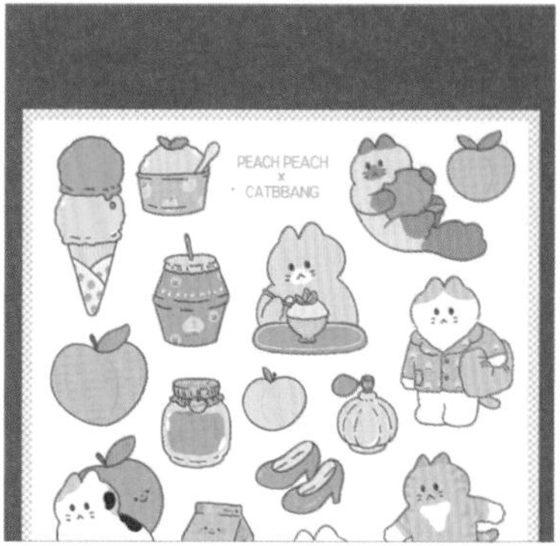

13 캔버스 크기를 늘리면 배경 레이어가 투명하게 비어있는 것을 볼 수 있어요. 배경 레이어를 선택하고 컬러 피크의 위 칸을 흰색으로 설정 후 (Alt+DEL) 키를 눌러 흰색으로 배경을 채워줍니다.

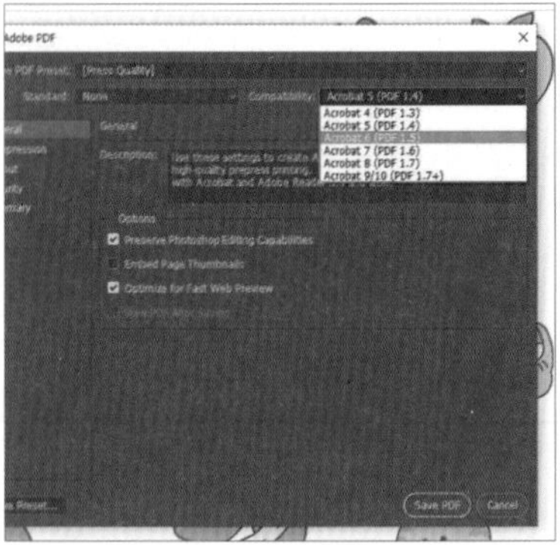

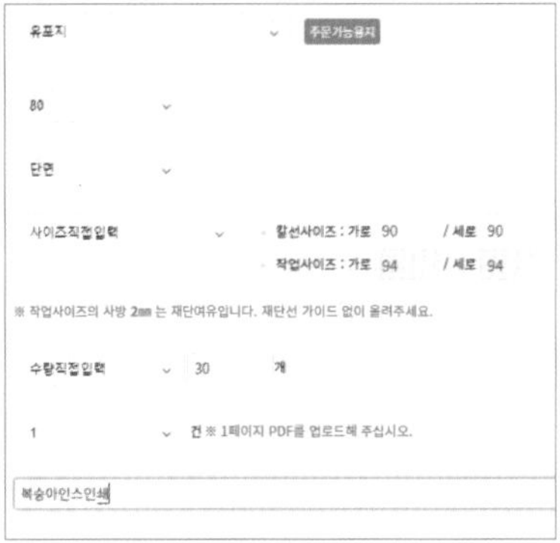

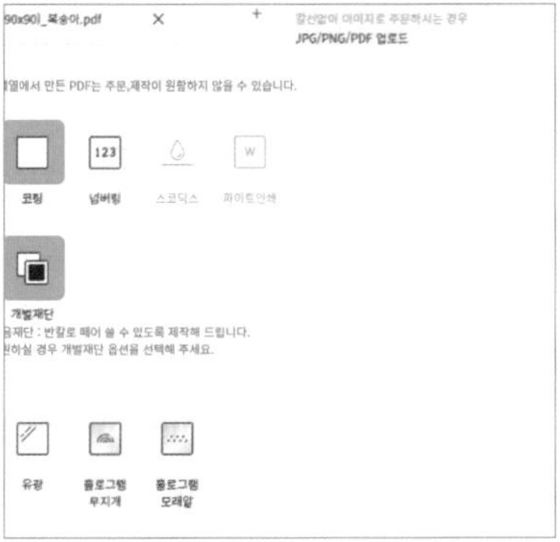

14 이제 인쇄 접수 파일을 만들어 주세요. 파일을 다른 이름으로 저장합니다.(단축키:Ctrl+Shift+S) 확장자는 PDF로 선택하고 설정은 Press Quality(출판 품질), 호환성은 Acrobat 6으로 저장합니다. 레드프린팅은 DPI 300, CMYK 모드, PDF 파일 설정은 '인쇄용'으로 '출판품질', 'acrobat 6'을 권장합니다. 반드시 제작 전에 제작 가이드를 숙지하고 작업을 시작하세요.

15 주문을 접수합니다. 주문 가능 용지를 선택해 주세요. 흰색 바탕으로 만들기 때문에, '아트지 라벨'이나 '유포지' 중 하나를 추천합니다. 용지와 코팅 종류를 선택해주세요. 보통 아트지에는 유광코팅을, 유포지에는 무광코팅을 많이 사용합니다. 재단 사이즈에 90×90mm, 원하는 수량과 주문 건수 1건, 주문제목을 적고 PDF 파일을 업로드합니다.

16 코팅의 유무를 선택하고 가장 중요한 재단 방법을 선택합니다. 90×90mm 사이즈로 입력했어도 묶음 재단을 선택 할 경우에는 선택한 사이즈로 받아볼 수 없습니다. 반드시 '개별재단'으로 선택하여 원하는 사이즈의 스티커로 받아보세요. 이제 주문하기를 눌러 발주합니다. 마지막으로 주문상품 정보에서 선택한 옵션, 수량 등이 맞는지 꼼꼼히 체크 후 발주해주세요.

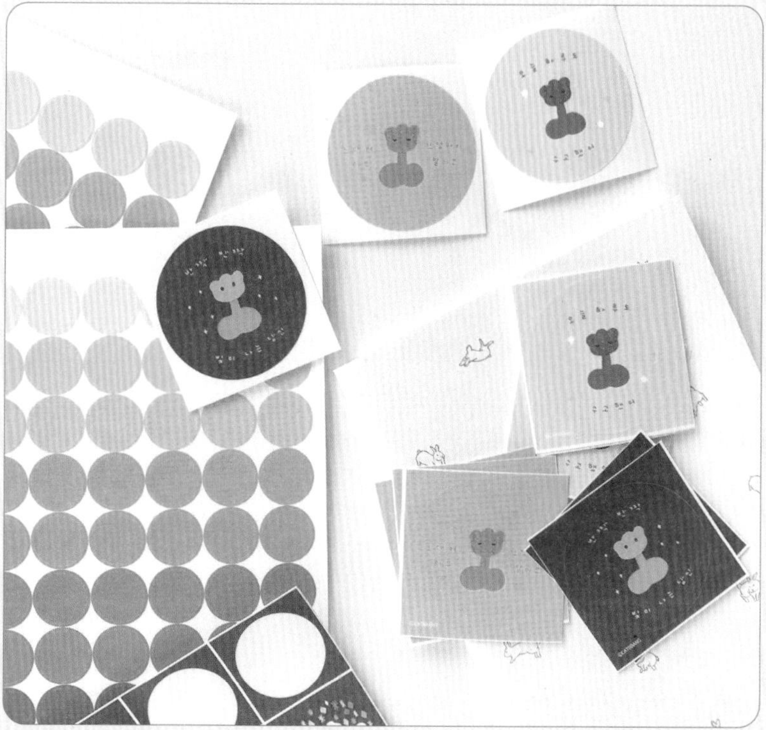

도형 스티커 만들기

NOTE

도무송 스티커라고도 하는 간단한 도형 스티커입니다. 원형, 타원형, 사각형 같은 도형 외에도 별, 꽃, 구름 등 다양한 모양이 있고 이미 만들어진 칼선 모양대로 제작하기 때문에 좀 더 저렴하게 만들 수 있습니다.

SAMPLE SITE

레드프린팅 | www.redprinting.co.kr
모양별스티커

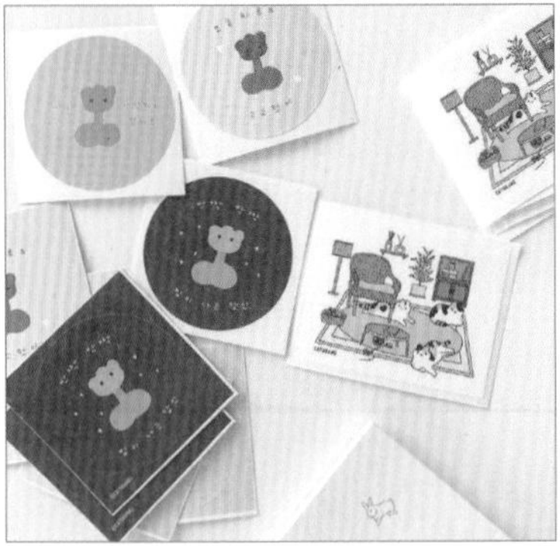

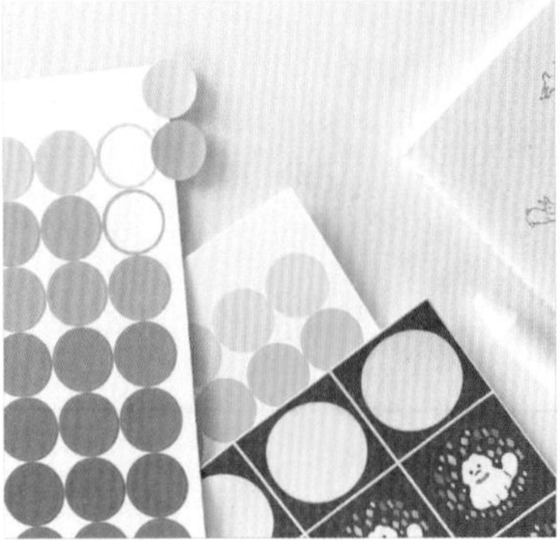

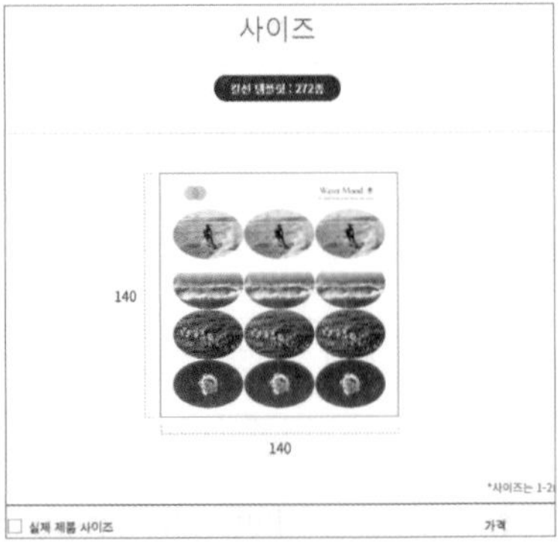

01 [모양별 스티커] 메뉴에서는 사각형, 원형, 타원형 모양의 스티커를 제작할 수 있어요. 정해져 있는 칼선 모양대로 제작하기 때문에 가격이 저렴한 편입니다. 도형의 사이즈가 크면 개별재단을 해도 괜찮지만, 사이즈가 작은 경우에는 금액이 추가될 수 있습니다. 개별재단을 진행할 경우 재단 밀림 현상이 있을 수 있으니 작업할 때 칼선이 그림 가까이에 붙지 않도록 안전 영역을 지켜주세요.

02 [판스티커-스퀘어]는 한 판 안에 여러 도형 스티커가 들어가는 형태입니다. 25개의 원형 스티커가 들어가는 '판스 스퀘어-0037' 제품을 제작해 볼게요.

레드프린팅은 다른 브라우저에서도 작업이 가능하지만, 원활한 접수를 위해서 크롬 웹 브라우저 사용을 권장하고 있으니 참고해주세요.

03 작업 전 작업사이즈를 확인합니다. 스티커 전체 사이즈는 140×140mm, 원 하나의 사이즈는 20×20mm입니다. 20×20mm 사이즈는 재단사이즈로 작업사이즈는 여유 있게 22×22mm로 만들도록 합니다.

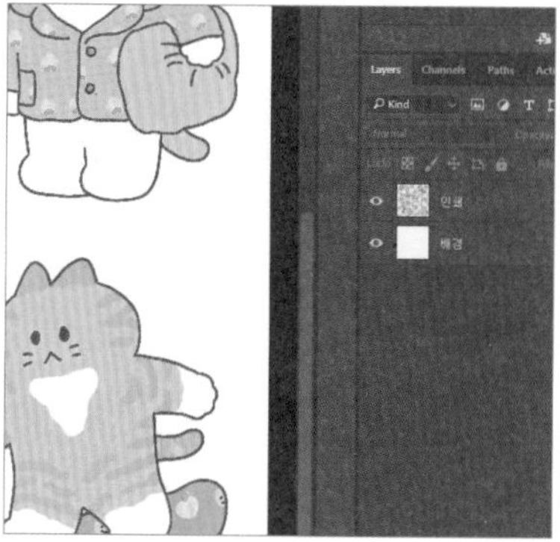

04 이제 스티커 디자인을 해볼게요. 새로운 일러스트를 그려도 좋고 기존의 그림을 활용하여 다양한 소스를 만들어 볼 수도 있어요. 포토샵에서 이전에 작업했던 인스 파일을 열어주세요. 원본이 아닌, 그림 레이어를 하나로 합쳐놓은 파일로 열어주세요. 파일에는 그림 레이어 하나, 배경색 레이어 하나만 있어야 합니다.

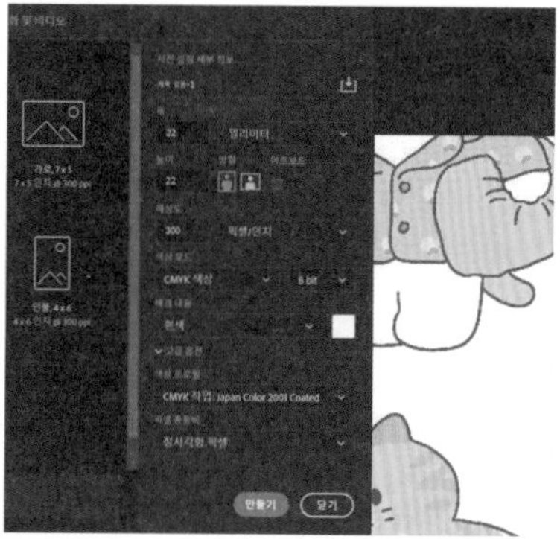

05 그리고 도형 스티커로 만들 22×22mm 사이즈의 새 도큐를 만들어주세요. [File] 〉 [New]에서 22×22mm, 300DPI, CMYK 모드, 바탕색은 흰색으로 만듭니다.

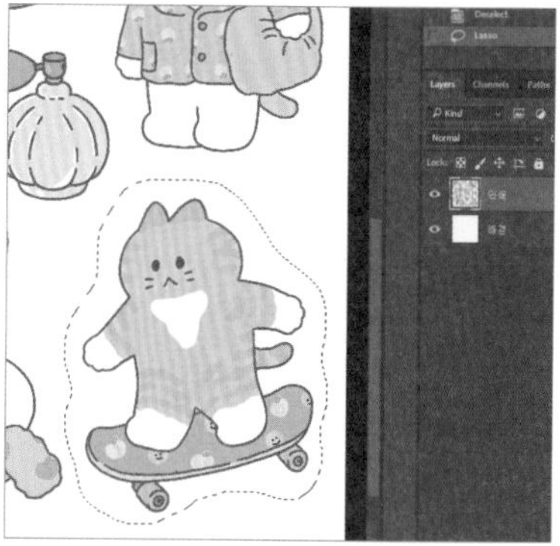

06 인스 도큐로 돌아와 인쇄 레이어를 선택하고 스티커에 넣을 그림을 올가미툴(단축키: W)로 선택하여 복사합니다. (단축키: Ctrl+C)

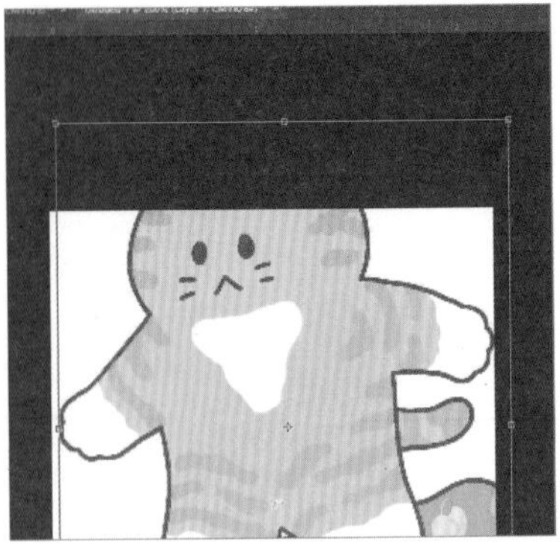

07 복사한 이미지를 도형 스티커 도큐에 붙여 넣어 주세요. (단축키: Ctrl+V) 도큐가 작으니 그림이 밖으로 넘어갈 수도 있어요. 스티커가 원형이기 때문에 중앙에 배치만 잘해도 예쁜 모양이 잡힙니다. 자유 변형 도구로(단축키: Ctrl+T) 이미지의 모양을 조절하며 배치해주세요.

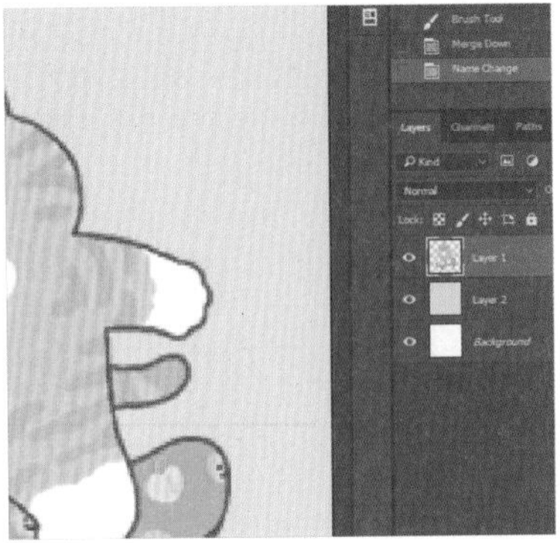

08 스티커에 바탕색을 넣고 싶다면 레이어를 추가한 후 사각형 전체에 색을 넣어야 합니다. 넣고 싶은 컬러를 선택하고 추가한 레이어를 선택하여 배경색을 채워주세요. (단축키: Alt+Back) 레이어 순서대로 '이미지 레이어' 〉 '배경색 레이어' 가 1세트입니다.

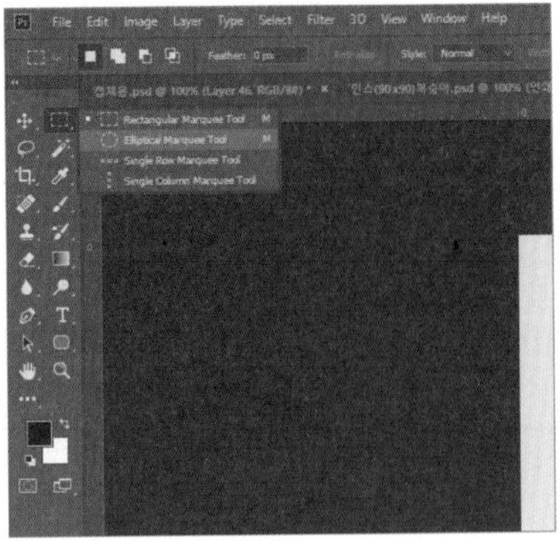

09 만들려는 원형 스티커의 가이드가 있다면 그림을 배치하기 수월할 테니 임시로 원을 만들어볼게요. 선택 윤곽 도구툴을 꾹 눌러서 원형 모양을 선택합니다.

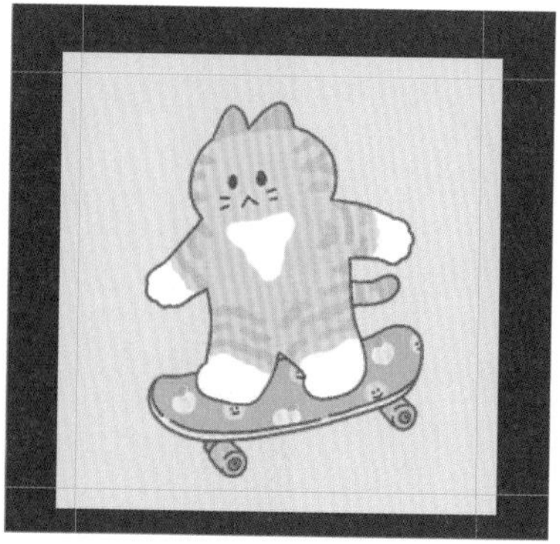

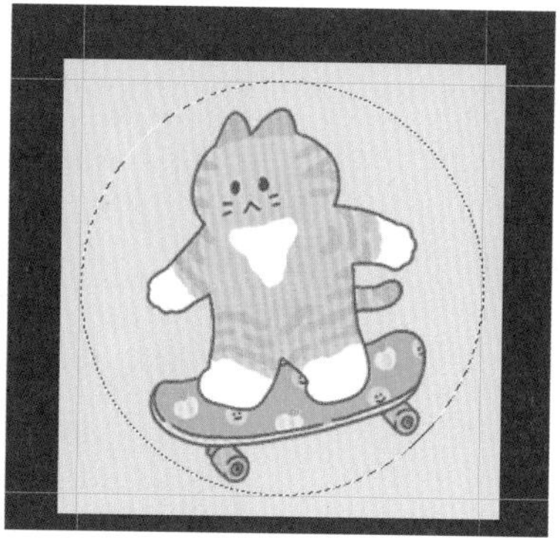

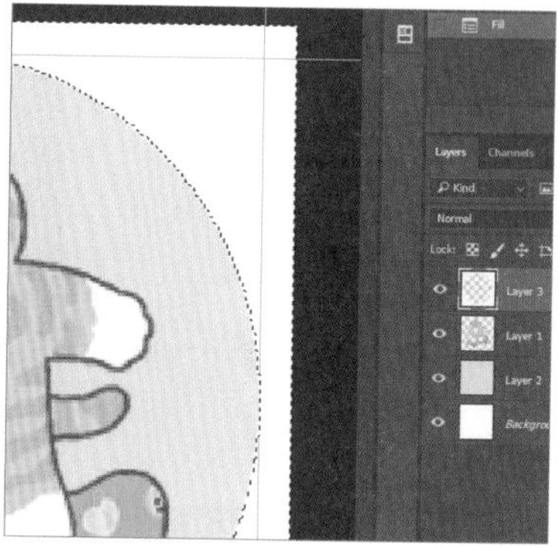

10 제일 위에 새로운 레이어를 추가하고 가이드 선을 잡아주세요. 20×20mm의 원을 그려야 하는데 도큐 사이즈가 22×22mm이니 자를 빼서 사방에서 각 1mm 되는 곳에 가이드를 잡습니다.

11 새 레이어를 선택하고 원을 그려주세요. 가이드 왼쪽 상단 부분에 커서를 놓고 (shift) 키를 누른 채 오른쪽 하단까지 드래그합니다.

12 원을 그린 상태에서 [Select] 〉 [Inverse]로 선택 영역을 반전시켜주세요.(단축키: Shift+Ctrl+I) 배경색을 채우고(단축키: Ctrl+Back) 선택 해제합니다.(단축키: Ctrl+D)

이렇게 임의로 가이드를 만들어두면 스티커의 사이즈를 가늠할 수 있어 그림을 배치하기에 편합니다. 이 레이어는 나중에 인쇄 파일을 저장할 때는 삭제할 거예요.

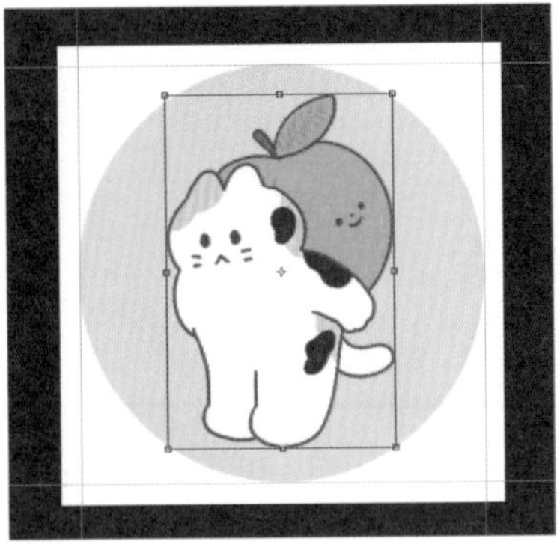

13 앞서 했던 것처럼 인스 파일에서 다른 일러스트를 올가미툴로 잡아서 복사하고 원형 스티커 도큐에 붙여 넣고 크기를 조절하여 배치합니다.

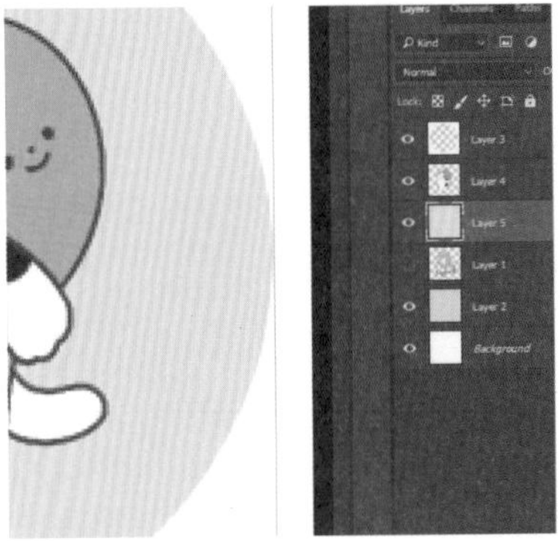

14 두 번째 그림에도 배경을 넣어주세요. 그림 레이어 아래 새 레이어를 만들고 원하는 색을 넣습니다. 역시 순서는 '이미지 레이어' 〉 '배경색 레이어'입니다.

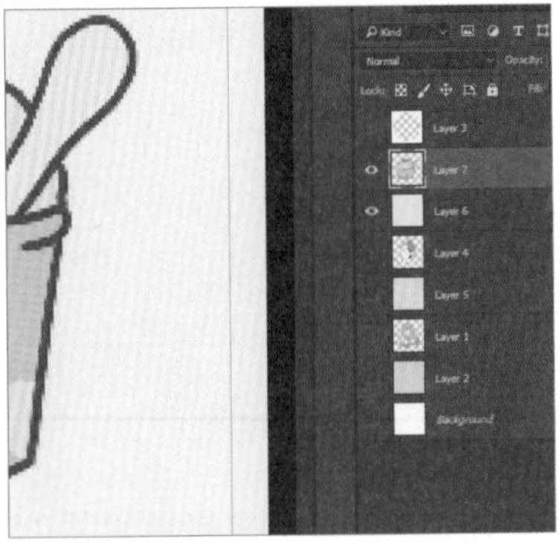

15 같은 방법을 반복하여 다양한 스티커를 완성한 후, 한 세트씩 JPG 파일로 저장합니다. 저장할 세트(그림 레이어+배경색 레이어)의 눈만 켜두고 나머지의 레이어는 꺼주세요. 임의로 만든 원형 레이어도 반드시 꺼둡니다. 스티커는 같은 그림이 반복되어도 되고, 그림 없는 단색 스티커를 만들고 싶다면 그림 레이어를 끄고 배경색 레이어만 켠 뒤 JPG 파일로 저장합니다.

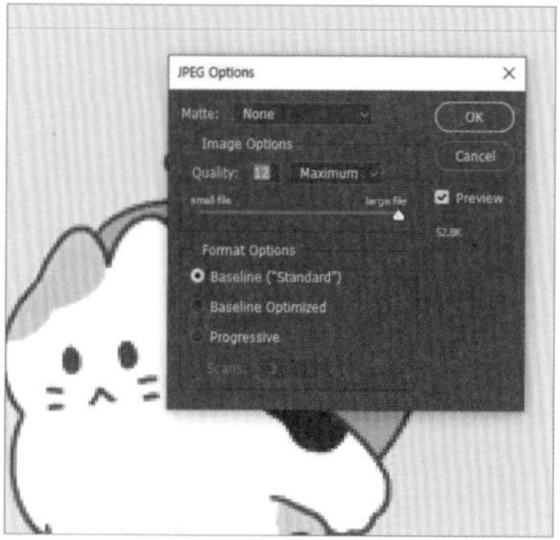

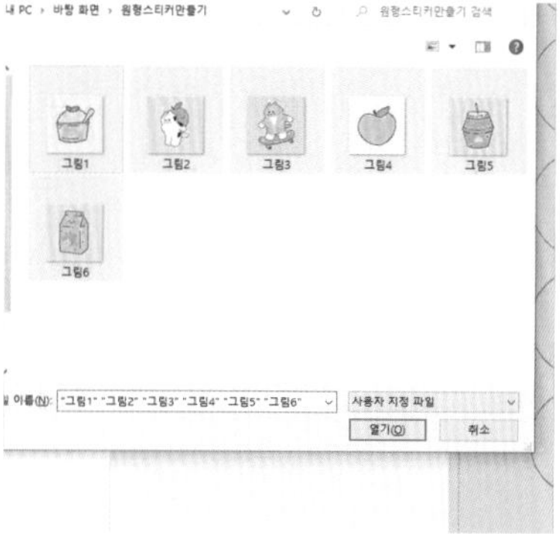

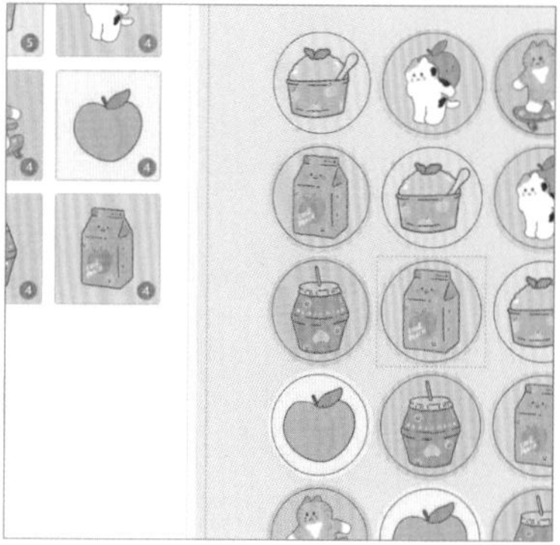

16 JPG 파일로 저장할 때는 이미지 옵션에서 품질을 항상 최고인 12로 선택합니다. 다 저장한 후에는 원본 파일은 [File] 〉 [Save As] 〉 [PSD] 파일로 원본 파일을 따로 저장해 주세요.

17 이제 사이트에서 용지와 인쇄 수량을 선택합니다.
[편집하기]를 눌러서 에디터를 실행해주세요. [사진 가져오기]로 만든 JPG 파일을 전부 불러옵니다.

18 파일은 직접 드래그해서 원 안에 넣어도 되고, [사진 자동 넣기]를 선택해서 임의로 사진을 넣어도 됩니다. 원하는 구성으로 잘 배치해서 채워주세요. 그림은 중복해서 넣어도 예쁘고, 한 줄로 쭉 넣어도 예뻐요. 왼쪽 그림 리스트에서 각 그림이 몇 번 들어갔는지 숫자로 표시됩니다. 들어간 그림을 삭제하고 싶을 경우에는 (Del) 키를 눌러 삭제해 주세요.

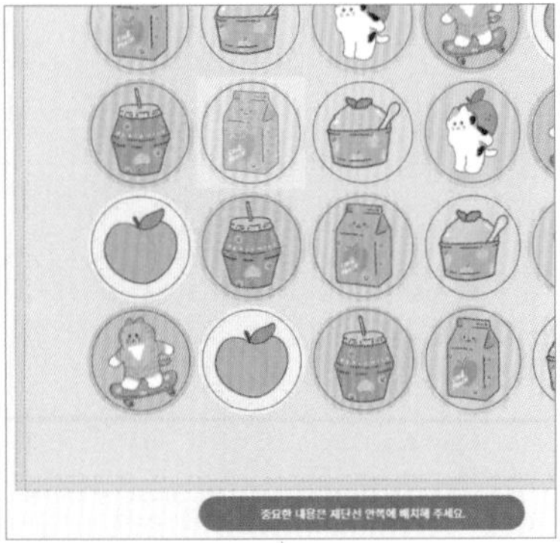
중요한 내용은 재단선 안쪽에 배치해 주세요.

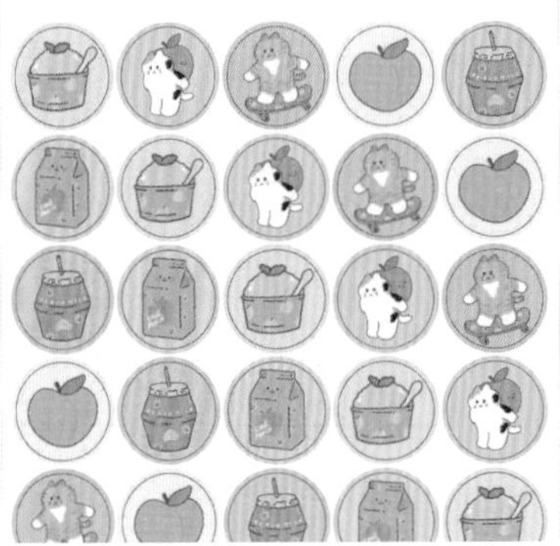

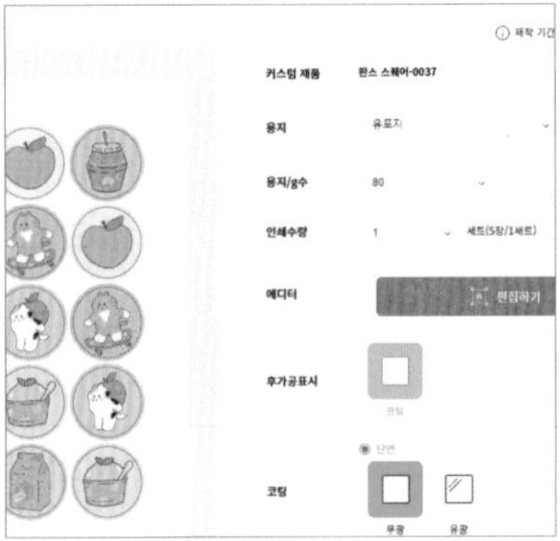

19 스티커의 배경도 넣을 수 있어요. 140×140mm 크기의 그림이나 배경색을 넣어보세요. 이렇게 캐릭터 그림을 넣을 때는 단색 배경도 괜찮아요.

또는 원 안에 그림 없이 배경에만 예쁜 하늘이나 풍경 사진을 넣어서 제작할 수도 있는데, 배경이 도형 모양으로 하나하나 떨어지는 유니크한 스티커를 완성할 수 있습니다.

20 완료되면 오른쪽 상단의 [미리보기]를 통해 인쇄될 최종 이미지를 확인해 주세요. 에디터의 작업 화면에서는 배경색이 하늘색으로 표시되지만, 실제 스티커의 배경색은 흰색입니다.

21 [편집종료]를 눌러 마무리해주세요. 한 번 더 확인할 수 있는 창이 뜨니 다시 한번 꼼꼼히 확인 후 종료합니다. 이제 코팅의 종류와 폴리백 등 추가 선택사항을 결정 후 주문합니다. 주문내역에서 사이즈, 용지, 코팅 종류 등의 내용을 꼼꼼히 확인해주세요.

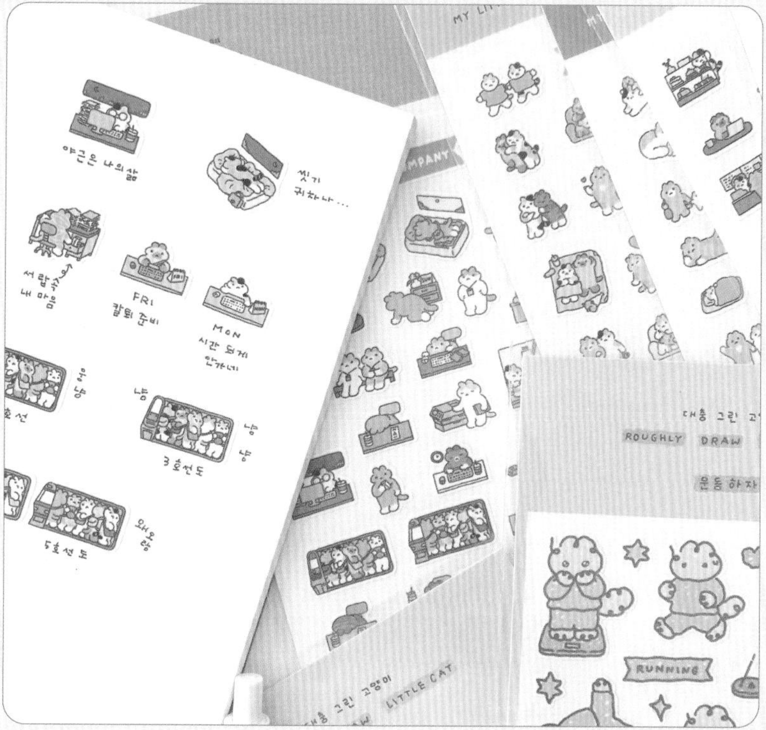

테두리가 있는 칼선스티커 만들기

NOTE

칼선스티커는 그림 개체 하나하나에 칼선이 들어가 편하게 떼어서 사용할 수 있는 스티커로 문구시장에서 인기가 많은 제품 중 하나입니다. 일러스트 프로그램에서 펜툴을 이용하여 칼선을 그리는 작업이 입문자에게는 까다롭고, 어렵게 느껴질 수 있지만 그만큼 인쇄물을 받았을 때의 성취감이 큰 제품입니다. 그리고 좀 더 편하게 칼선을 만드는 방법도 있으니 함께 알아볼게요.

SAMPLE SITE

레드프린팅 | www.redprinting.co.kr
자유형스티커

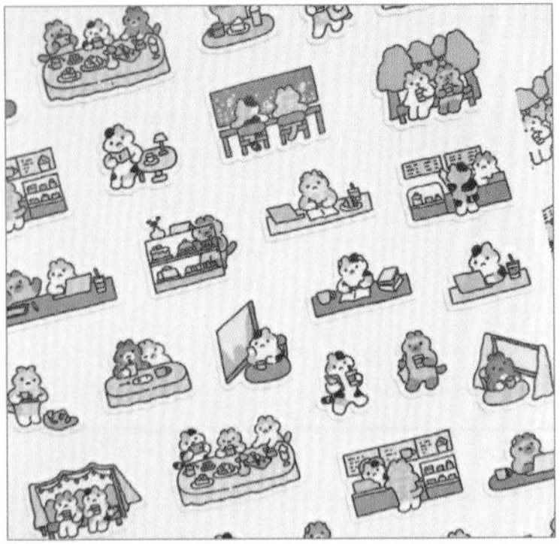

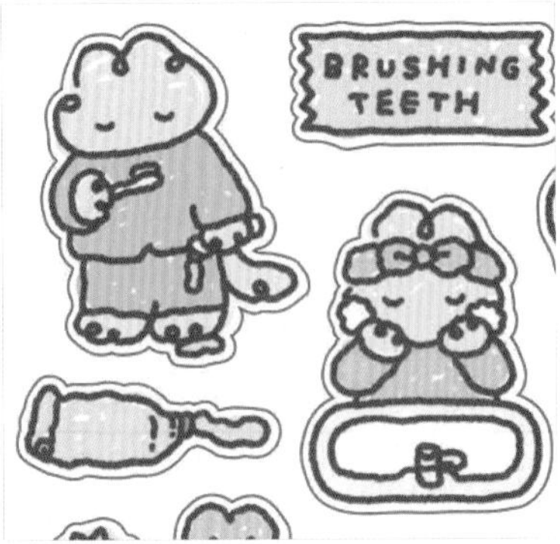

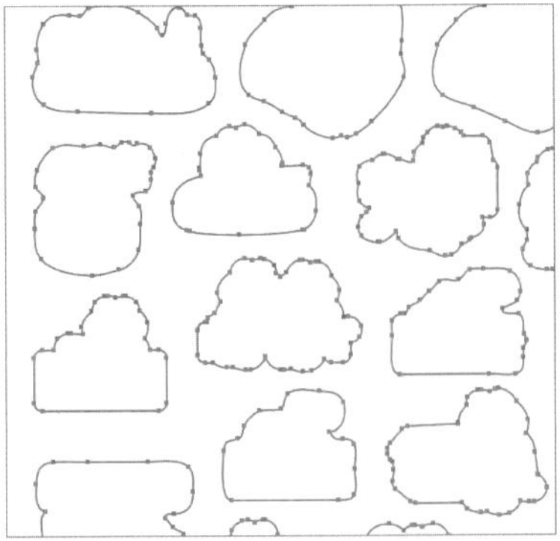

01 칼선스티커는 인스와 달리 칼선이 스티커 하나하나 들어가기 때문에 기본적인 가격이 높습니다. 가격을 고려하여 사이즈를 잡아주세요. 일반적으로 가격을 고려하면 100매 기준 80×90mm 정도면 적당한 사이즈로 65×100mm 사이즈도 같은 가격이니 형태를 고려하여 결정해 보세요.

02 칼선 하나를 목형(도무송)이라 하고, 칼선이 추가되는 만큼 추가 목형이 필요합니다. 목형이 추가되면 금액도 추가되어 칼선이 많아질수록 단가가 오릅니다. 이런 이유로 칼선스티커는 제작 시 칼선이나 재단선에 대한 주의사항이 많습니다. 접수 후 문제가 생길 경우 다시 작업해야 하는 번거로움이 발생할 수 있으니 작업 전 제작사이트에서 요구하는 주요 사항들을 반드시 숙지합니다.

03 같은 사이즈의 스티커도 칼선이 많이 들어가면 추가 금액이 발생합니다. 스티커 전체 사이즈 대비 그림 개체가 너무 작고 많이 들어가서 칼선의 개수가 많아질 경우에도 추가 금액이 발생하니 이러한 부분을 꼭 기억해 주세요.

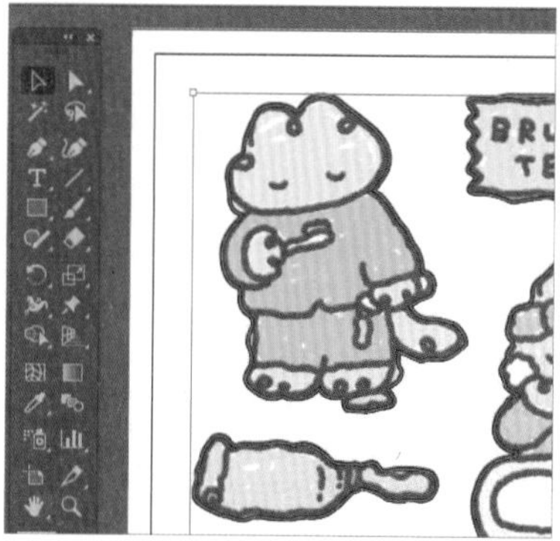

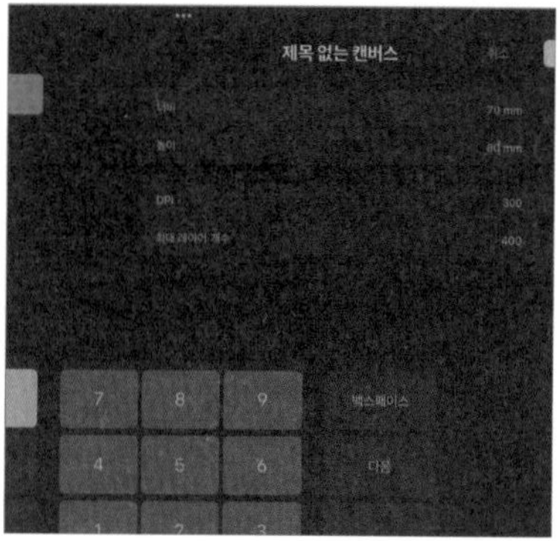

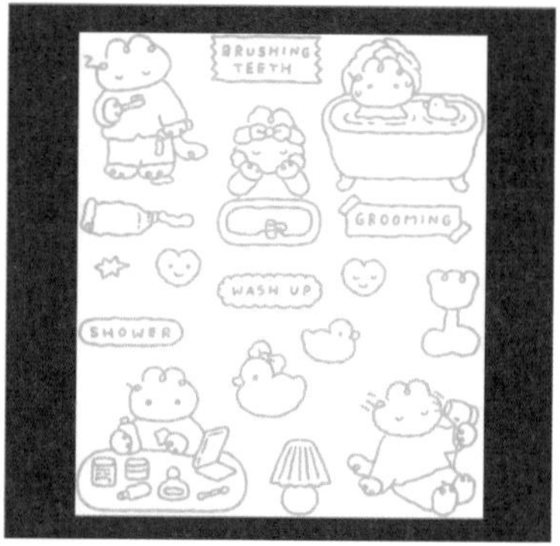

04 재단선에서 사방으로 각 3mm씩 들어온 안전 영역에서 작업하고, 스티커끼리 간격은 3mm 이상이 되도록 해주세요. 가위로 인스를 하나하나 오리는 것을 생각해보세요. 그림이 너무 붙어있으면 가위질할 때 다른 그림이 함께 잘려 나갈 확률이 높아집니다. 스티커가 너무 붙어있으면 칼선이 들어가긴 해도 미세한 밀림으로 불량이 많아질 수밖에 없으니 안전 영역을 반드시 지켜주세요.

05 프로크리에이트에서 새 캔버스를 만들어주세요. 80×90mm의 스티커 사이즈의 사방에서 각 3mm씩 뺀 안전영역인 74×84mm에서 칼선이 들어갈 부분을 사방에서 2mm씩 더 줄인 70×80mm의 캔버스를 만들어 주세요.

06 처음에는 밑그림을 가볍게 스케치해 주세요. 알아보기 편하게 연한색의 브러시로 캐릭터 및 소스들을 그립니다. 10×10mm 이하의 아주 작은 스티커는 칼선이 제대로 들어가지 못하기 때문에 커팅이 잘되지 않습니다. 제작되더라도 스티커가 잘 안 떨어질 수 있으니 너무 작지 않게 그려주세요.

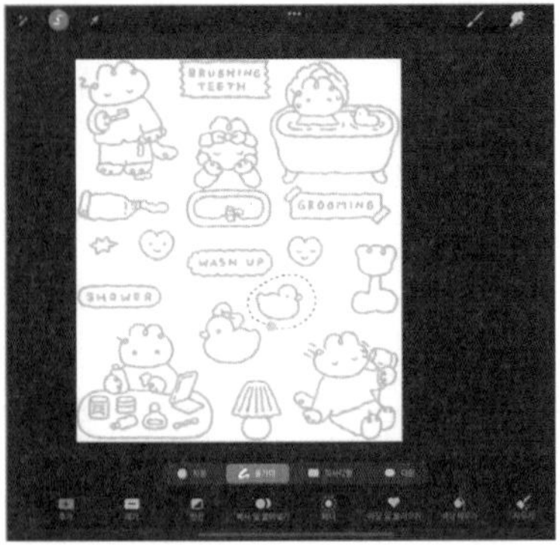

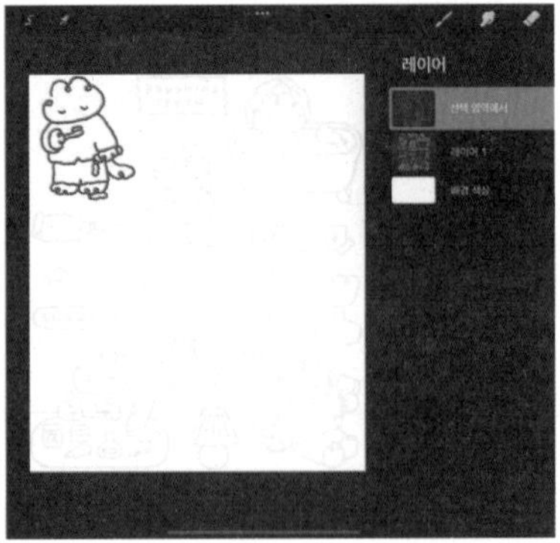

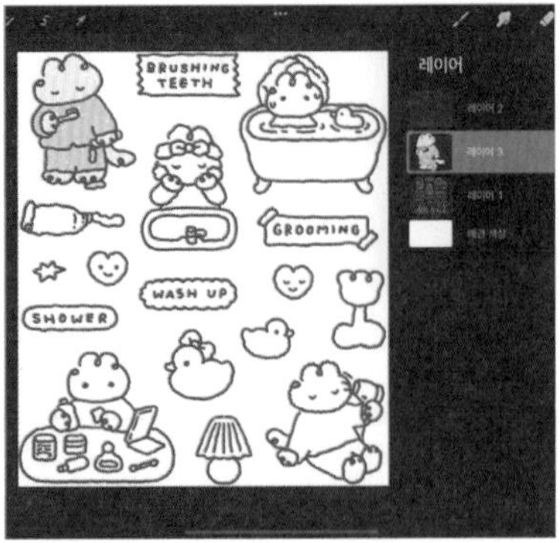

07 그림 간격이 너무 붙지 않도록 주의합니다. 칼선 스티커는 그림의 간격이 굉장히 중요하기 때문에 그림과 그림이 붙어있다면 [올가미]툴로 그림을 선택하고 [이동]툴로 이동해서 위치를 조절해주세요. 캔버스의 사이즈를 안전 영역 사이즈에서도 여유 있게 안쪽으로 잡았기 때문에 캔버스 끝까지 그림을 그려도 됩니다.

08 스케치 레이어에서 전체적인 큰 틀을 잡았다면, 레이어의 투명도를 낮추고 그 위에 새 레이어를 추가하여 원하는 브러시로 그림을 다듬어가며 꼼꼼히 그려주세요.

09 그림 선을 그린 레이어 밑에 새 레이어를 추가하여 채색을 완료합니다. 채색할 때, 원래 흰색인 부분도 비우지 말고 꼭 칠해주세요. 이렇게 완료한 파일은 [동작] 〉 [공유] 〉 [PSD] 파일로 메일이나 카카오톡을 통해 PC로 전송합니다.

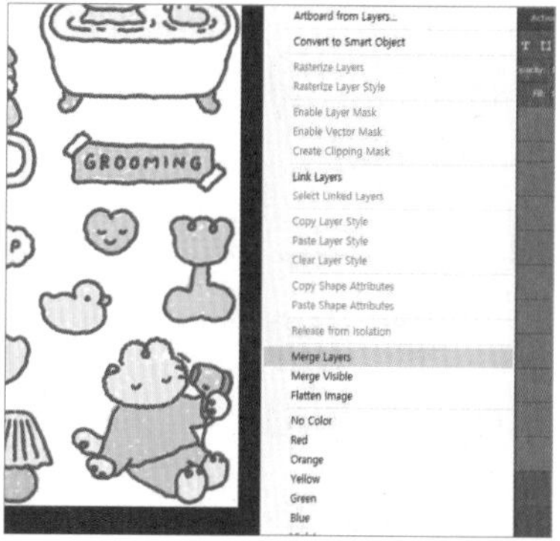

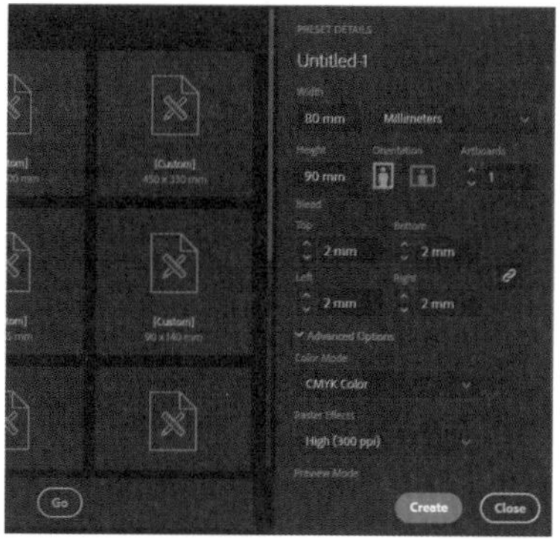

10 PC에서 포토샵을 열어 프로크리에이트에서 작업한 PSD 파일을 불러옵니다. (단축키: Ctrl+O)
배경색을 제외한 그림의 선, 채색 레이어를 모두 병합해 주세요.

11 이제 칼선을 만들기 위해 일러스트에서 새 도큐를 만들어주세요. 스티커 사이즈인 80×90mm를 입력 후, 도련 사이즈를 사방 2mm로 설정하고 300DPI, CMYK 모드로 새 도큐를 만듭니다. 레드프린팅에서는 도련 사이즈를 입력하게 되어있지만, 다른 사이트에서는 작업사이즈를 설정하는 방식으로 되어 있으니 항상 제작 사이트에서 먼저 확인 후 작업을 해주세요.

12 문서 밖 확인되는 빨간 테두리가 바로 사방 2mm로 설정한 도련영역 입니다.
배경색을 채울 때는 도련 영역까지 채워야 재단했을 때 배경색이 삐져나가지 않고 여유 있게 재단됩니다.

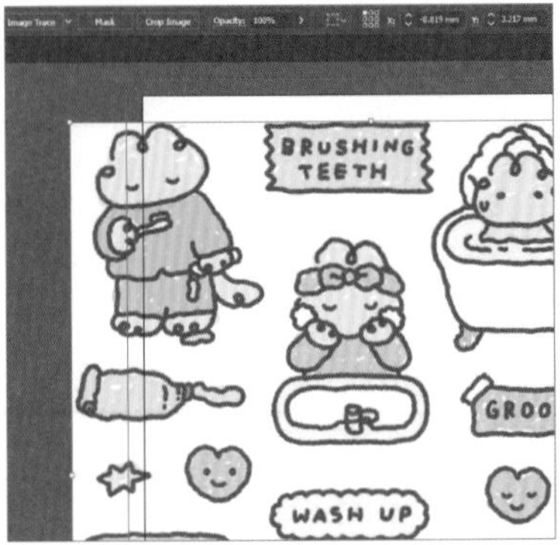

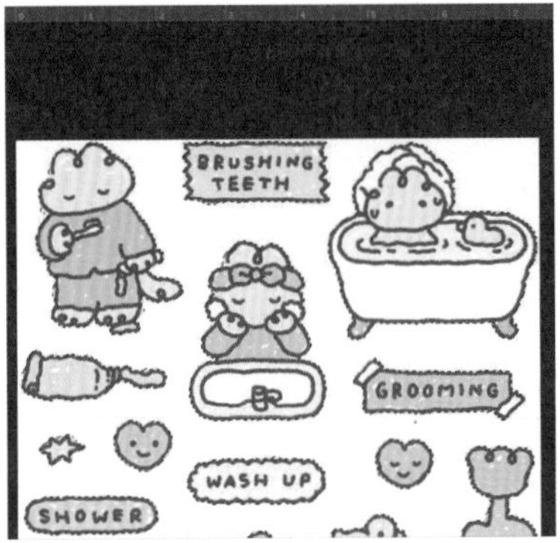

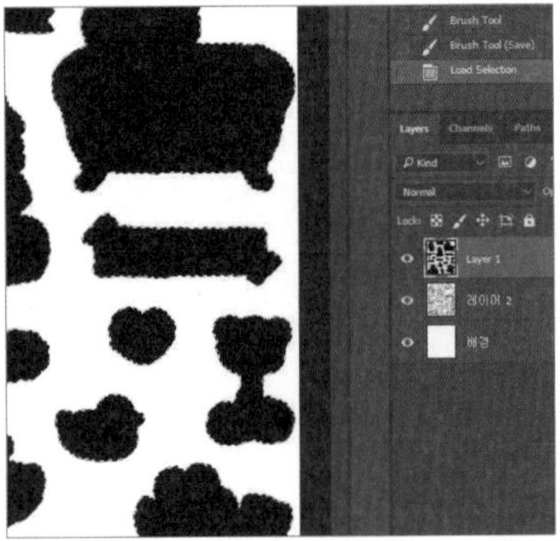

13 이제 포토샵에서 작업한 파일의 그림 레이어를 전체 선택(단축키: Ctrl+A) 후 복사합니다. (단축키: Ctrl+C)

일러스트로 넘어와서 만들어 둔 도큐에 파일을 붙여주세요. (단축키: Ctrl+V) 가장 편하게 파일을 가져오는 방식으로 JPG 파일처럼 그림 레이어에 흰 바탕이 채워져 있는 것을 확인할 수 있어요.

14 다시 포토샵으로 돌아와서 그림 레이어의 그림 부분을 (Ctrl) 키를 누르고 선택해 주세요. 모든 그림이 모양대로 올가미에 둘러싸입니다.

15 선택된 레이어 위에 새 레이어를 만듭니다. 선택된 그림 모양 그대로 검은색을 채워주세요. (단축키: Alt+Del)

혹시 왼쪽 툴바의 컬러 칩에서 검은색이 밑에 있다면 (Ctrl+Del) 키를 눌러주세요.

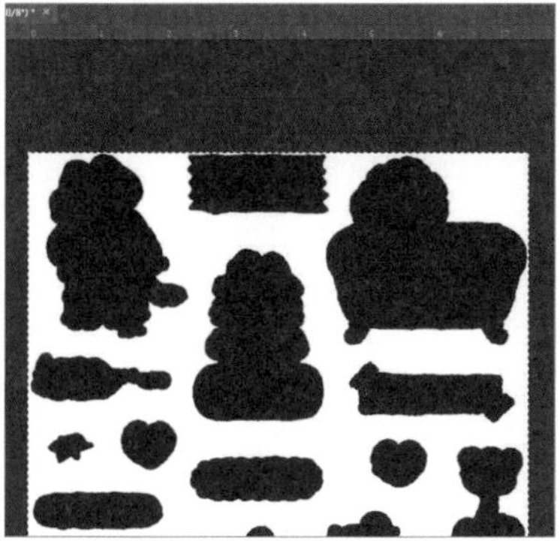

16 이 상태에서 레이어 전체를 선택하여(단축키: Ctrl+A) 복사합니다.(단축키: Ctrl+C)

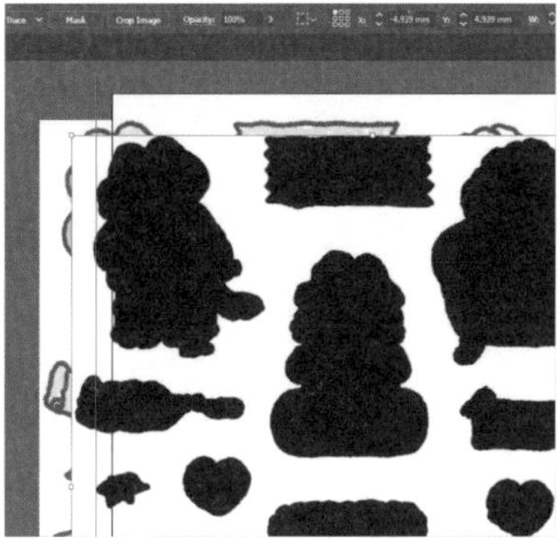

17 일러스트로 돌아와 포토샵에서 복사한 검정 레이어를 붙여 넣어 주세요.(단축키: Ctrl+V) 이 검은색 레이어가 칼선이 됩니다.

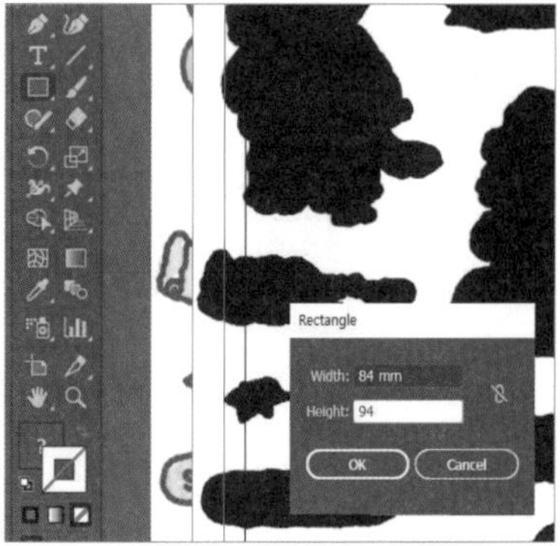

18 칼선을 만들기 전에 스티커 배경을 먼저 만들어주세요. 왼쪽 툴바에서 사각형도구(단축키: M)를 선택 후 대지 바닥의 아무 곳이나 클릭하여 배경 사이즈를 입력합니다. 스티커 재단사이즈는 80×90mm지만, 도련 영역 사방 2mm씩을 뺀 84×94mm 크기의 작업영역을 만들어야 합니다. 84, 94의 값을 입력해서 네모 배경을 만들어 주세요.

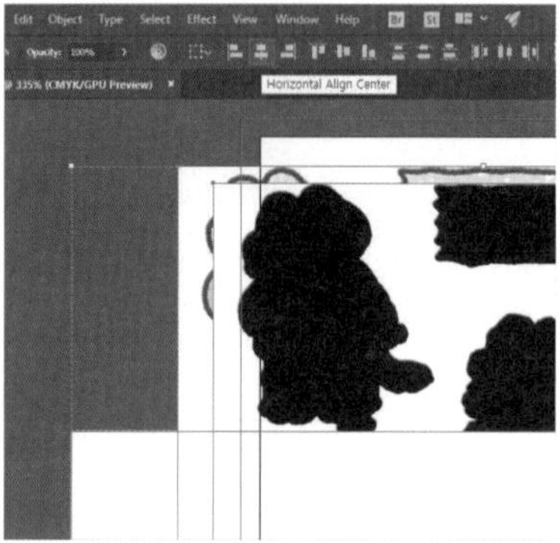

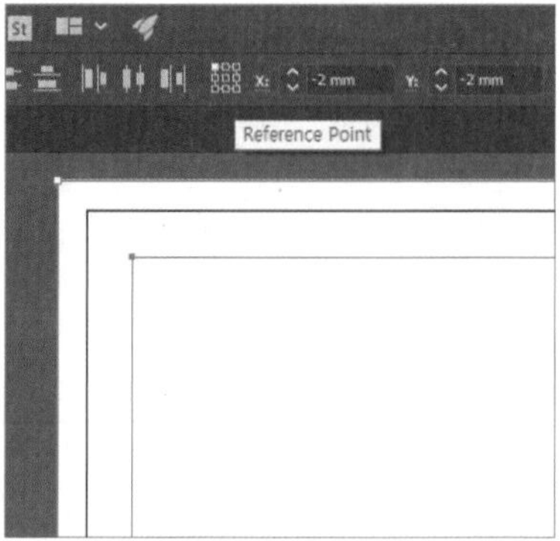

19 툴바에서 이동툴(단축키: V)을 선택하여 만든 네모 배경과 불러온 그림 레이어들을 함께 선택합니다. 드래그해서 모두 선택하거나 하나를 선택하고 (Shift) 키를 누른 상태에서 나머지를 선택해도 됩니다. (Ctrl+A)로 모두 선택할 수도 있어요. 개체를 선택할 때 드래그해서 한 번에 선택하면 있는 모든 개체가 선택되며, (Shift) 키를 누르고 선택하면 원하는 개체만 선택할 수 있습니다.

20 상단 툴바에서 [가운데 정렬] 아이콘을 클릭하고 가로로 가운데, 세로로 가운데 정렬하여 레이어들이 중앙에 위치하게 설정해주세요. 혹시 상단 툴바에 정렬 아이콘이 보이지 않는다면 [Window] 〉 [Align] 메뉴를 선택하여 활성화합니다.(단축키: Shift+F7)

21 중앙 정렬 후 상단 바의 x축에 -2, y축에 -2를 입력하여 레이어들이 모두 대지 안으로 들어가게 이동시킵니다.

x축 -2, y축 -2을 입력했는데도 위치가 맞지 않는다면, 기준점이 다른 곳에 있기 때문입니다. 상단 툴바의 작은 아홉 개의 네모 아이콘에서 왼쪽 상단 네모를 선택하여 기준점을 0, 0으로 만들어주세요.

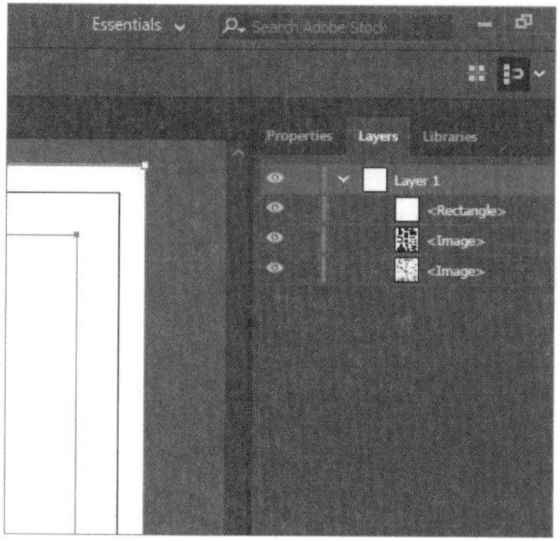

22 위치를 잘 잡았다면 오른쪽에서 [레이어 1]의 화살표를 클릭해 하위 레이어를 확인해 주세요. 포토샵과 다르게 일러스트는 레이어 안에 레이어가 들어가는 그룹 형태로 이루어져 있습니다. 검은색 그림, 원본 그림, 네모 배경 이렇게 세 개의 레이어가 속해 있는 것을 확인할 수 있어요.

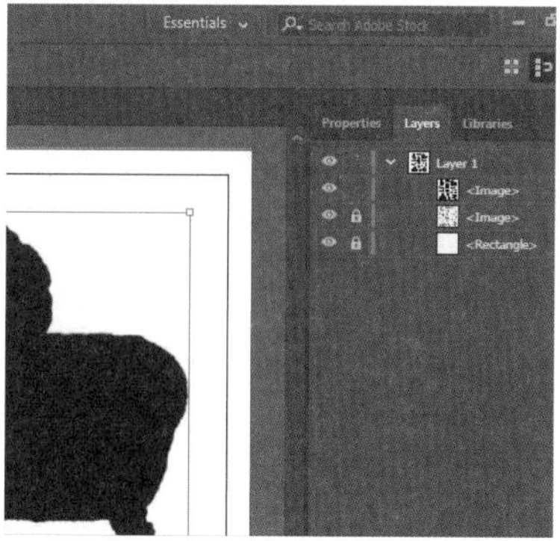

23 네모 배경 레이어를 선택 후 드래그하여 제일 아래에 놓습니다. 이제 칼선을 만들어야 하니 배경 레이어와 원본 그림 레이어는 이동하지 않도록 레이어를 선택하고 눈 모양 옆 빈칸을 클릭하여 잠가주세요. 레이어가 잠기면 빈칸에 자물쇠 모양이 생깁니다.

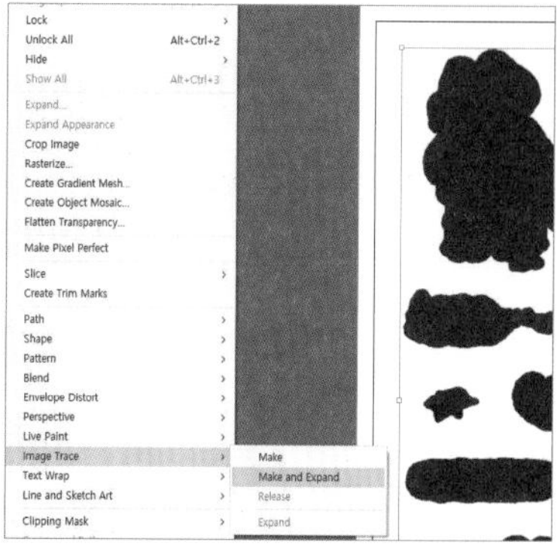

24 검은색 그림 레이어를 선택하고 메뉴에서 [Object] 〉 [Image Trace] 〉 [Make and Expand]를 눌러 이미지 확장을 해주세요. 파일 사이즈가 클수록 확장할 때 시간이 좀 더 걸립니다.

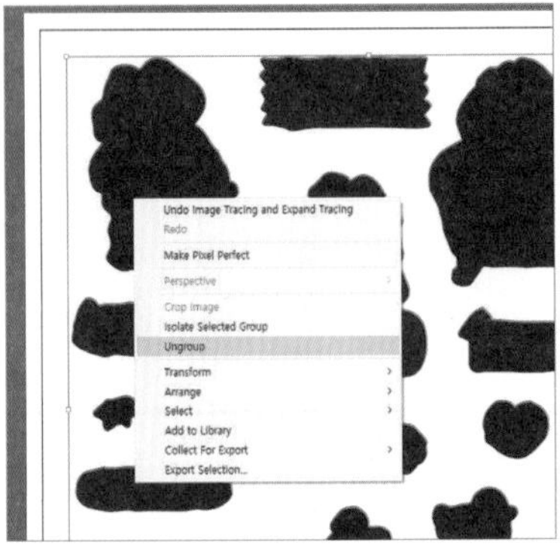

25 이미지 확장을 하면 개체 하나하나에 패스가 생긴 것을 볼 수 있어요.
마우스 오른쪽을 클릭하고 [Ungroup]을 클릭하여 패스 그룹을 해제해 주세요.(단축키: Ctrl+Shift+G)

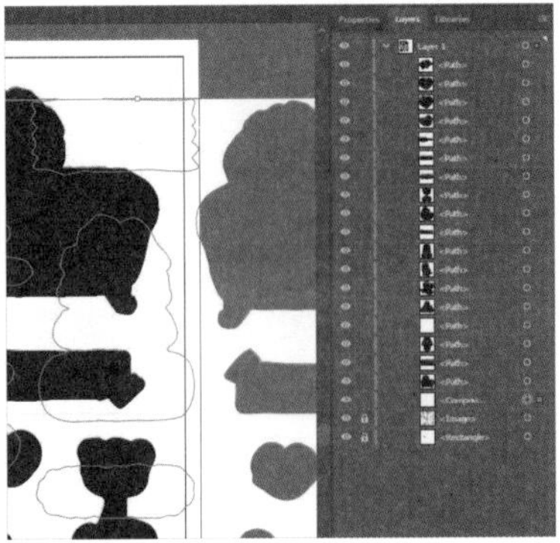

26 이제 레이어 패널을 보면 여러 개의 하위 레이어가 생긴 것을 볼 수 있어요.
원래 바탕이었던 흰색 레이어는 그림을 가위로 오려낸 것처럼 조각난 모양일 테니 선택하여 삭제해 주세요.

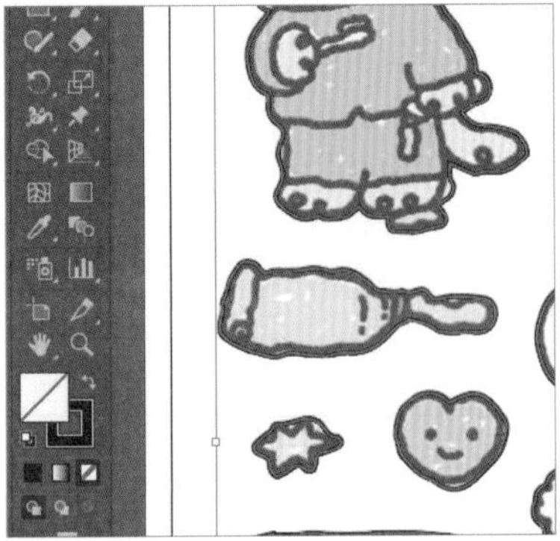

27 이렇게 검은색으로 된 개체를 모두 선택하고(단축키: Ctrl+A) 왼쪽 툴바의 컬러 피커 위의 화살표를 클릭하여 바탕색은 없애고 선색만 보이게 바꿔주세요.

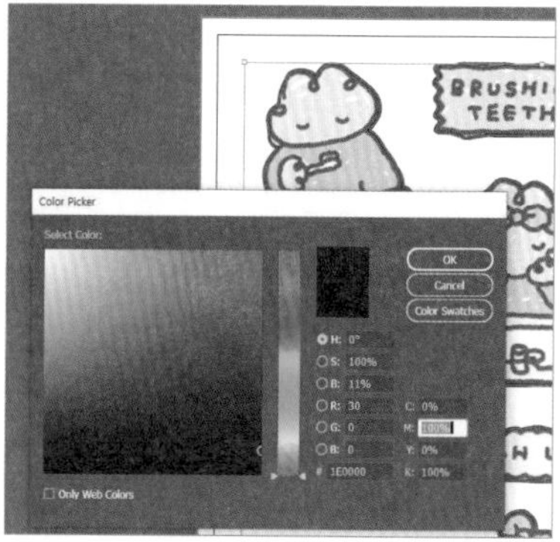

28 선 색을 더블클릭하고 C0, M100, Y0, K0 값을 입력합니다. 칼선의 색은 꼭 마젠타(M, Magenta)색만 100으로 들어가야 합니다.

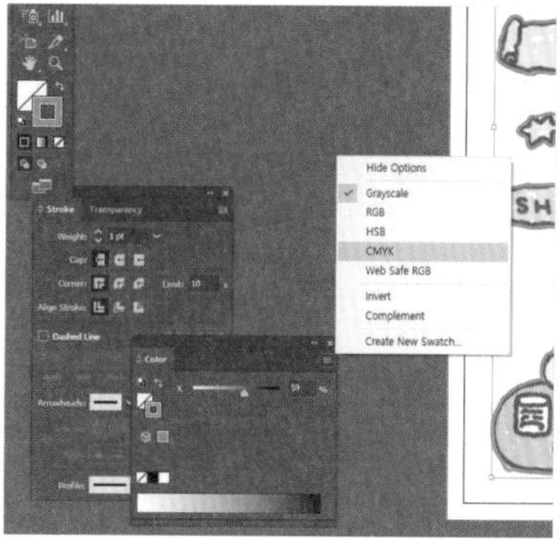

29 M100으로 입력해도 칼선이 마젠타색이 아닌 회색으로 보일 텐데 이미지 확장을 하면서 컬러 모드가 흑백으로 변경이 되었기 때문입니다. [Window] 〉 [Color] (단축키: F6)를 활성화하고 컬러 옵션을 CMYK 모드로 바꿔주세요. Grayscale에서 CMYK로 바뀐 것을 확인할 수 있어요.

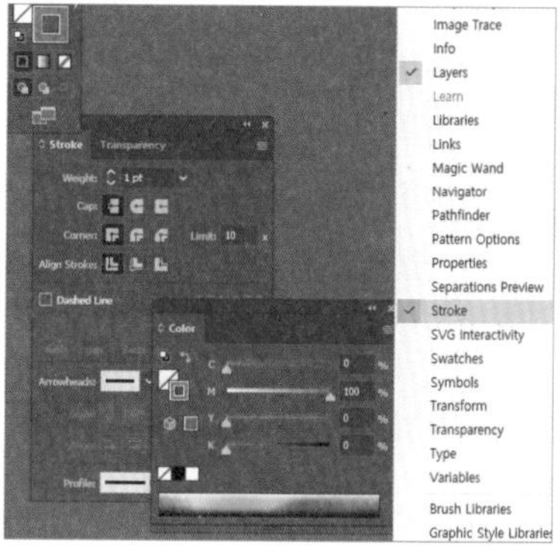

30 M 값에 100을 입력합니다. 일반적으로 인쇄소에서 0.5~1pt의 칼선을 사용하니 칼선의 굵기를 조절해주세요. [Window] 〉 [Stroke]를 활성화하여 선의 굵기를 0.5pt로 바꿉니다.(단축키: Ctrl+F10)

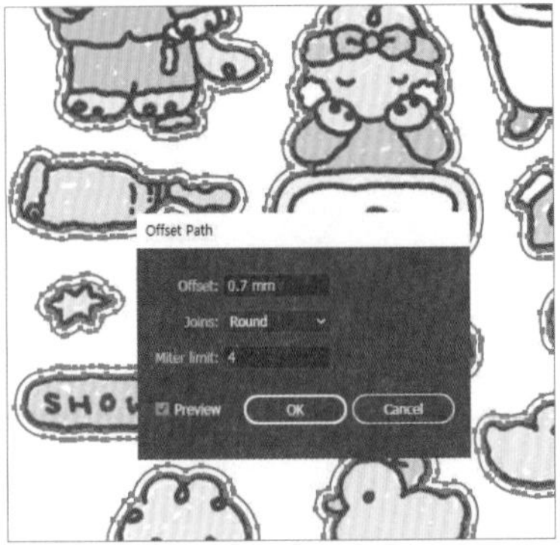

31 칼선이 그림에 딱 붙어있으니 조절해주세요. 칼선 전체를 선택하고 [Object] 〉 [Path] 〉 [Offset Path]의 [Offset] 값을 입력합니다. 1mm면 적당하고 좀 더 타이트하게 하고 싶을 경우 0.7~0.8mm로 입력해주세요. 0.5mm 이하로 너무 작으면 칼선이 조금이라도 밀릴 때 그림이 너무 쏠리니 미리보기를 체크하면서 입력해주세요. 나머지는 기본값인 Miter limit 4, Round로 입력합니다.

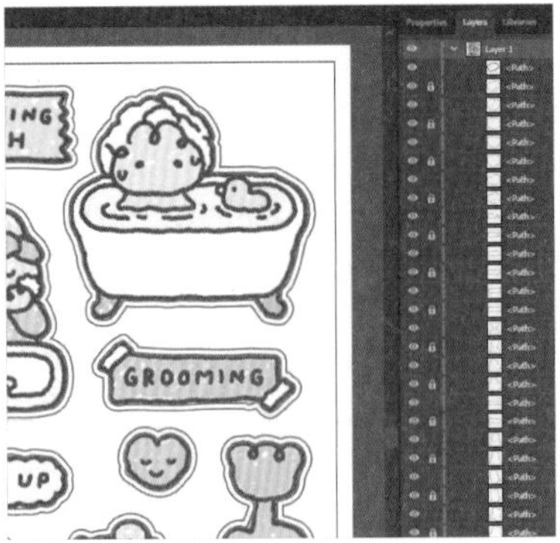

32 이 상태에서 바로 (Ctrl+2)키로 활성화된 칼선을 잠궈주세요. 레이어를 보면 한 칸씩 띄어서 레이어가 잠겨있는 것을 볼 수 있어요.

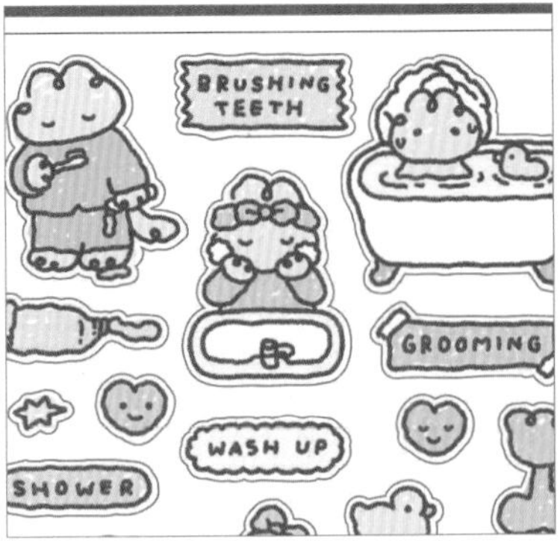

33 이제 전체 선택(단축키: Ctrl+A) 후, 안쪽에 있는 칼선을 지워주세요.

칼선이 완성되었으니 전체 레이어의 잠금을 해제합니다.(단축키: Ctrl+Alt+2)

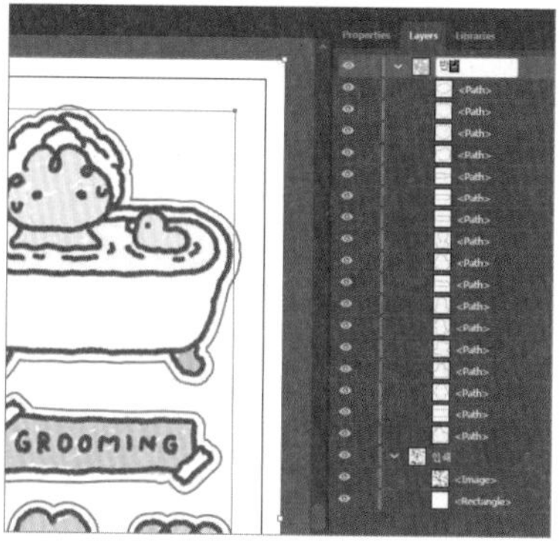

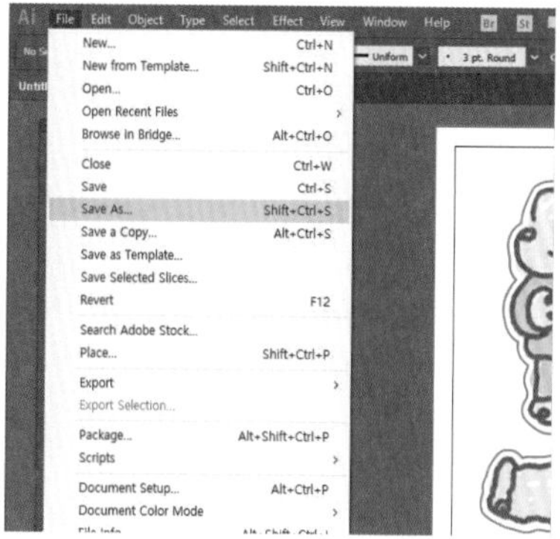

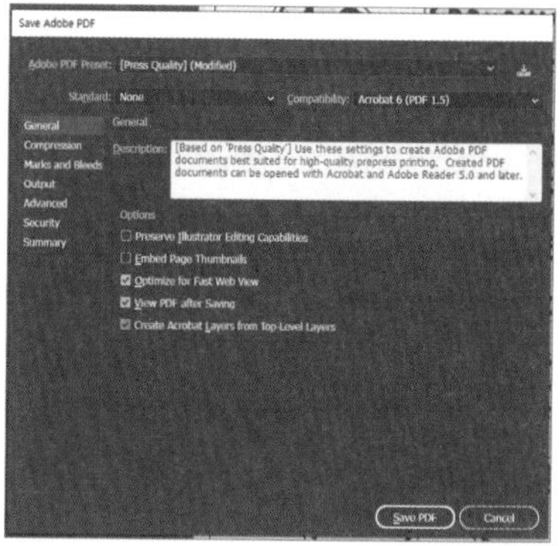

34 인쇄 파일에는 인쇄될 그림 레이어 하나, 칼선 레이어 하나 이렇게 총 두 개의 레이어만 있어야 합니다. 새로운 레이어 Layer2를 만들고 배경과 그림 레이어를 제외한 칼선 레이어를 모두 선택하여 Layer2에 넣어주세요. Layer2에는 칼선만, Layer1에는 그림과 배경만 있습니다. Layer1의 이름을 '인쇄'로 변경하고 Layer2의 이름을 '반칼'로 변경해 주세요.

35 이제 잠겨있는 파일이 없는지 꼭 확인해주세요. 레이어 앞에 자물쇠 모양이 체크되어 있다면 클릭하여 레이어를 풀어줍니다. 모든 레이어의 눈을 켜서 파일이 보이게 한 뒤, 새로운 PDF 파일로 저장해주세요. (단축키: Ctrl+Shift+S)

36 PDF 설정은 Press Quality, Acrobat 6(PDF 1.5)을 선택합니다.
그리고 첫 번째 [Preserve Illustrator Editing Capabilities] (편집 기능 보존) 체크는 해제하고 제일 아래 [Create Acrobat Layers from Top-Level Layers] (Acrobat 레이어 만들기) 는 체크해주세요.

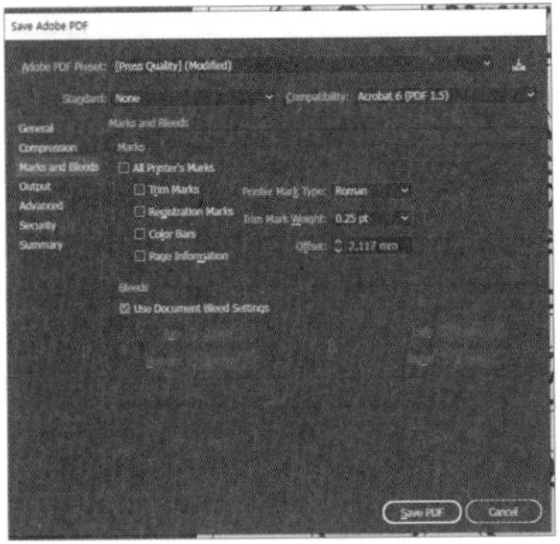

37 [Marks and Bleeds]에서 2mm로 설정했던 도련을 체크하고 저장해주세요.

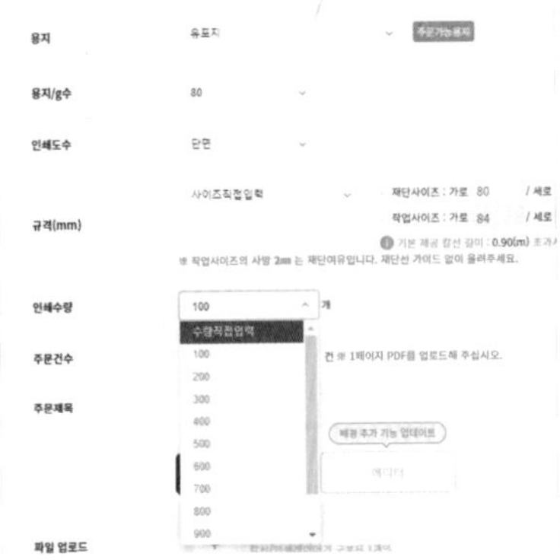

38 이제 사이트에서 주문을 진행합니다. 용지를 선택해주세요. 가장 대중적으로 많이 사용하는 것은 유포지이며 유포지보다 좀 더 얇은 느낌의 아트지 라벨이 있습니다. 크라프트 라벨은 갈색 크라프트 종이에 인쇄되어 원본 컬러처럼 나오지 않는다는 점을 참고해 주세요. 재단사이즈에 80×90mm를 입력하고 수량을 입력합니다.

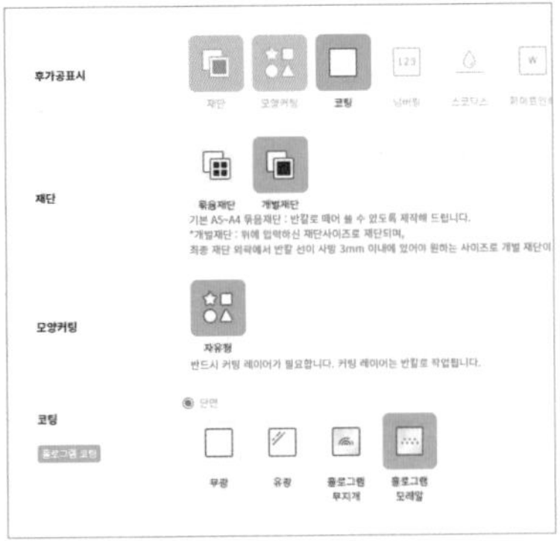

39 PDF 파일을 업로드하고 코팅을 선택합니다. 코팅을 하면 종이가 좀 더 도톰해져서 탄탄한 느낌이 듭니다. 용지 종류에 따라 불가능한 코팅도 있으니 잘 읽어보고 결정하세요. 마지막으로 재단 방법은 반드시 [개별재단]을 선택합니다. 칼선 스티커는 처음에는 어렵게 느낄 수 있지만 한 번 방법을 익혀두면 금방 쉽게 만들 수 있어요. 다양한 색감, 용지, 코팅을 사용하여 직접 만들어보세요.

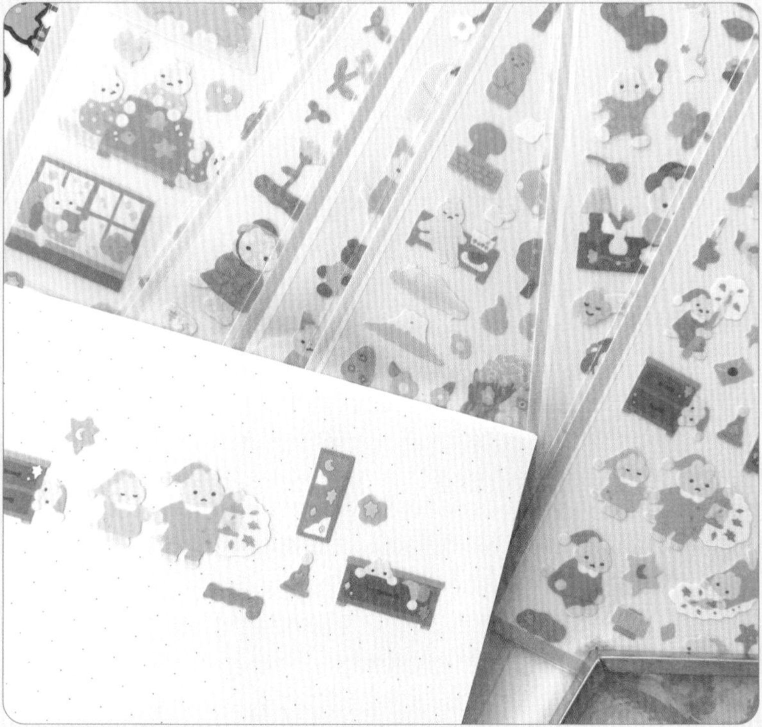

무테 스티커 만들기

NOTE

선 없이 색으로만 그려서 만드는 스티커입니다. 선이 없는 깔끔한 느낌으로 작업방식이 까다로움에도 인기가 많습니다.

SAMPLE SITE

킨스샵 | https://smartstore.naver.com/kensshop 소프트스티커
로고테이프 | www.logotape-mt.co.kr,
(스티키랩) www.stickylab.co.kr 자유형칼선

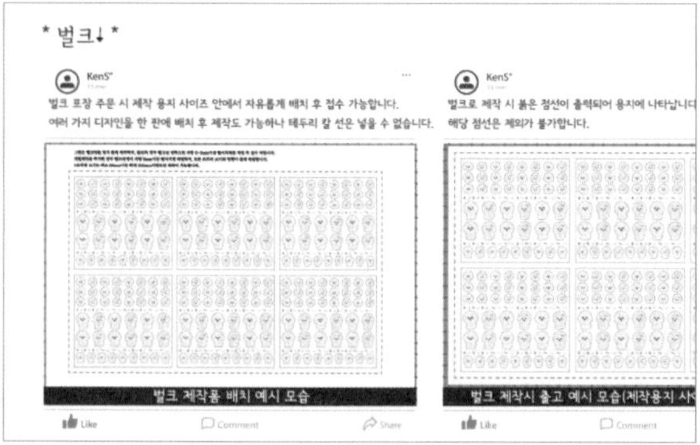
* 벌크↓ *
KenS°
벌크 포장 주문 시 제작 용지 사이즈 안에서 자유롭게 배치 후 접수 가능합니다.
여러 가지 디자인을 한 판에 배치 후 제작도 가능하나 테두리 칼 선은 넣을 수 없습니다.
벌크 제작품 배치 예시 모습
Like
Comment
Share
KenS°
벌크로 제작 시 붉은 점선이 출력되어 용지에 나타납니다
해당 점선은 제외가 불가합니다.
Like
Comment

01 이번에는 하나씩 제작하던 스티커와 달리, 한 판에 같은 스티커를 여러 개 앉혀서 접수해야 합니다.

한 판이란 제작용지를 말하는 것으로 인쇄기에 한 번에 들어가는 용지의 사이즈입니다. 킨스샵에서는 인쇄 방법(소프트컬러/디지털컬러)에 따라 제작용지 사이즈가 다르니 반드시 작업 전에 제작용지 사이즈를 확인해주세요. 제작폼이 필요하다면 카카오톡으로 문의하면 폼을 받을 수도 있어요.

02 한 판에 여러 개를 앉힌 스티커를 개별재단해야 낱개로 받을 수 때문에 재단사이즈를 직접 계산해야 합니다. 소프트컬러의 제작 용지 사이즈 420×260mm에 작업사이즈는 여유 있게 사방에서 안으로 5mm씩 들어간 410×250mm입니다. 이 작업영역을 몇 개의 스티커로 만들 건지 계산해야 합니다. 스티커 하나에 4~14조각까지 만들 수 있는데, 많이 하는 8조각(가로4×세로2)을 기준으로 계산하면 스티커 하나의 사이즈는 102.5×125mm가 됩니다. 좀 더 슬림하게 만들고 싶다면 10조각(가로5×세로2) 기준 82×125mm 사이즈도 있어요. 이렇게 제작할 스티커의 사이즈를 직접 결정합니다.

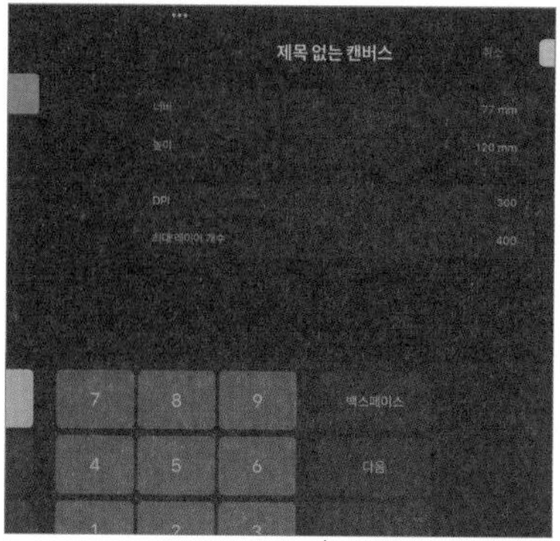

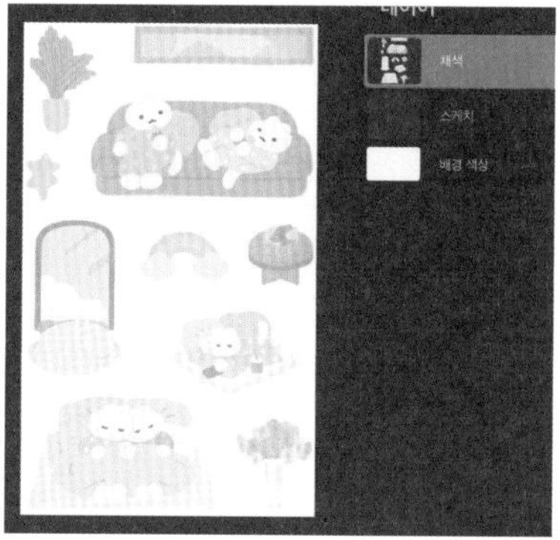

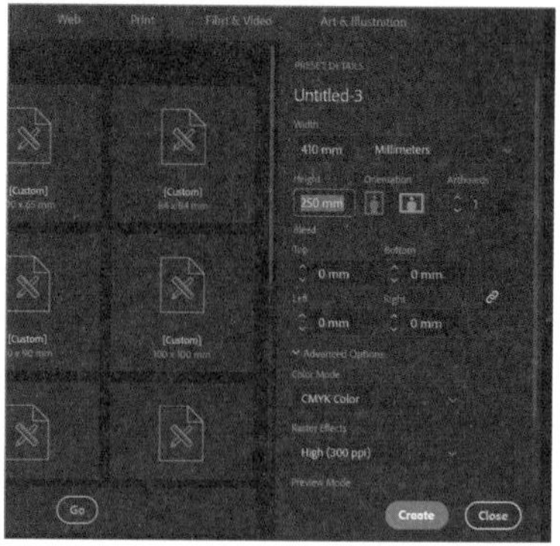

03 사이즈를 정했다면, 프로크리에이트에서 새 캔버스를 만들어주세요. 10조각(가로5×세로2)이 들어가는 82×125mm 사이즈로 만들어볼게요.
안전영역을 포함하여 사방에서 5mm씩 뺀 77×120mm 사이즈로 300DPI, CMYK 모드의 캔버스를 만들어 주세요.

04 스티커끼리 간격이 너무 붙지 않도록 그려 주세요. 무테 스티커는 선 없이 채색으로만 그림을 완성해야 합니다. 스케치를 하고 레이어의 투명도를 낮춰주세요. 스케치 레이어 위에 새 레이어를 추가해서 채색합니다. 원래 흰색인 부분도 비우지 말고 반드시 흰색으로 칠해주세요. 채색이 완료되면 PSD 파일로 PC에 전송합니다.

05 일러스트에서 새 도큐를 만들어주세요. 스티커 한 개 사이즈가 아니라 개별재단 할 한 판의 크기 410×250mm로 만들어야 합니다. CMYK모드, 300DPI로 설정해주세요.

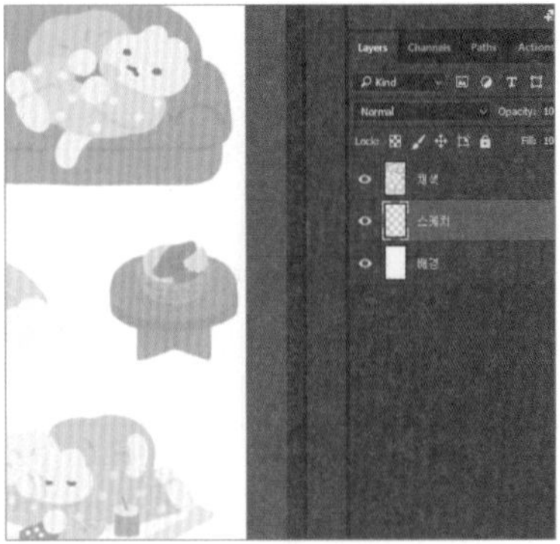

06 프로크리에이트에서 작업한 PSD 파일을 포토샵에서 열어주세요. 스케치 레이어는 삭제하고 배경레이어를 제외한 모든 그림 레이어를 하나로 합칩니다.

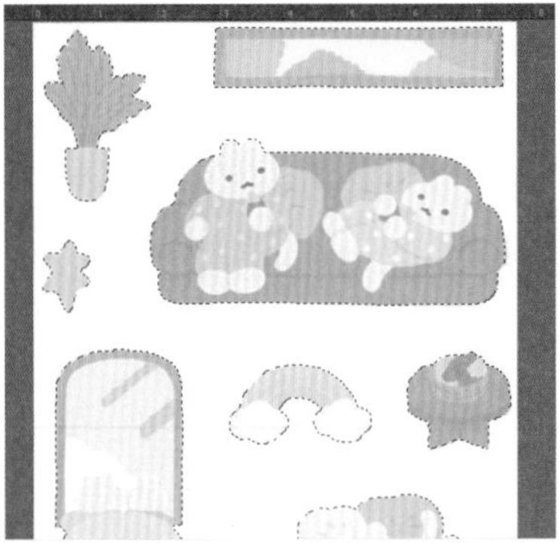

07 (Ctrl) 키를 누르고 레이어 패널의 그림 레이어 섬네일 부분을 선택하여 그림의 개체를 모두 선택해주세요.

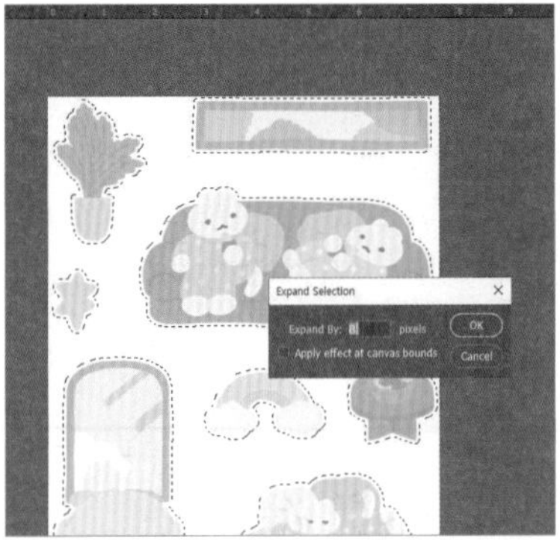

08 그림 레이어 아래에 새 레이어를 추가하고 메뉴에서 [Select] 〉 [Modify] 〉 [Expand]를 선택하면 선택영역이 그림보다 바깥쪽으로 확장됩니다. 값을 8로 입력해 볼게요. 그림에 너무 바짝 붙지 않게 여유를 두고 조절하면서 적당한 간격이 되도록 값을 입력합니다.

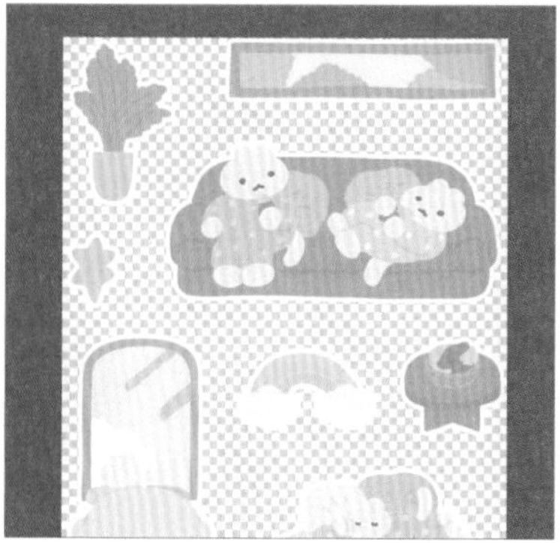

09 새 레이어에 흰색을 채워주세요. (단축키: Ctrl+Del) 흰색이 잘 보이지 않으니 배경 레이어의 눈을 끄고 편하게 작업합니다. 제대로 채워졌다면 선택을 해제해 주세요. (단축키: Ctrl+D)

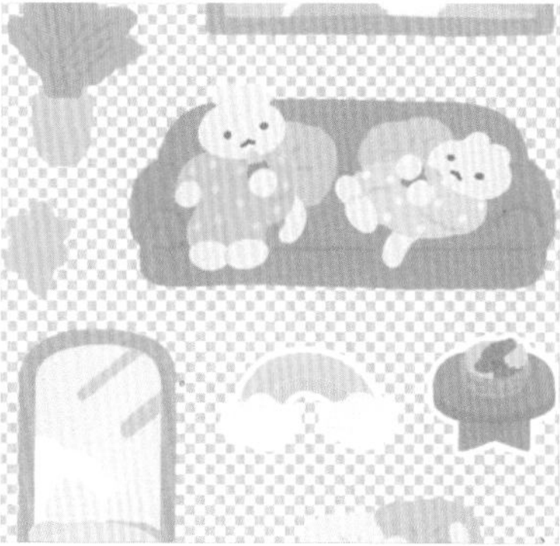

10 이렇게 확장된 흰색 부분에 채색을 이어서 채워야 합니다. 레이어 위 [Lock] 메뉴의 첫 번째 아이콘을 눌러 바탕을 잠급니다. 왼쪽 툴바에서 스포이드툴(단축키: I)을 선택 후 채색이 이어질 부분을 클릭하여 색상을 추출 후 브러시툴로 칠해주세요. (단축키: B) ([ ) 또는 ( ])키로 브러시의 크기를 조절할 수 있어요. 이런 식으로 그림의 색을 추출하면서 확장 영역을 전부 칠합니다.

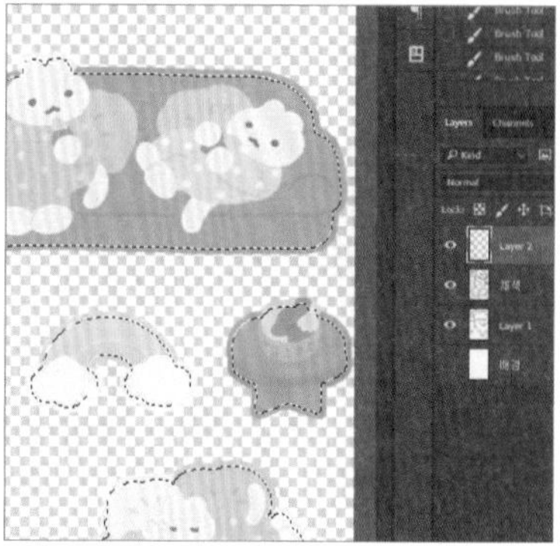

11 스티커의 확장 영역을 다 칠했다면, 이제 칼선을 만듭니다. 새 레이어를 제일 위에 추가해주세요.

(Ctrl) 키를 누르고 그림 레이어의 섬네일을 클릭하여 이미지 전체를 선택해주세요.

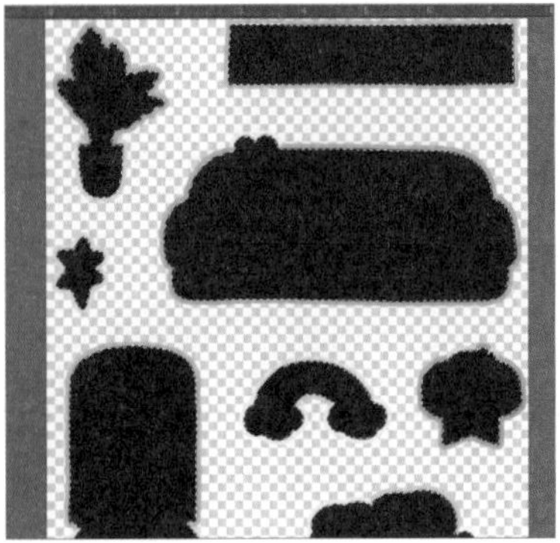

12 우선 컬러 피커를 디폴트값인 검은색으로 바꿔주세요. (단축키: D)

(Alt+Del) 키를 눌러 선택 영역을 모두 검은색으로 칠한 후 선택을 해제합니다. (단축키: Ctrl+D)

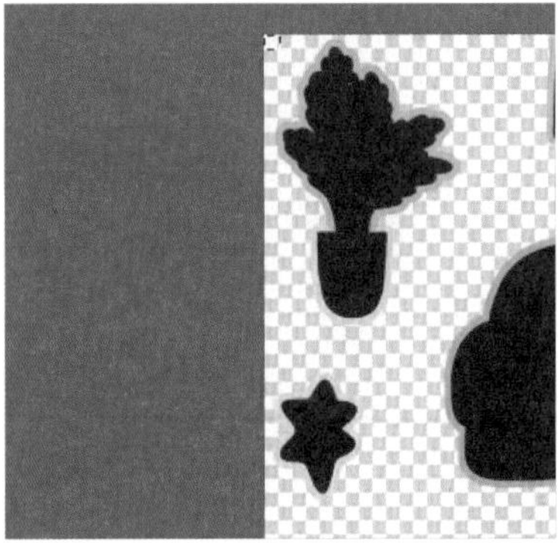

13 이제 기준점을 만들어 주기 위해 다시 새 레이어를 추가합니다. 툴바에서 네모 선택툴을 선택하고 왼쪽 제일 끝 상단에 아주 작게 네모 칸을 만들어주세요. (Ctrl+Del) 키로 흰색을 칠합니다.

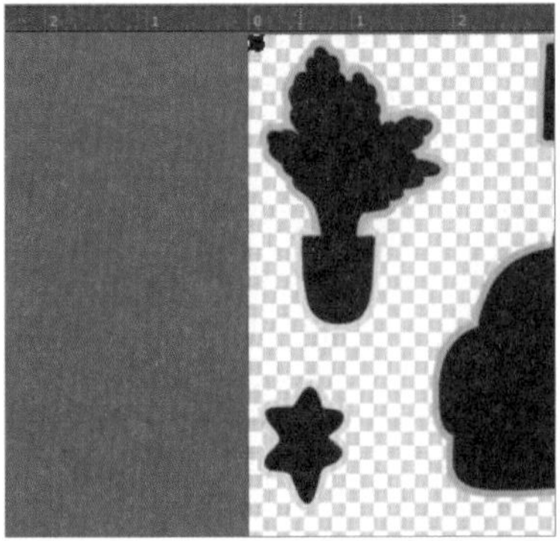

14 바로 새 레이어를 추가하고 이번에는 (Alt+Del) 키로 검은색을 칠해주세요.

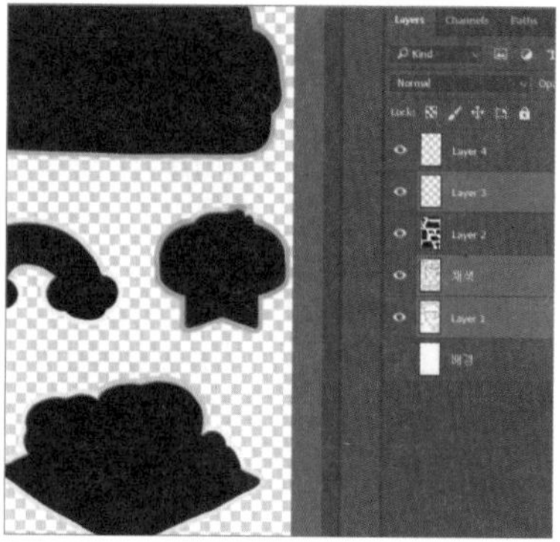

15 흰색 네모 기준점 레이어를 선택 후 (Ctrl) 키를 누르고 그림 레이어, 그림 확장 레이어를 선택하여 병합해주세요. (단축키: Ctrl+E)

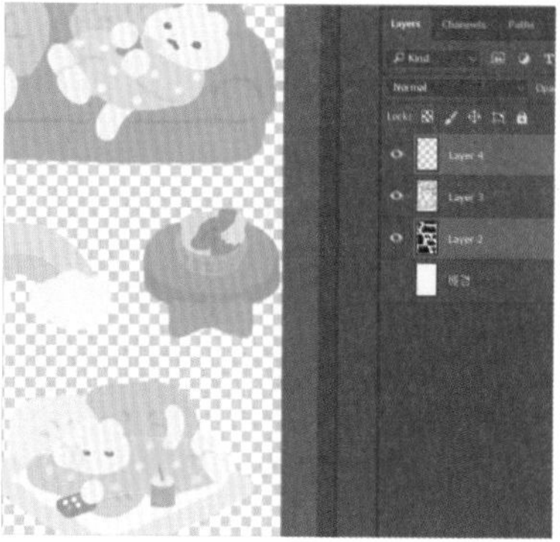

16 이어서 검은색 네모 기준점 레이어와 검은색으로 칠한 레이어를 선택하여 병합해주세요. (단축키: Ctrl+E)

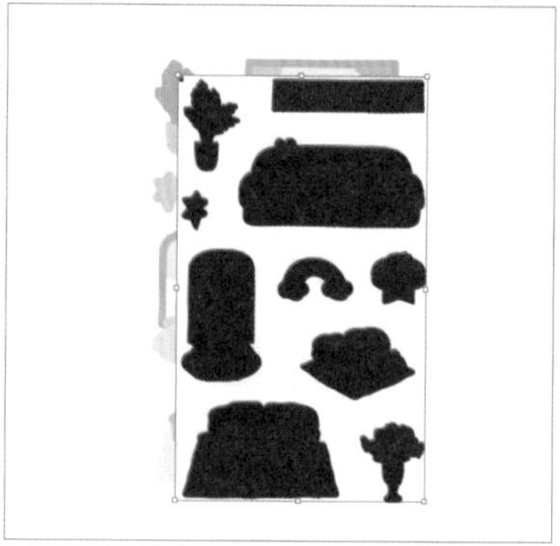

17 이렇게 기준점이 포함된 그림 레이어를 전체 선택하여 복사 후, 일러스트에서 붙여 넣습니다. 검은색 칼선 레이어도 복사해서 일러스트로 가져오세요.

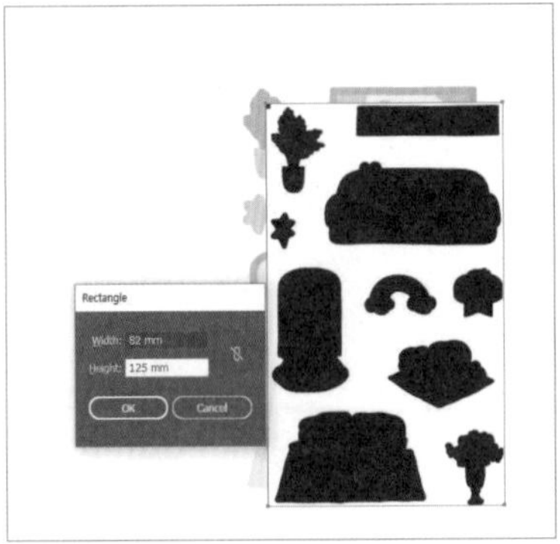

18 이제 10조각으로 만들기로 한 스티커 한 개 사이즈의 네모를 만들어 주세요. 네모툴을 선택하고 바탕을 클릭하여 82×125mm 값을 입력합니다.

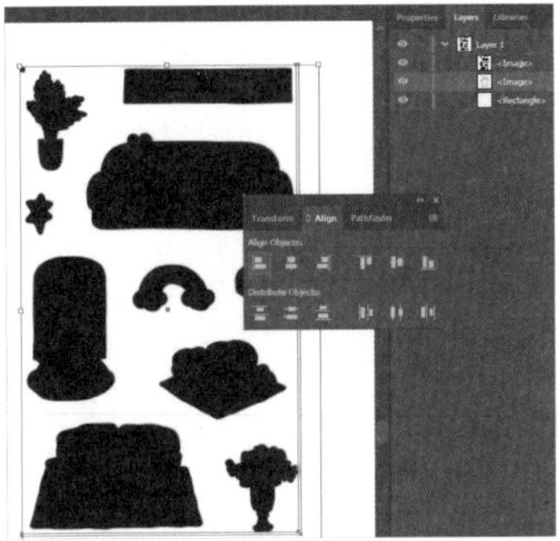

19 만든 네모를 흰색으로 채우고 네모 레이어와 붙여 넣은 그림 레이어, 칼선 레이어를 모두 선택하여 왼쪽 상단에 맞춰 정렬합니다. 기준점을 만들어 두었기 때문에 위치가 정확히 맞을 거예요. 레이어의 순서는 '칼선 레이어' 〉 '그림 레이어' 〉 '흰색 네모 레이어'입니다. 흰색 네모 레이어와 원본 그림 레이어는 이동하지 않도록 잠가주세요.

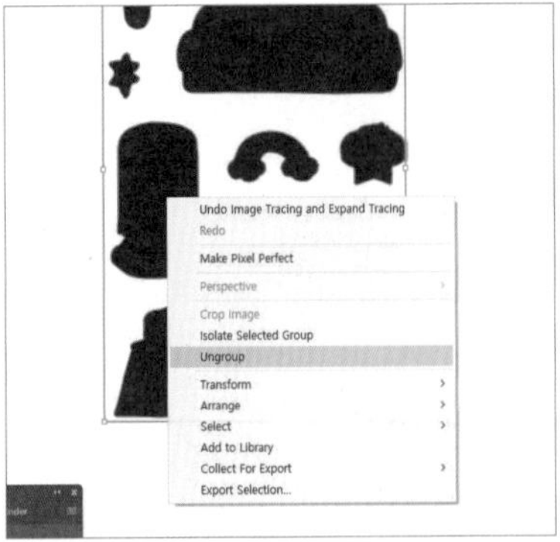

20 칼선 레이어를 선택 후 [Object] 〉 [Image Trace] 〉 [Make and Expand]로 이미지를 확장합니다. 개체마다 패스가 생기는데, 마우스 오른쪽을 클릭하여 [Ungroup]으로 그룹을 해제해주세요.(단축키: Ctrl+Shift+G)

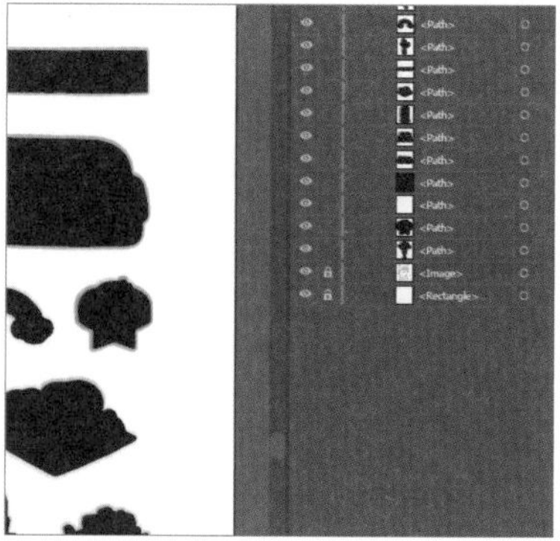

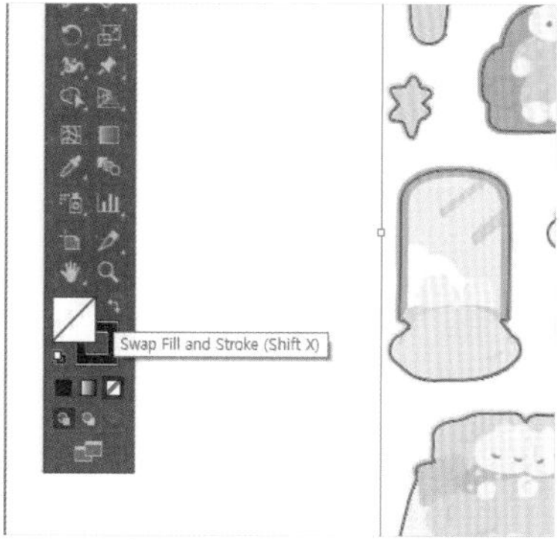

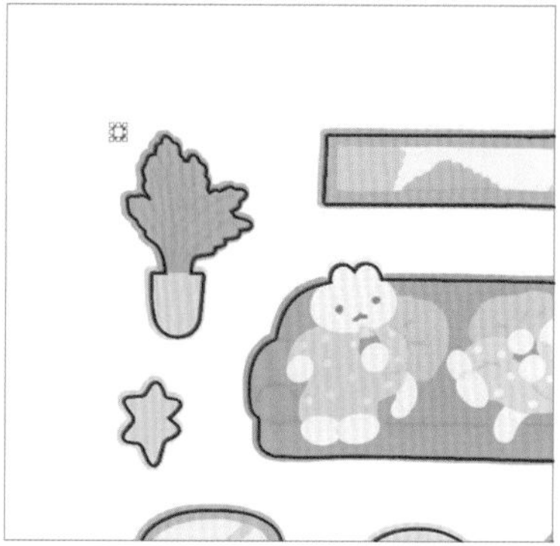

21 칼선 레이어 아래에 여러 개의 하위 레이어가 생긴 것을 볼 수 있어요. 원래 바탕이었던 흰색 레이어는 가위로 오려낸 것처럼 조각난 모양일 테니 삭제해주세요.

22 검은색 레이어를 모두 선택하고(단축키: Ctrl+A) 왼쪽 툴바의 검은색 바탕 컬러 피크 위 화살표를 클릭해주세요. 바탕색은 없어지고 선만 보이게 됩니다.

23 기준점으로 만들었던 왼쪽 상단의 작은 네모도 칼선으로 바뀌었을 텐데, 꼭 지워주세요.

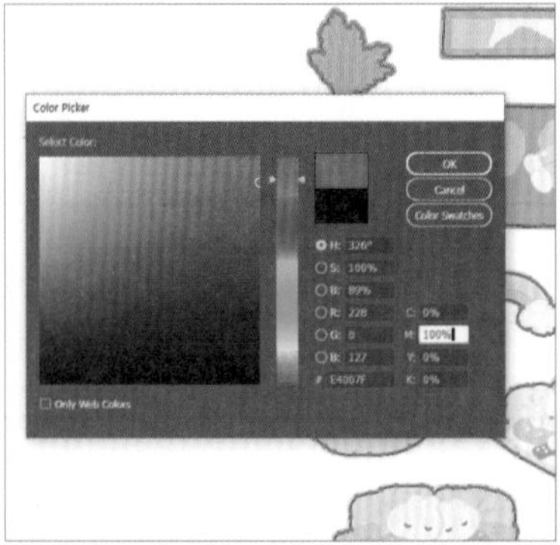

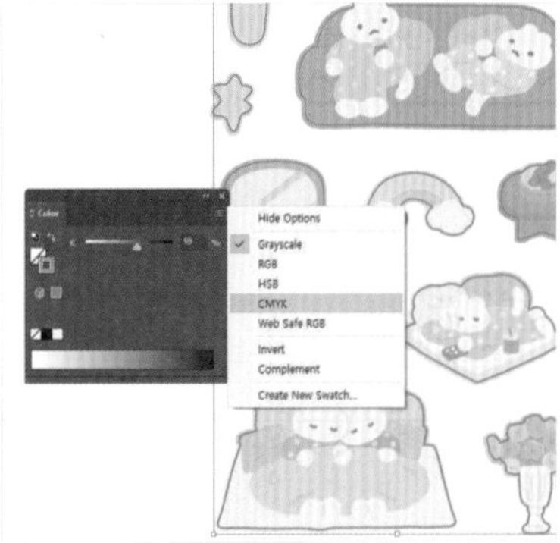

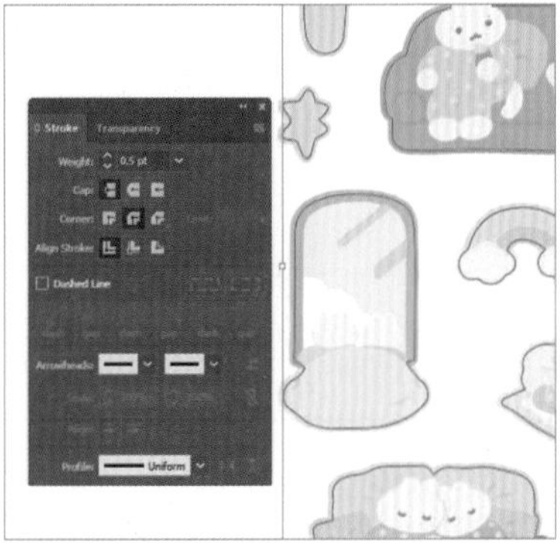

24 선 색을 더블클릭하여 칼선 색인 M100 값을 입력해주세요.

25 이미지 확장을 하면서 컬러 모드가 흑백으로 변경되었기 때문에 [Window] 〉 [Color] (단축키: F6)를 활성화하고 컬러 모드를 CMYK로 바꾼 후 M100 값을 입력합니다.

26 [Window] 〉 [Stroke] (단축키: Ctrl+F10) 창을 활성화해서 선의 굵기를 0.3~0.5pt 정도로 알아보기 편하게 바꿔주세요. [Corner] 옵션은 라운딩이 된 가운데 설정으로 선택합니다.

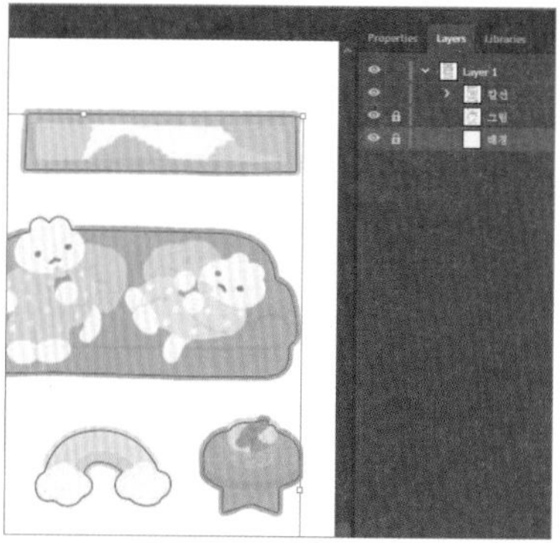

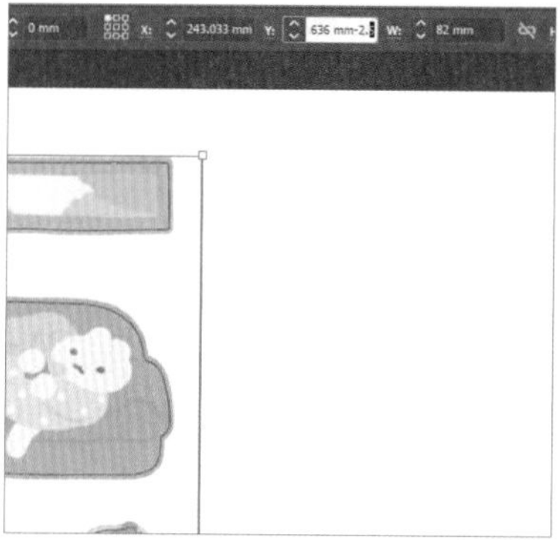

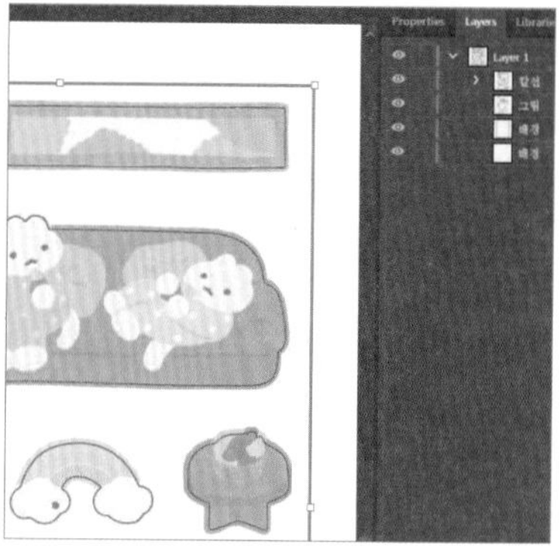

27 칼선 레이어를 모두 선택하여(단축키: Ctrl+A) 그룹으로 만들어 주세요.(단축키: Ctrl+G)

칼선 레이어, 그림 레이어, 배경 레이어, 세 개의 레이어가 있는 무테 스티커가 완성되었습니다. 하지만 접수하기 위해서는 이 스티커를 제작 용지 한 판에 배치해야 합니다.

28 모든 레이어의 잠금을 해제해 주세요. 이렇게 보면 배경과 그림, 칼선 레이어의 위치가 중앙으로 맞지 않는 것을 볼 수 있어요. 배경 사이즈는 82×125mm지만, 작업한 그림의 사이즈는 사방에서 2.5mm씩을 뺀 77×120mm이니 배경을 선택 후 상단 툴바의 x값과 y값을 각 -2.5mm씩 이동시킵니다.

29 배경 레이어를 선택하고 드래그해서 하단의 종이 모양 아이콘으로 끌어 같은 배경을 만들어 주세요. 복사한 네모 배경 레이어의 바탕색을 없애고, 선 색은 M100으로 만듭니다. 선 두께는 기본값인 1pt로 설정해주세요.

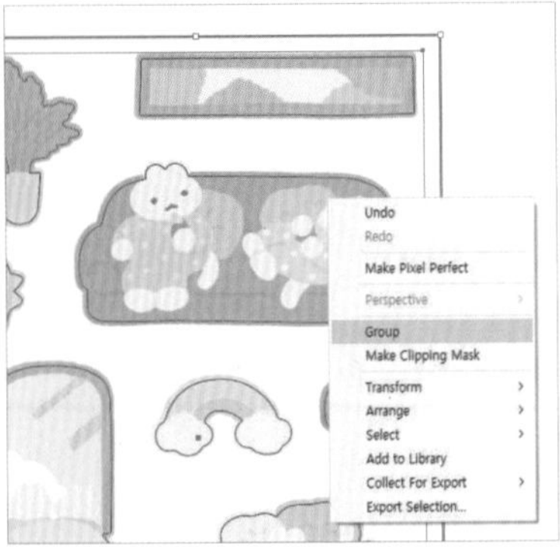

30 잠겨있는 레이어가 없는지 확인하고 모든 레이어를 선택하여 오른쪽 마우스를 클릭 후 [Group]을 클릭하여 그룹으로 만들어 주세요. (단축키: Ctrl+G)

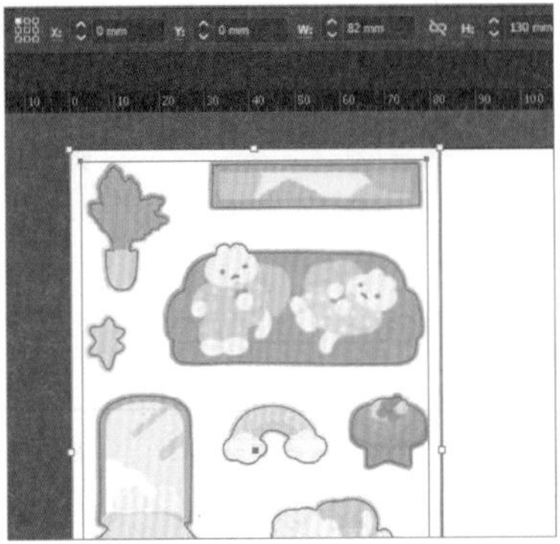

31 상단 바에서 x, y 위칫값을 0, 0으로 입력하여 왼쪽 끝 상단으로 스티커를 이동시킵니다.

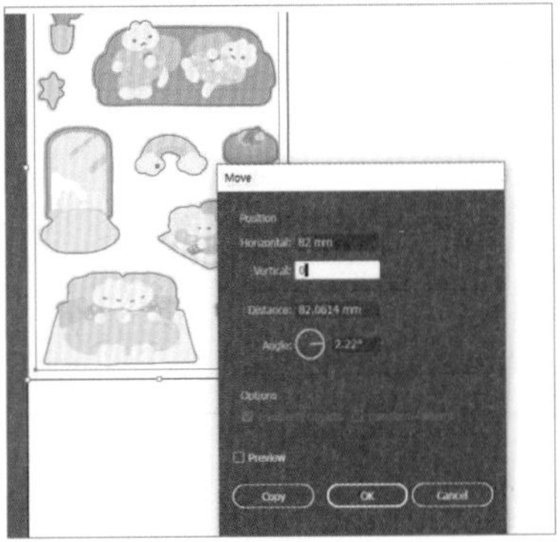

32 오른쪽 마우스를 클릭하여 메뉴 중 [Tranceform] 〉 [Move]를 실행해주세요. 스티커 가로 사이즈인 82mm를 [Horizontal](가로로 이동)에 입력하고 [Copy]를 눌러 가로로 이동한 것을 확인해주세요. 미리보기를 체크하면 어떻게 이동하는지 보면서 설정할 수 있어요.

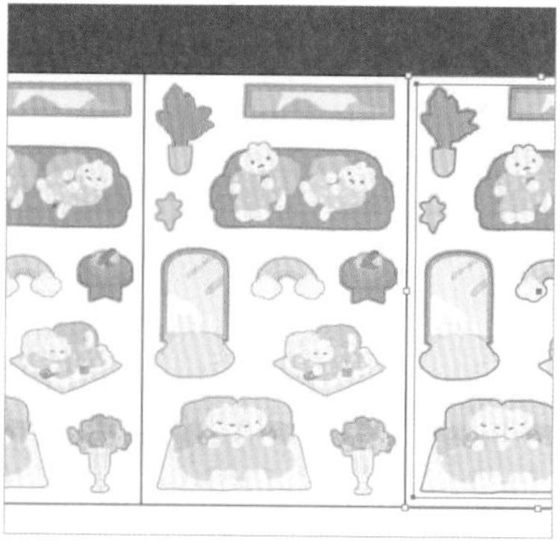

33 이 상태에서 (Ctrl+D)를 눌러 같은 동작 반복합니다. 한 번 더 눌러서 가로에 총 다섯 개의 스티커를 만들어주세요.

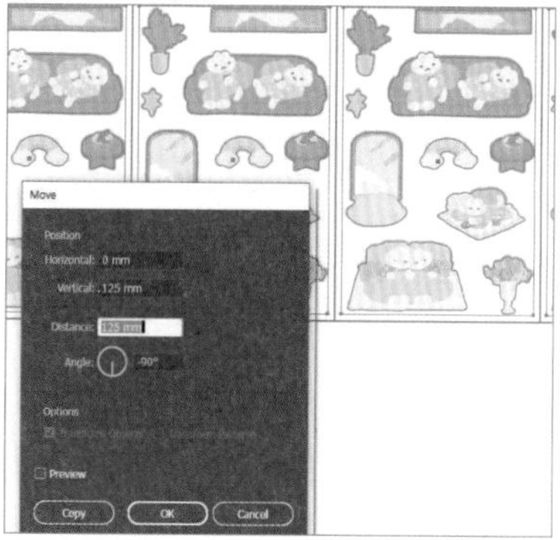

34 전체 선택(단축키: Ctrl+A) 후, 다시 마우스 오른쪽을 클릭해서 [Tranceform] 〉 [Move]로 이번에는 [Vertical] (세로로 이동)에 스티커 세로 사이즈인 125mm를 입력 후 [Copy]를 눌러주세요.

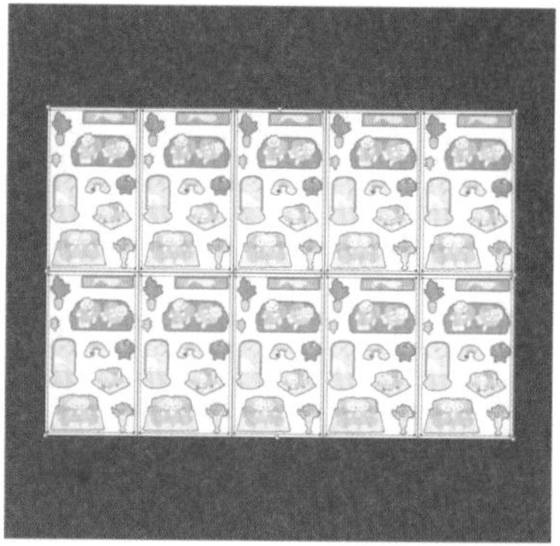

35 총 10개의 스티커가 한 판에 제대로 배치되었습니다. 이제 인쇄 접수를 위해 그림, 칼선, 재단 선을 각각 정리해 주세요.

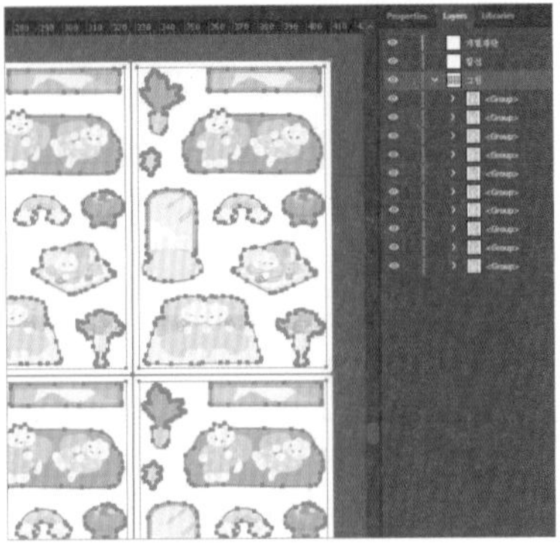

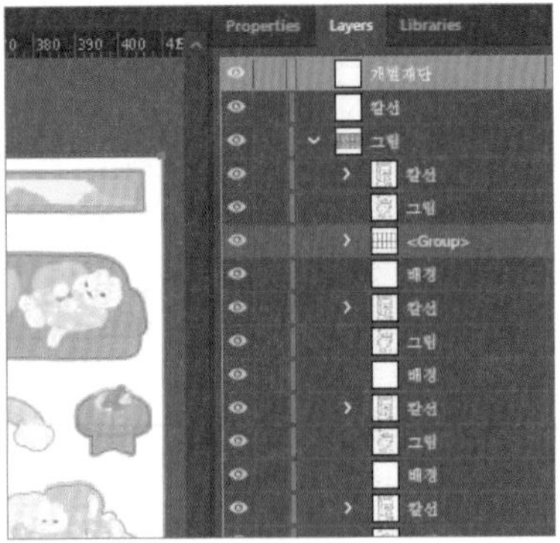

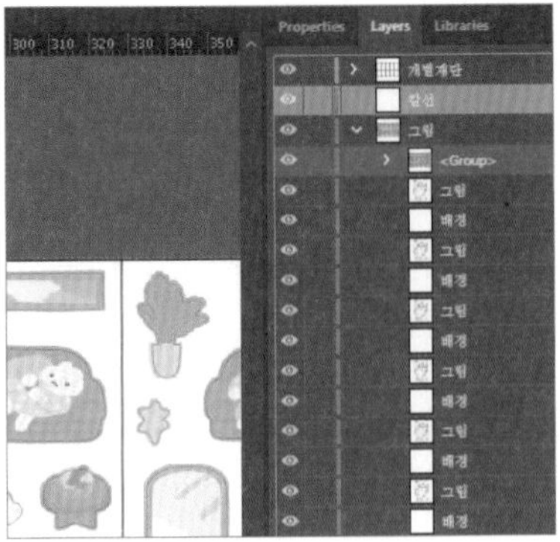

36 새 레이어를 두 개 추가하고 각 레이어의 이름을 바꿔주세요. 위에서부터 순서대로 '개별재단', '칼선', '그림'으로 바꿉니다. 그리고 모두 선택하여(단축키: Ctrl+A) 모든 그룹을 해제해주세요.(단축키: Ctrl+Shift+G)

37 스티커 크기의 M100으로 설정한 네모 하나를 선택하고 메뉴의 [Select] 〉 [Same] 〉 [Stroke Weight]를 선택해서 같은 굵기의 선을 모두 선택해주세요. 이 상태에서 바로 그룹을 만들면(단축키: Ctrl+G) 하위 레이어에 재단 선이 그룹 지어진 것이 보일 텐데 이 레이어 그룹을 드래그해서 '개별재단' 레이어로 이동합니다.

38 이번에는 그림의 칼선 하나를 선택하고 같은 방법으로 [Select] 〉 [Same] 〉 [Stroke Weight]를 선택 후 바로 그룹으로 만들어 주세요.(단축키: Ctrl+G) 이번에는 칼선이 선택된 그룹을 드래그해서 '칼선' 레이어로 이동합니다.

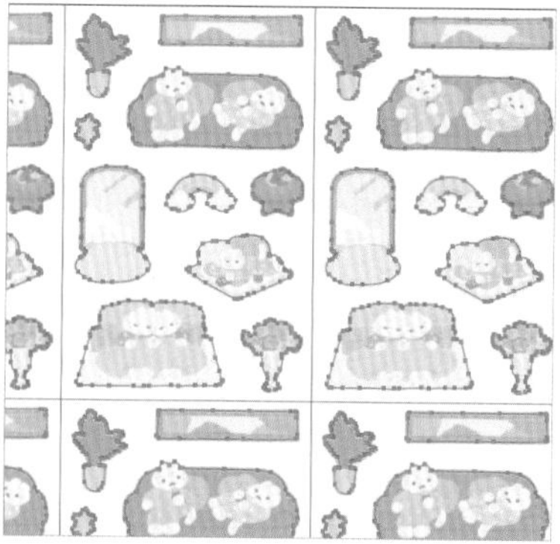

39 파일 접수 전에 제작사이트에서 칼선 패스 수를 15,000~20,000으로 제한하고 있기 때문에 패스 수를 확인합니다. 칼선 레이어에 있는 그룹으로 묶인 칼선을 선택합니다.

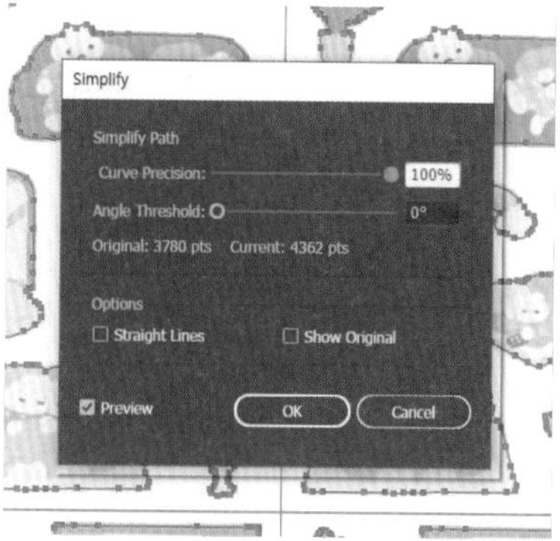

40 [Object] 〉 [Path] 〉 [Simplify] 메뉴에서 패스 수를 확인해주세요. [미리보기]를 누르면 [Curve Precision] (곡선정밀도) 값이 50%로 설정이 되는데, 이 값을 100%로 바꿔주세요.

[Original] 값이 원본 패스 수로, 이 값이 15,000~20,000 사이여야 합니다. 패스 수가 적당하면 [취소]를 눌러 꺼주세요.

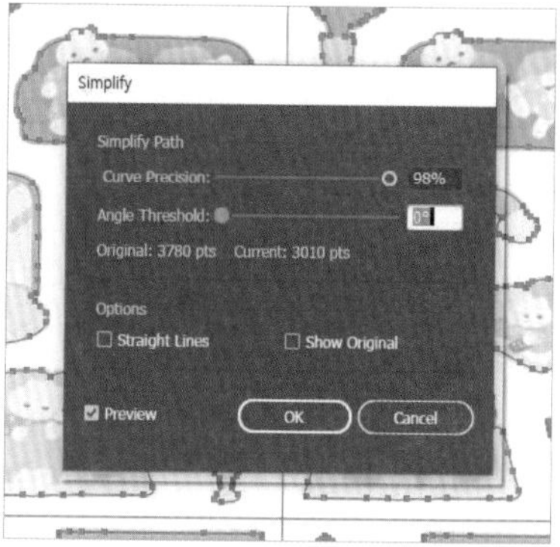

41 패스 수가 많을 경우, [Curve Precision] (곡선 정밀도) 값을 90% 이내로 조절하면 패스 수가 감소합니다. 간혹가다 패스 수가 늘어나는 경우도 있으니 [Angle Threshold] (곡선 한계값) 과 함께 미세하게 조절해가며 패스 수를 맞춰주세요.

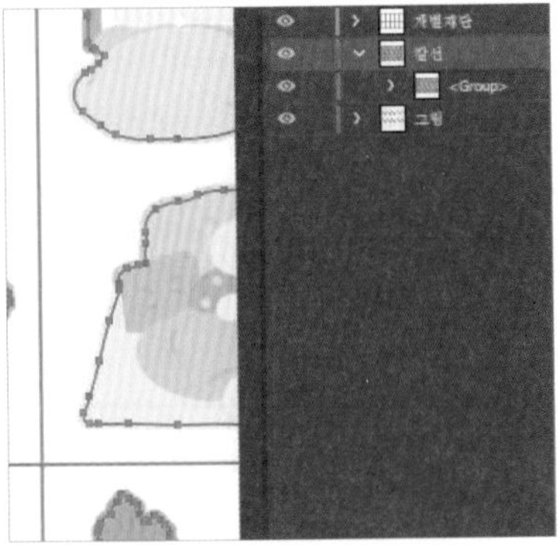

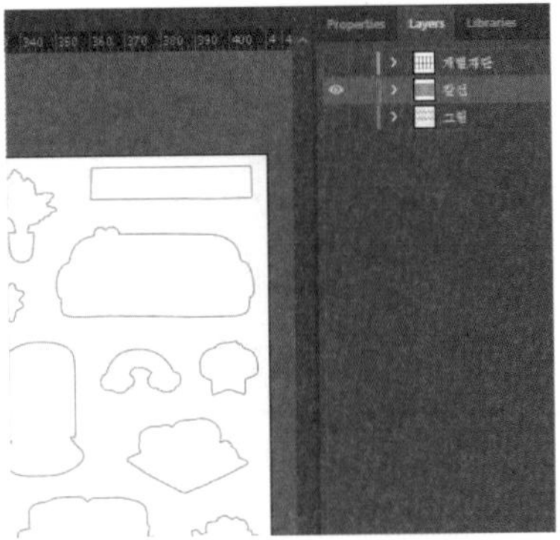

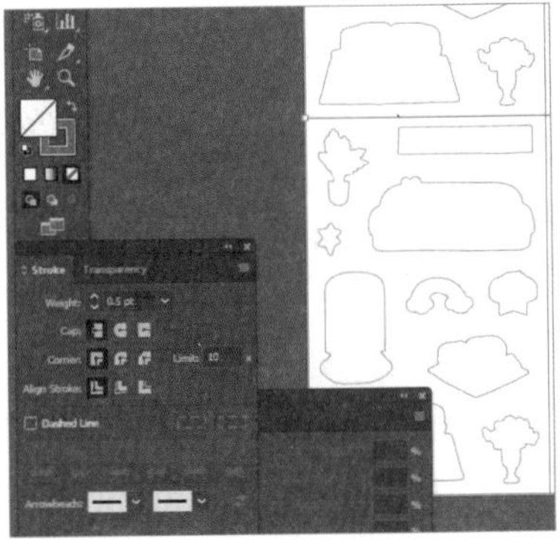

42 패스 단순화를 할 때 미리보기 체크를 껐다 켰다 하면서 만든 칼선의 모양이 심하게 변형되지 않는지 꼭 확인해주세요. 수를 조절해서 완료했는데 패스 모양이 이상해졌을 경우에는 실행 취소를 하고(단축키 : Ctrl+Z) 다시 패스 단순화 작업을 합니다.

43 이렇게 접수 파일이 완성되었습니다. 재접수하지 않도록 꼼꼼히 확인해주세요. 레이어의 눈을 모두 끄고, 하나씩 켜보면서 각 레이어에 맞게 개체가 속해 있는지 확인합니다. 개별재단 레이어에는 M100의 스티커 테두리만 있어야 하고, 칼선 레이어에는 M100의 그림 칼선만 있어야 합니다. 그림 레이어에는 인쇄될 그림만 있는지 확인해주세요.

44 마지막으로 개별재단의 네모 칼선을 선택하고 [Window] 〉 [Stroke] (단축키: Ctrl+F10) 창에서 그림 칼선과 같은 두께인 0.5pt로 바꿔주세요.
ai 파일로 새롭게 저장합니다. 파일은 반드시 CS6 이하 버전으로 저장해주세요.

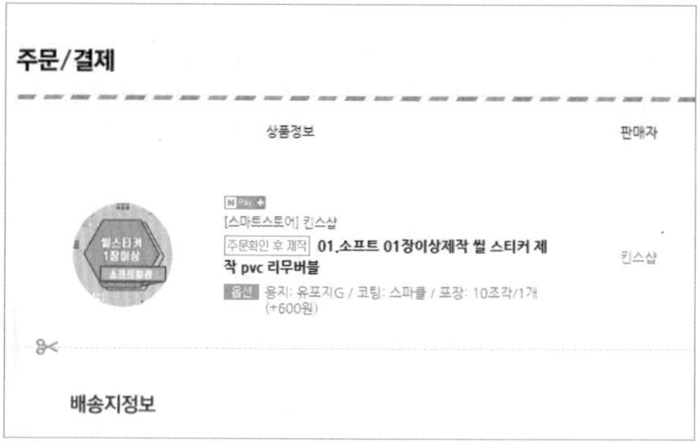

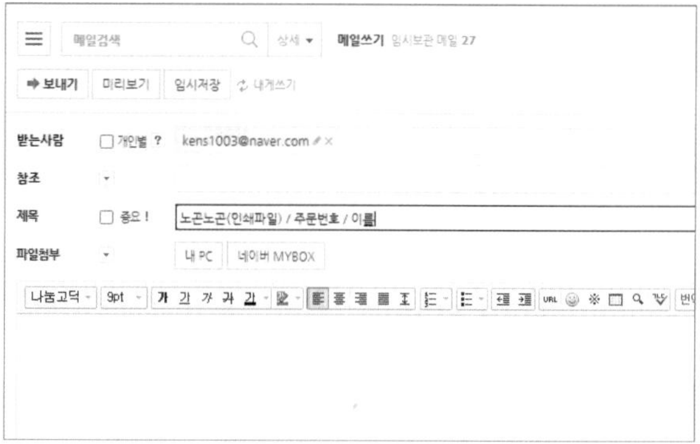

45 [스티커] 〉 [소프트컬러] 〉 [1장 이상 스티커]를 주문합니다. 용지와 코팅 종류를 선택해주세요. 포장은 10조각을 선택해주세요. 이렇게 책정된 금액이 한 판의 가격이고, 개별재단 될 10개 스티커의 가격이기도 합니다. 열 코팅으로 컬링(말림) 현상이 나타날 수 있어요. 스티커가 살짝 안쪽으로 말리는 현상인데 온도 및 습도에 의해 그 정도가 달라집니다. 일반 홀로그램 코팅은 손으로 문지르거나 표면 노출이 오래될수록 코팅이 옅어질 수 있어서 스티커를 제작 후 바로 opp 봉투에 넣어 포장하는 것이 좋고, 대량으로 제작한 경우에는 뚜껑이 있는 보관함에 넣어두는 것이 좋습니다.

46 주문 완료 후 작업한 인쇄파일을 메일로 보내면 시안을 확인할 수 있는 회신이 옵니다. 메일 제목에 '스티커/주문번호/주문자 성함'을 기재 후 파일을 보내주세요. 시안 확인 후 확정 답변을 카카오톡으로 보내면 제작이 시작됩니다. 이러한 공지사항은 계속해서 업데이트되기 때문에 꼭 공지사항을 확인 후 작업을 하도록 합니다. 스티커 판형을 만들어 보내는 것이 번거로울 수도 있지만, 다양한 용지와 코팅 종류를 사용해볼 수 있어서 새로운 제품을 제작하는 재미를 느낄 수 있어요.

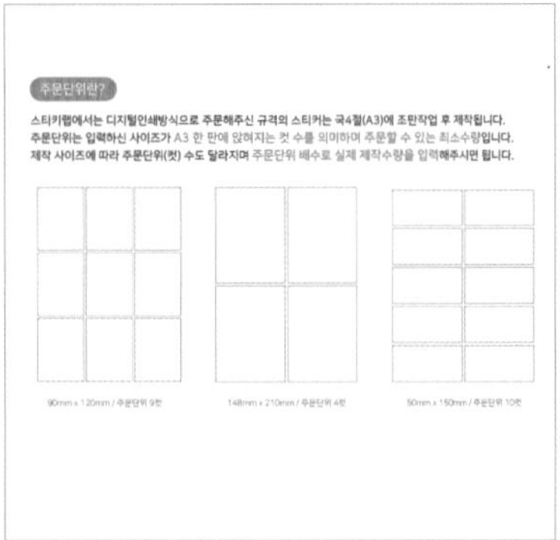

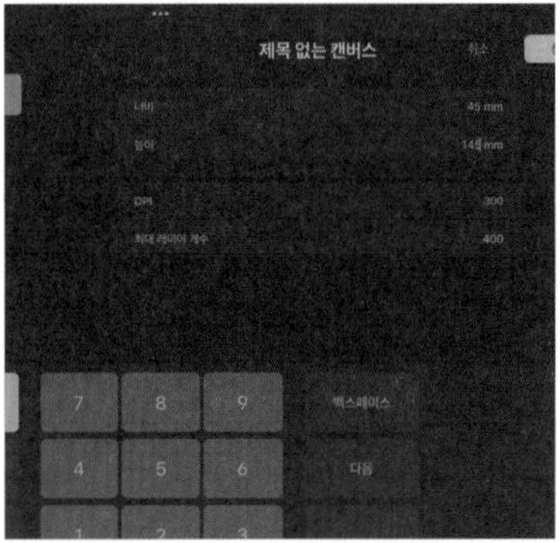

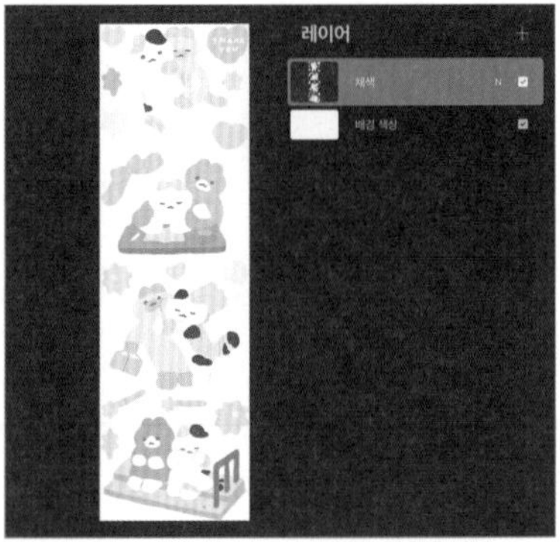

01 스티키랩 사이트에서 제작 가능한 용지와 주문 수량, 주문 단위를 먼저 확인해주세요. 역시 인쇄 한 판에 여러 개의 스티커를 앉혀서 제작하는 방식입니다. 이 부분을 참고하여 주문 수량에서 주문 단위의 배수로 주문하면 됩니다. 그리고 [칼선의뢰] 옵션이 있어서 칼선 작업이 아직 어렵다면 추가 금액을 지불하고 업체에 칼선 작업을 의뢰할 수 있습니다.

02 인쇄 주문은 한 판 단위이지만 이번에는 인쇄판을 직접 만들 필요는 없습니다. 시중에 많이 판매되는 슬림한 사이즈의 50×150mm 스티커를 만들어 볼게요. 프로크리에이트에서 안전 영역으로 사방에서 3mm씩 빼고, 칼선이 들어갈 부분까지 여유 있게 2mm씩 더 빼서 45×145mm, DPI 300, CMYK 모드로 새 캔버스를 만들어 주세요.

03 무테 스티커이기 때문에 그림의 간격이 너무 붙지 않도록 여유를 두고 스케치해 주세요. 스케치 레이어 위에 새 레이어를 추가해 채색으로만 그림을 완성합니다. 완성 후에 스케치 레이어는 삭제해주세요. 완성된 파일은 PSD 파일로 PC에 전송합니다.

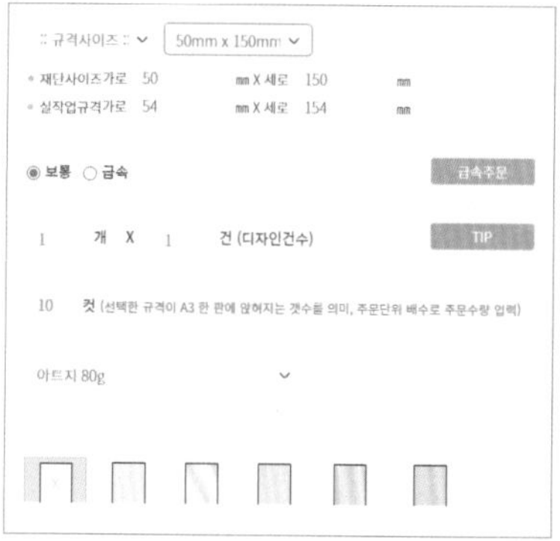

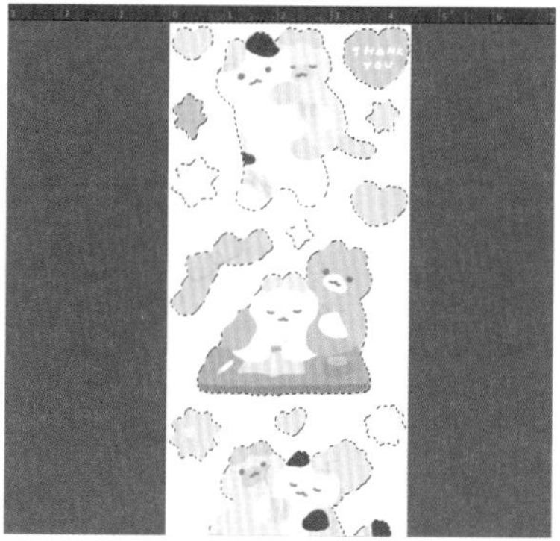

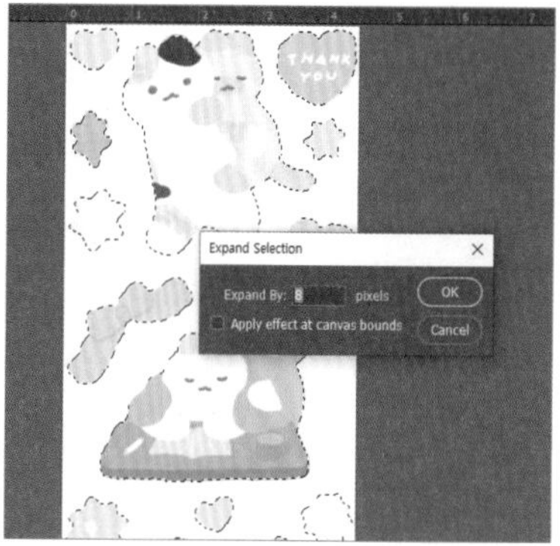

04 사이트에서 작업사이즈를 확인합니다. 50×150mm의 스티커를 선택하면 작업사이즈는 54×154mm로 확인됩니다.
일러스트에서 54×154mm 사이즈로 DPI 300, CMYK 모드의 새 도큐를 만들어주세요.

05 이제 프로크리에이트로 작업한 파일을 포토샵에서 열어주세요. 레이어가 여러 개라면 배경레이어를 제외하고 모두 하나로 합칩니다. (Ctrl) 키를 누르고 그림 레이어의 섬네일 부분을 선택해서 모든 개체를 선택합니다.

06 그림 레이어 아래에 새로운 레이어를 추가하고 [Select] 〉 [Modify] 〉 [Expand]로 이미지를 확장해주세요. 값을 6~8 정도로 입력하여 선택 영역을 그림보다 바깥쪽으로 확장합니다. 그림에 너무 바짝 붙지 않게 여유를 두고 값을 조절해주세요.

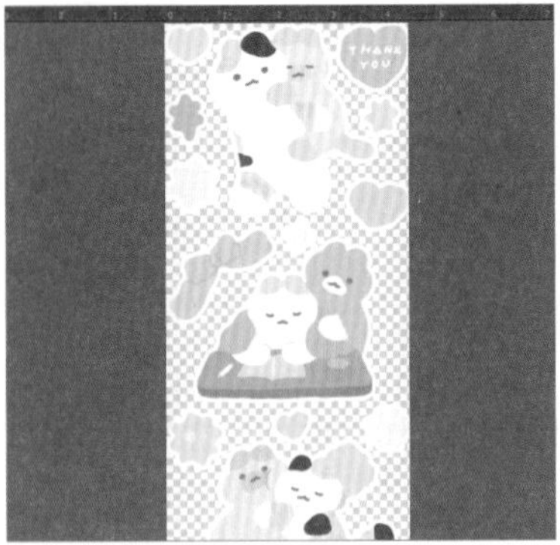

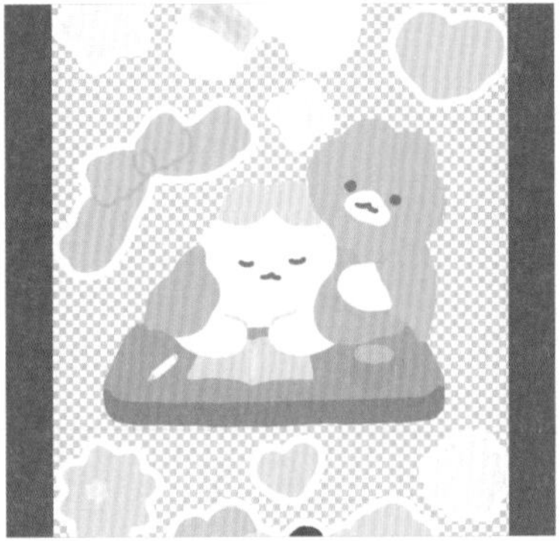

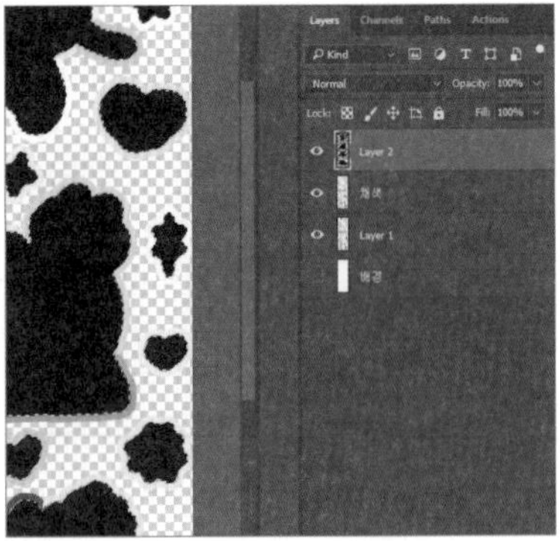

07 확장된 영역에 흰색을 채워주세요.(단축키: Ctrl+Del) 선택영역을 해제 후,(단축키 : Ctrl+D) 흰색 영역이 잘 보이도록 배경 레이어의 눈을 끄고 작업해주세요.

08 레이어 위 [Lock] 메뉴 중 첫 번째 아이콘을 눌러 바탕을 잠가주세요. 바깥으로 확장된 흰색 부분에 채색을 이어 모든 그림의 바깥쪽을 그림과 동일한 색으로 칠합니다.

스포이트(단축키: I)로 색을 선택하고 브러시(단축키: B)로 채색하며 흰색 부분들을 칠해주세요. ([ ) 또는 ( ]) 키를 이용해 브러시 크기를 조절하며 사용할 수 있어요.

09 이렇게 확장 영역까지 모두 채웠다면 칼선을 만듭니다.

그림 레이어 위에 새 레이어를 추가해주세요. (Ctrl) 키를 누르고 그림 레이어의 섬네일 부분을 클릭해서 전체 선택 후 모두 검은색으로 칠해주세요.(단축키: Alt+Del) 컬러 피커의 색이 검은색이 아니라면 (단축키: D) 키로 디폴트 검은색으로 바꾼 후 칠합니다.

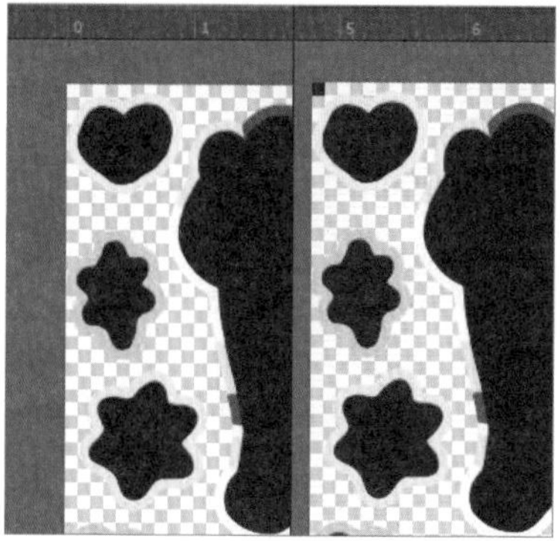

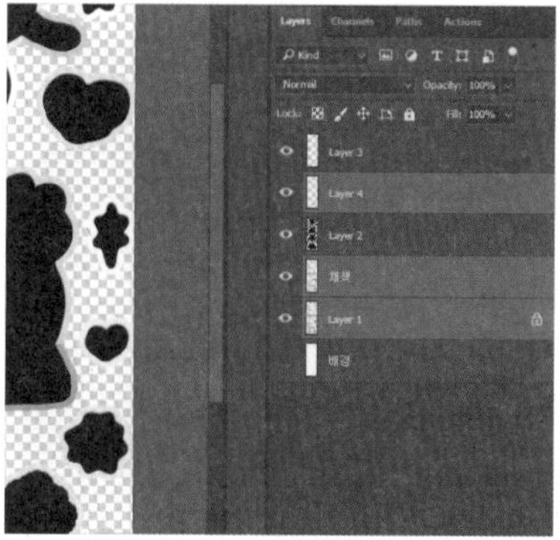

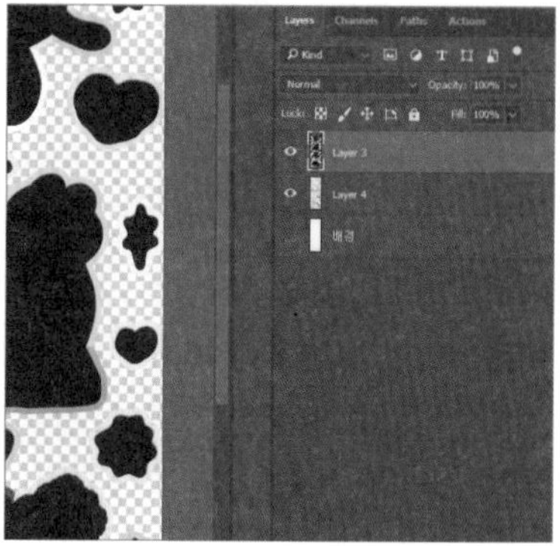

10 새 레이어를 추가하여 기준점을 만들어주세요. 툴바에서 선택툴을 네모로 바꾸고 새 레이어의 왼쪽 상단에 아주 작게 네모 칸을 하나 만들어 흰색을 채웁니다. (단축키: Ctrl+Del)
새 레이어를 하나 더 추가해서 이번에는 검은색을 채워주세요. (단축키: Alt+Del)

11 흰색 네모 레이어를 선택하고 (Ctrl) 키를 누르면서 그림 레이어, 그림 확장 레이어를 선택하여 병합해주세요. (단축키: Ctrl+E)

12 이어서 검은색 네모 레이어와 검은색으로 칠한 그림 레이어를 선택하여 병합해주세요. (단축키: Ctrl+E)
이제 레이어는 위에서부터 검은색 기준점이 포함된 칼선 레이어, 흰색 기준점이 포함된 그림 레이어, 배경 레이어가 남게 됩니다.

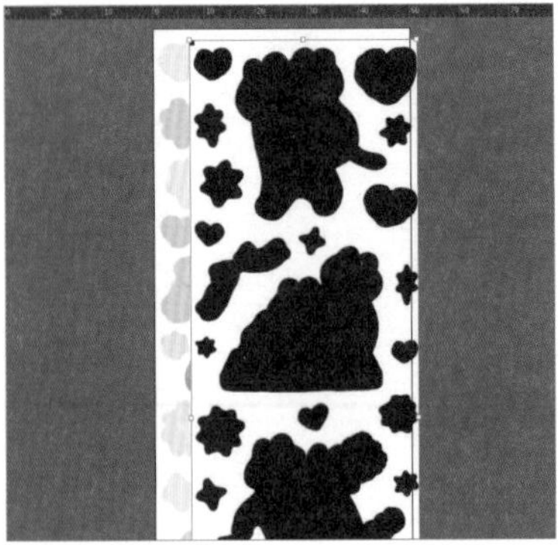

13 그림 레이어를 전체 선택하여(단축키 : Ctrl+A) 복사(단축키: Ctrl+C) 후 일러스트에 만들어 둔 도큐에 붙여주세요.(단축키: Ctrl+V) 칼선 레이어도 복사하여 붙입니다.

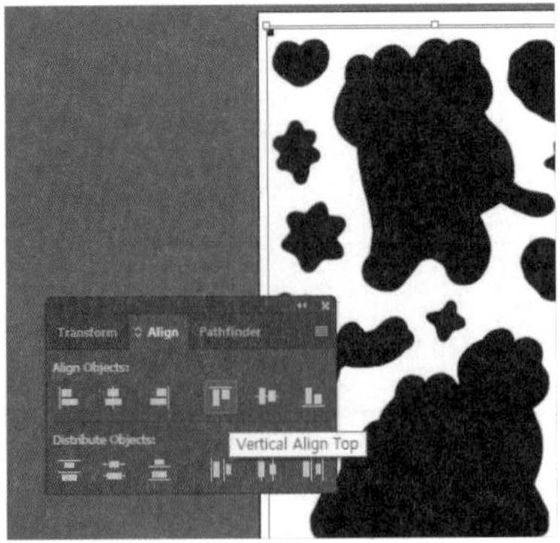

14 모두 선택하여(단축키: Ctrl+A) 상단 왼쪽으로 정렬해주세요.

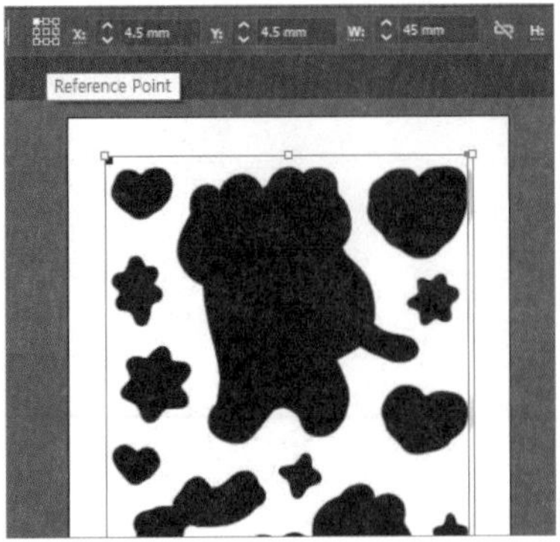

15 일러스트에서 만든 도큐의 사이즈가 54×154mm, 스티커의 사이즈는 50×150mm, 작업한 캔버스의 사이즈는 45×145mm입니다. 작업 사이즈는 도큐 사이즈에서 사방으로 4.5mm씩 뺀 사이즈이니 이미지 x축과 y축에 4.5 값을 입력해서 위치를 잡아주세요. 이때에도 기억해야 할 건 기준점입니다. 툴바의 아홉 개의 네모 칸 중 왼쪽 상단에 기준점이 설정되어 있는지 확인해주세요.

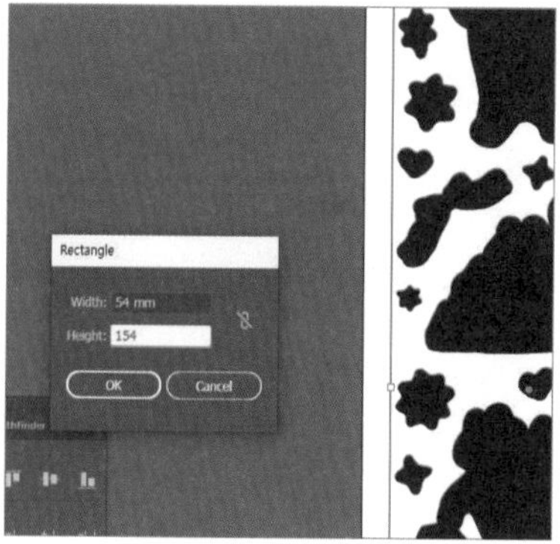

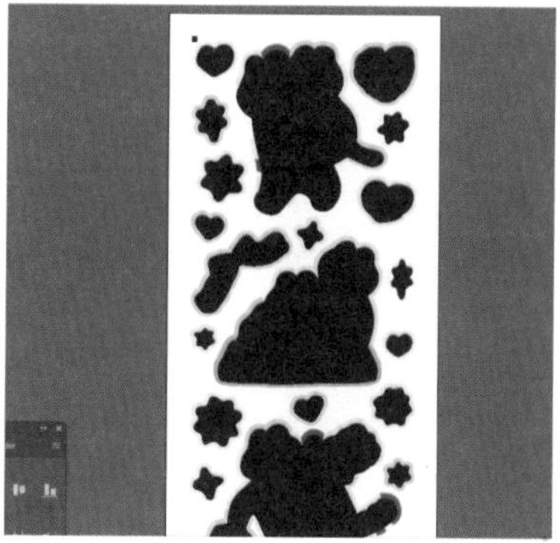

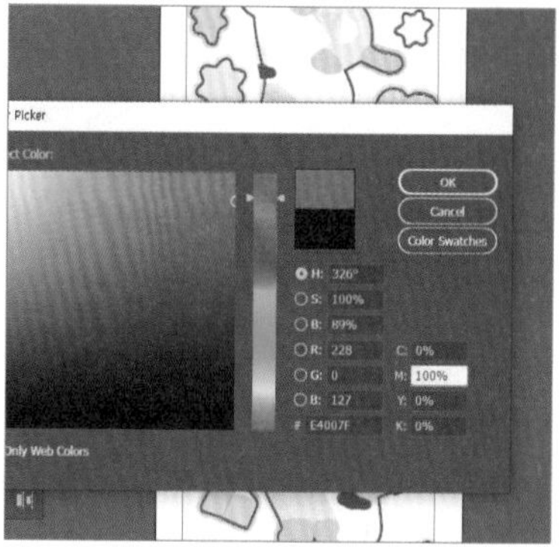

16 이제 배경을 만들어주세요. 왼쪽 툴바에서 네모툴(단축키: M)을 선택하고 바탕을 클릭하여 54×154mm 값을 입력합니다. 이번에는 x값 0, y값 0을 입력해서 위치를 잡아주세요.

17 레이어의 순서는 '칼선(검은색) 레이어' 〉 '그림 레이어' 〉 '흰색 배경 레이어'입니다. 그림 레이어와 배경 레이어를 잠가주세요.
칼선 레이어를 선택하고 [Object] 〉 [Image Trace] 〉 [Make and Expand]로 이미지를 확장합니다. 개체마다 패스가 생기는데, 마우스 오른쪽을 클릭하여 [Ungroup]으로 그룹을 해제하고 원래 바탕이었던 조각난 흰색 레이어는 삭제해주세요.

18 검은색 개체를 모두 선택하고 왼쪽 툴바에서 컬러 피커 위에 있는 화살표를 클릭하여 바탕색은 없애고 선 색만 보이게 해주세요. 기준점으로 만들었던 왼쪽 상단의 검은색 작은 네모도 지우고 선 색을 더블클릭하여 칼선 색인 M100 값을 입력합니다.

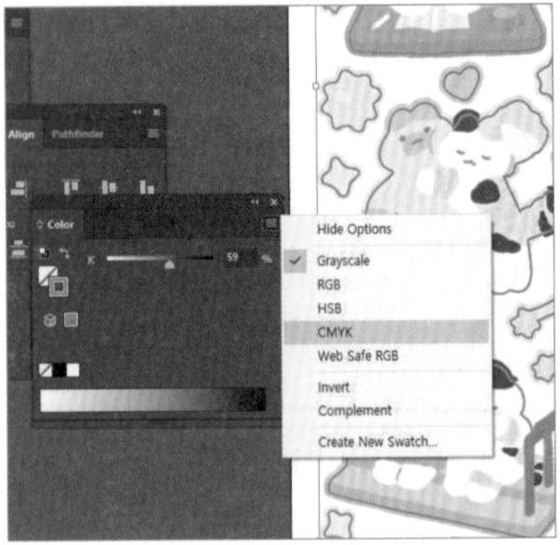

19 이미지 확장을 하면서 흑백 모드로 변경되었기 때문에 [Window] 〉 [Color] (단축키: F6) 창에서 [Color] 옵션을 CMYK로 바꾼 후 M100 값을 입력합니다.

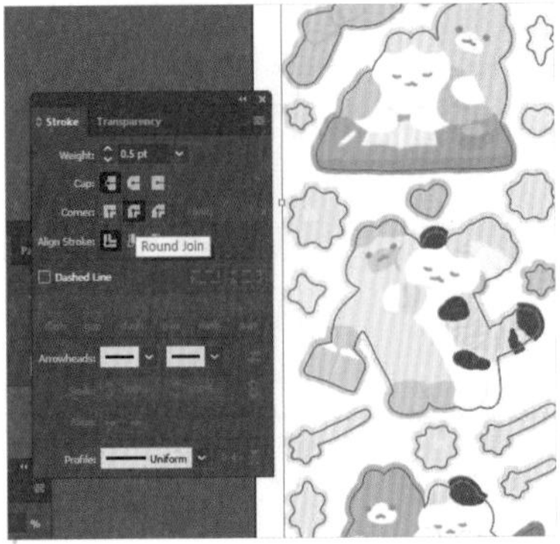

20 [Window] 〉 [Stroke] (단축키: Ctrl+F10) 창에서 선의 굵기를 0.3~0.5pt 정도로 알아보기 편하게 바꿔주세요. [Corner] 옵션은 가운데 라운딩 된 것으로 선택합니다.

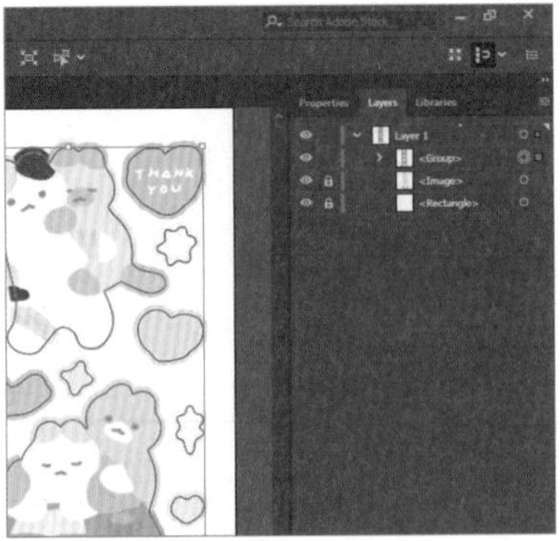

21 칼선을 그룹으로 만들어주세요. (단축키: Ctrl+G)
레이어의 순서는 '칼선 레이어' 〉 '그림 레이어' 〉 '배경 레이어'입니다.

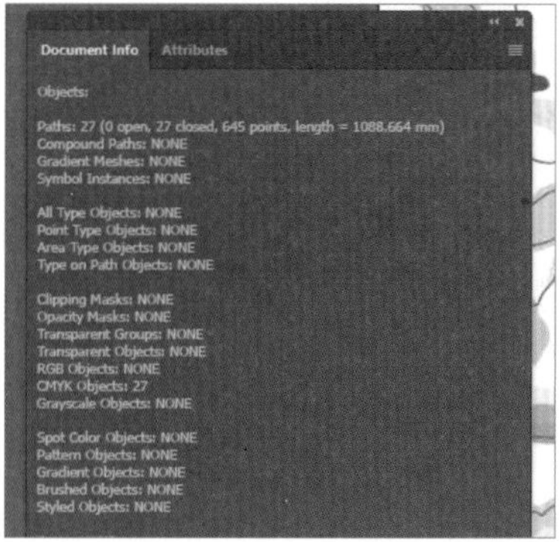

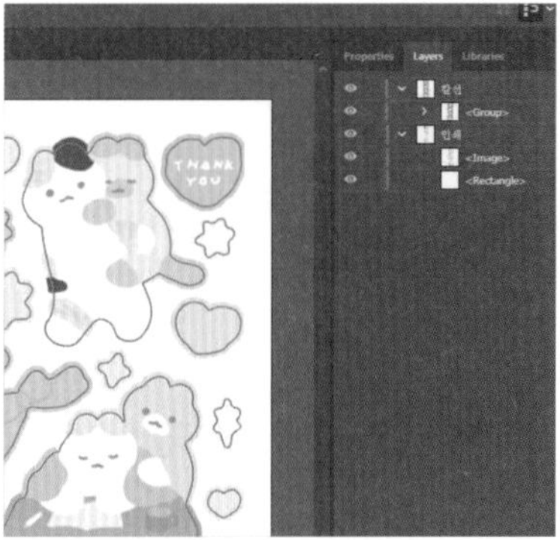

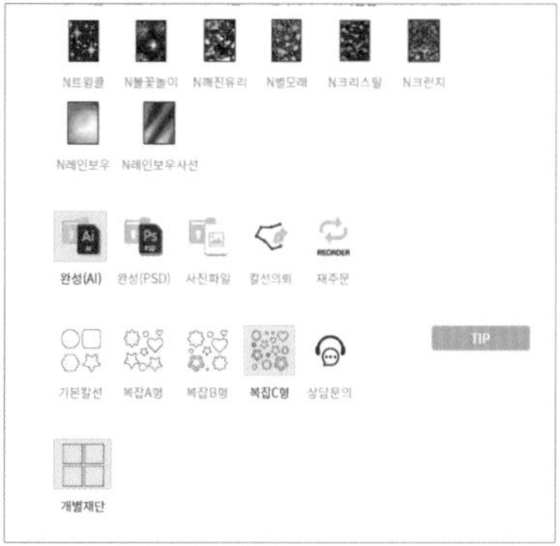

22 스티키랩에서는 칼선 길이에 따라 가격이 달라지기 때문에 마지막으로 칼선을 체크합니다. 전체 칼선을 선택하고 [Window] 〉 [Document info](문서정보)를 선택해주세요. 문서정보 창 오른쪽 메뉴를 [object]로 설정하면 선택한 칼선의 길이와 스티커 하나에 몇 개의 개체(컷)가 들어가는지 확인할 수 있어요. 27개 개체, 1088.664mm로 확인됩니다.

23 이제 그림 레이어, 배경 레이어의 잠금을 해제하고 새 레이어를 만들어 칼선을 드래그해서 이동시켜 주세요. 레이어 이름을 '칼선'과 '인쇄'로 변경해 주세요. 완료되었으면 ai(일러스트 파일)로 저장합니다.

24 이제 스티커를 발주합니다. [데코스티커] 〉 [칼선스티커(PVC)]에서 스티커 사이즈 50×150mm, 주문 수량, 용지와 코팅을 선택합니다. 다양한 코팅이 준비되어 있지만 용지별로 가능한 코팅이 있기 때문에 상세정보를 자세히 확인해주세요. 디자인 옵션은 ai 파일, 칼선 작업은 옆의 'TIP'을 확인해 측정한 칼선길이와 개체를 확인하고 선택합니다. 인쇄파일을 첨부한 뒤 주문을 완료합니다.

06

떡메모지 만들기

NOTE

종이 뭉치의 상단을 떡제본하여 제작하는 메모지입니다. 포스트잇 같은 점착 메모지와는 다르게 접착력은 없고, 가볍게 뜯어서 한 장씩 낱장으로 사용하기에 편한 메모지입니다. 기본 100장 단위로 제작을 할 수 있으며, 제작 방법도 비교적 간단한 편입니다.

SAMPLE SITE

성원애드피아 | https://www.swadpia.co.kr
떡메모지

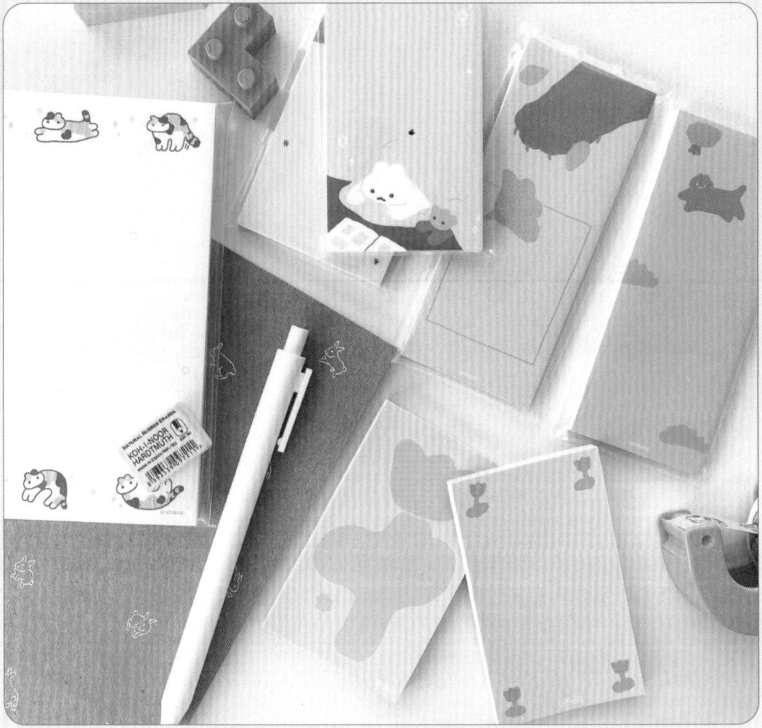

1. 떡메모지 만들기

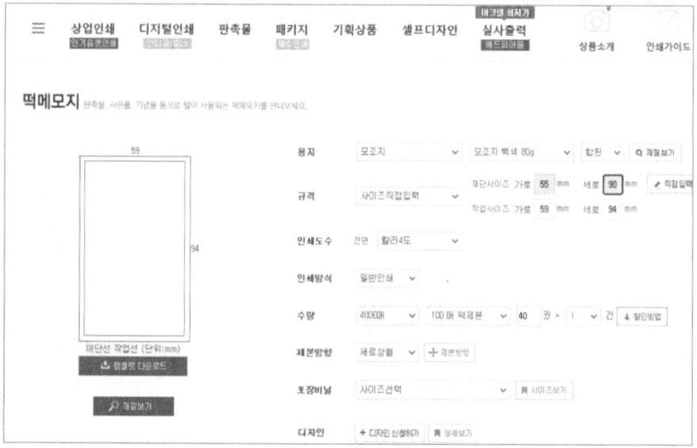

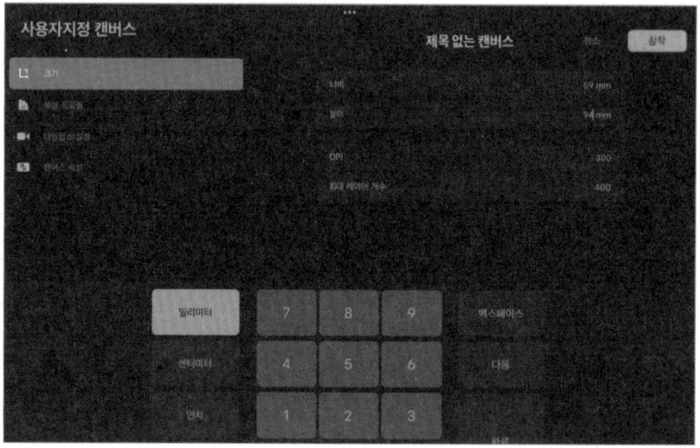

01 떡메모지는 보통 모조지로 많이 제작합니다. 두께 80g(일반적인 복사 용지 정도)이 가장 많이 사용되며 g 수가 높아질수록 종이 두께가 두꺼워지고 가격이 달라집니다.

55×90mm 사이즈의 미니 메모지를 제작해볼게요. 재단사이즈에 55×90mm 값을 입력하면 작업사이즈는 59×94mm로 확인됩니다. 메모지는 한 면만 제작하기 때문에 칼라4도(C, M, Y, K)를 선택합니다. 마지막으로 떡제본을 상단으로 할지, 왼쪽으로 할지 제본 방향을 정할 수 있어요. 대체로 템플릿을 제공하고 있으므로 소스를 다운받아 활용해도 좋습니다.

02 프로크리에이트에서 작업사이즈인 59×94mm, DPI 300, CMYK 모드의 새 캔버스를 만들어주세요.

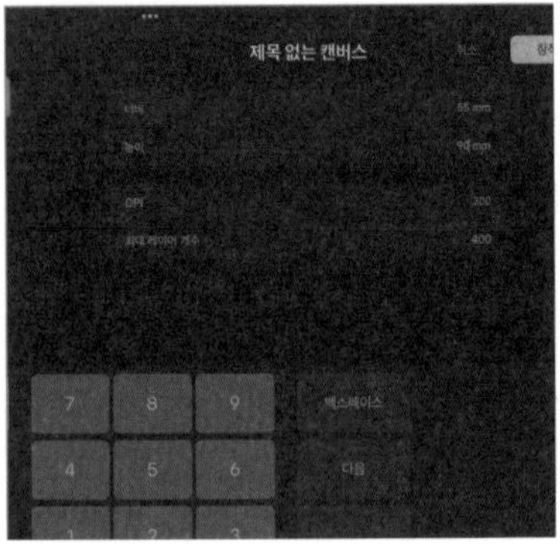

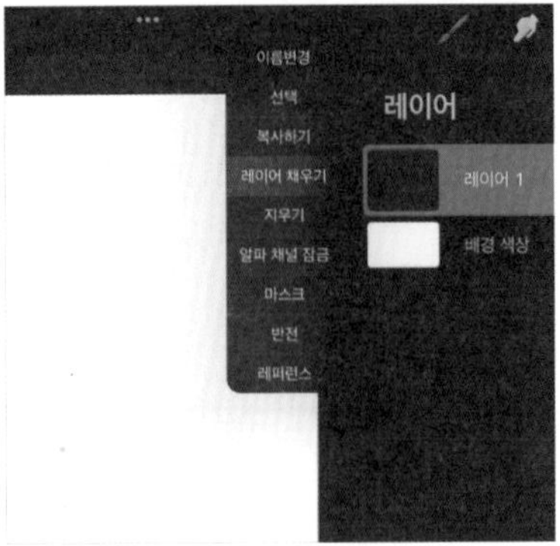

03 다시 [갤러리]로 돌아가 새로운 캔버스를 만들어주세요. 작업하면서 재단사이즈를 가늠할 수 있도록 임의로 재단사이즈 캔버스를 만듭니다. 55×90mm 캔버스를 만들어주세요.

04 컬러 피커에서 원하는 색을 선택합니다. 레이어1을 선택하고 한 번 더 클릭해서 [레이어 채우기]를 눌러주세요. 선택된 색으로 바탕이 채워집니다.

05 다시 레이어1을 선택하여 [복사하기]를 누르고 갤러리로 나가 작업사이즈 캔버스로 돌아갑니다.

[도구] 〉 [추가] 〉 [붙여넣기]를 해주세요. 칠해둔 레이어가 정 가운데에 위치합니다. 이 레이어를 한 번 더 클릭해 [선택]을 누르고 하단에 생성된 메뉴 중 [반전]을 선택해주세요.

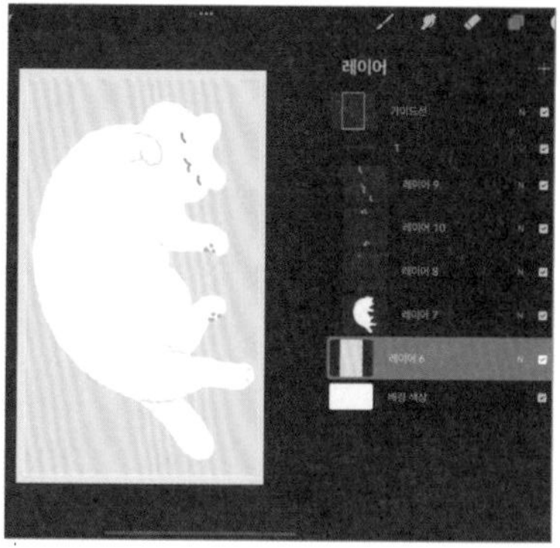

06 이 상태에서 레이어를 하나 더 추가하고 클릭하여 [레이어 채우기]를 해주세요. 아래에 붙여 넣었던 55×90mm의 레이어는 오른쪽에서 왼쪽으로 밀어 삭제해주세요.

07 가이드 선 레이어에 그리지 않도록 레이어의 이름을 바꿔서 확실히 구분해 주세요. 59×94mm 사이즈 안에 55×90mm의 재단사이즈를 알아볼 수 있는 가이드 선이 생기게 됩니다. 프로크리에이트에서 작업할 때 작업사이즈를 확인할 수 있어서 편리합니다.

08 새 레이어를 추가해 가이드 레이어 아래에 놓고 그림을 그립니다. 메모를 하는 목적인 만큼 최대한 메모할 수 있는 공간을 확보하면서 그려주세요. '배경 색상'도 원하는 색을 선택하여 채워주세요.
이렇게 완성한 파일을 PSD 형식으로 PC에 전송합니다.

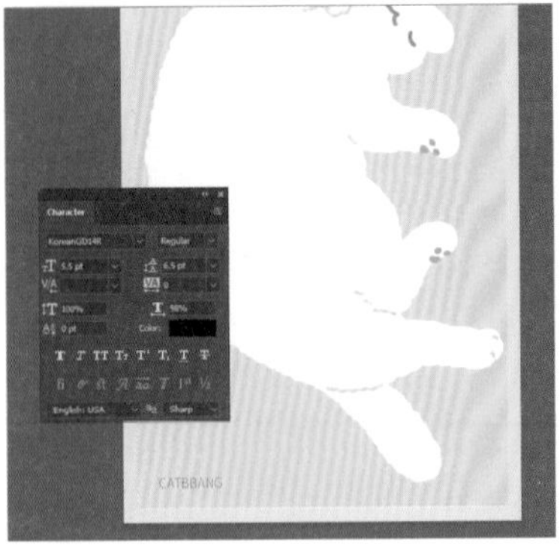

09 포토샵에서 작업한 PSD 파일을 열어주세요. 왼쪽 툴바에서 T 모양의 문자툴을 선택하고 카피라이트(활동명)를 입력합니다. 다 작성 후 키보드 텐키의 (Enter)를 눌러 완료합니다. 일반 (Enter)를 누르면 줄 바꿈이 됩니다. [Window] 〉 [Character] 창을 띄우고 원하는 폰트 종류와 크기, 색상으로 변경한 후 알맞은 위치에 배치해주세요.

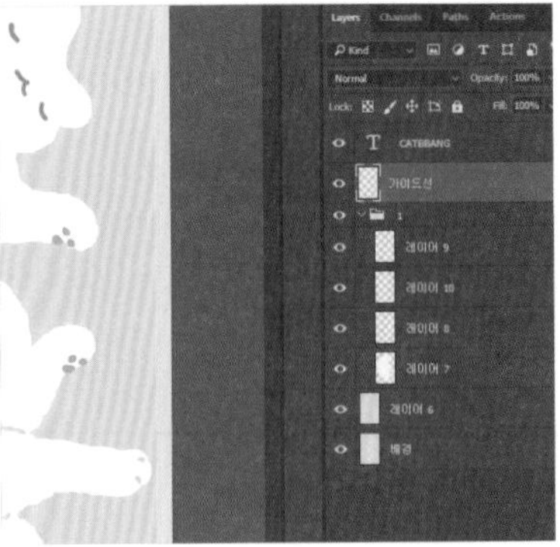

10 이제 임의로 만든 가이드 선 레이어는 삭제합니다. 이대로 PDF 형식으로 인쇄 품질인 Press Quality, Acrobat 6으로 저장해 주세요.(단축키: Ctrl+shift+S) 만약 카피라이트 문구가 필요 없거나 프로크리에이트에서 손글씨로 쓰는 경우에는 포토샵을 거치지 않고, 프로크리에이트에서 바로 PDF로 저장하여 접수하면 됩니다.

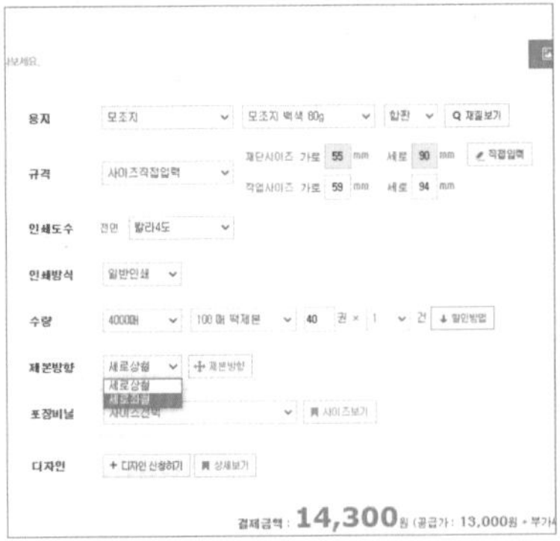

11 이제 주문을 접수합니다. 용지의 종류와 g을 선택하고 55×90mm 사이즈를 직접 입력해주세요. 수량과 제본 방향을 선택하고 만든 PDF 파일을 업로드하면 됩니다. 수량을 12,000매(120권) 이상 제작하면 교정 확인을 할 수 있는 옵션도 있으니 참고해주세요.

2. 모눈 떡메모지 만들기

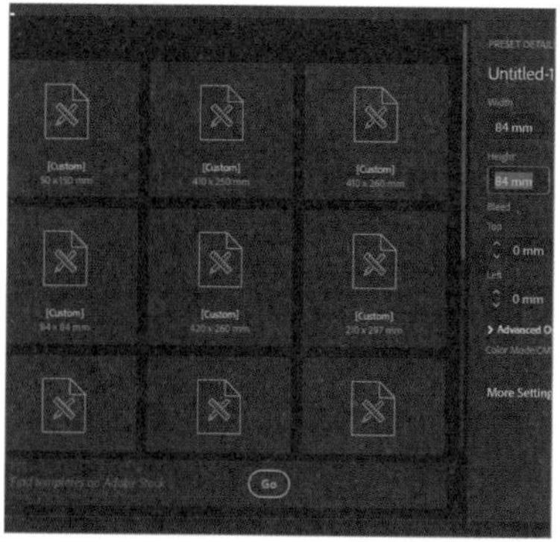

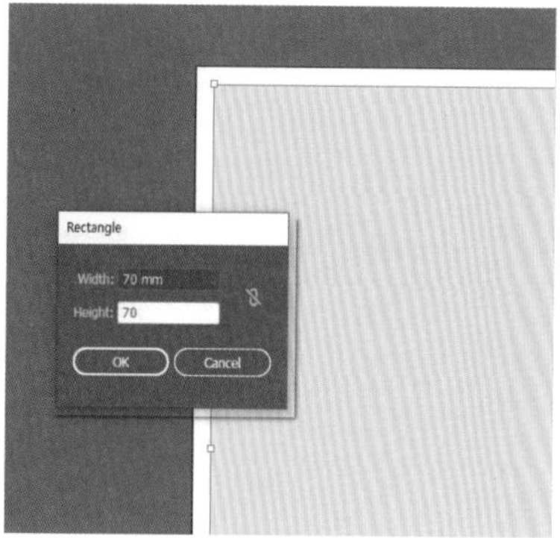

01 앞서 만든 메모지를 응용하여 80×80mm 정사각 모양의 모눈 메모지를 만들어 볼게요. 자연스러운 느낌을 원한다면 프로크리에이트에서 얇은 브러시로 직접 모눈을 그리고, 균등하게 깔끔한 모눈을 만들고 싶다면 일러스트에서 작업합니다. 일러스트에서 80×80mm의 작업사이즈인 84×84mm의 도큐를 DPI 300, CMYK 모드로 만들어 주세요. (단축키: Ctrl+N)

02 재단사이즈를 가늠할 수 있도록 표시할게요. 네모툴을 선택 후 바탕을 클릭하고 80×80mm의 사각형을 만듭니다. 사방에서 2mm씩 뺀 사이즈이므로 상단의 x 값과 y 값에 2를 입력해서 중앙으로 배치해주세요. 왼쪽 툴바에서 메모지의 바탕색을 선택하고 선색은 없앱니다.
그리고 네모툴로 70×70mm 사이즈의 흰색 네모를 추가로 만들어주세요.

03 두 네모를 함께 선택하고 상단 툴바에서 중앙으로 정렬해주세요. (단축키: Shift+F7) 이렇게 하면 위치가 중앙으로 이동합니다. 두 레이어를 그룹으로 만든 후(단축키: Ctrl+G), 다시 x 값과 y 값에 2를 입력해서 재단사이즈 안으로 들어가게 해주세요. 값을 입력했는데도 위치가 맞지 않는다면, 작은 아홉 개의 네모 중 기준점이 왼쪽 상단의 네모로 선택되어 있는지 확인해주세요.

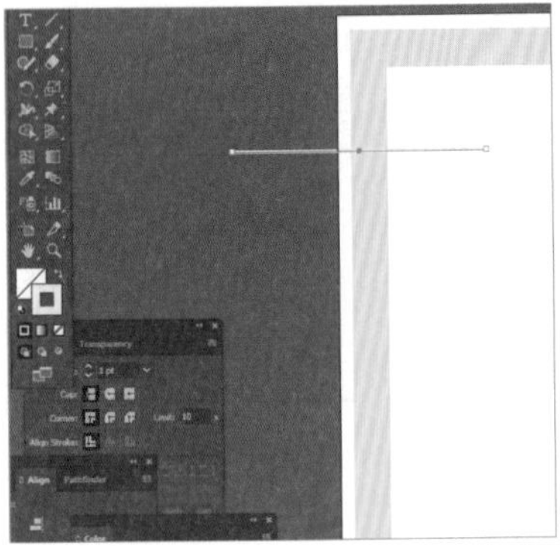

04 흰색 네모 안에 모눈을 만들어 볼게요. 선모양 툴을 선택하고 드래그하여 선을 만듭니다. (Shift) 키를 누르고 선을 그어야 직선으로 그려집니다. 길이 상관없이 가로로 그린 후, 면 색은 없애고 선 색만 바꿔주세요. 메모지 바탕색과 같은 색으로 하는 게 가장 좋아요. 바탕색이 진하다면 모눈이 진해지지 않도록 바탕색의 C, M, Y, K의 값에서 동일한 값을 조금씩 빼면서 연한 색을 만들어 주세요.

05 이동툴(단축키: V)로 선을 선택하고 선의 두께를 0.3pt 정도로 바꿔주세요.

그룹으로 만들어 두었던 두 개의 네모 그룹을 해제해주세요. 흰색 네모의 위치는, X 값 7, y 값 7, 가로 길이는 70mm입니다. 2mm 간격으로 균등한 모눈을 만들어 볼게요. 선을 선택하고 y축 값은 흰색 네모의 값에서 2mm를 더한 9mm를 입력하고 x축 값은 7, w 값은 70mm로 입력해주세요.

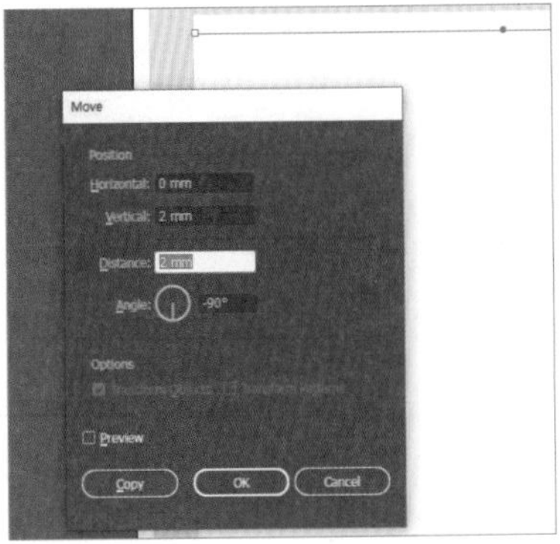

06 이 상태에서 마우스 오른쪽을 클릭하고 [Transform] 〉 [Move] 창을 띄워서 세로로 이동하도록 [Vertical] 값에 2mm를 입력한 후 [Copy]를 눌러 복사해주세요.

흰색 네모의 끝에서 2mm 올라온 부분까지 줄을 복사해 주세요. (단축키: Ctrl+D)

07 모든 개체를 선택해주세요. (단축키: Ctrl+A) (Shift) 키를 누르고 바탕색이 채워진 네모와 흰색 네모를 클릭하면 선택이 해제되면서 선들만 선택됩니다. 선들을 그룹으로 만들어 주세요. (단축키: Ctrl+G)

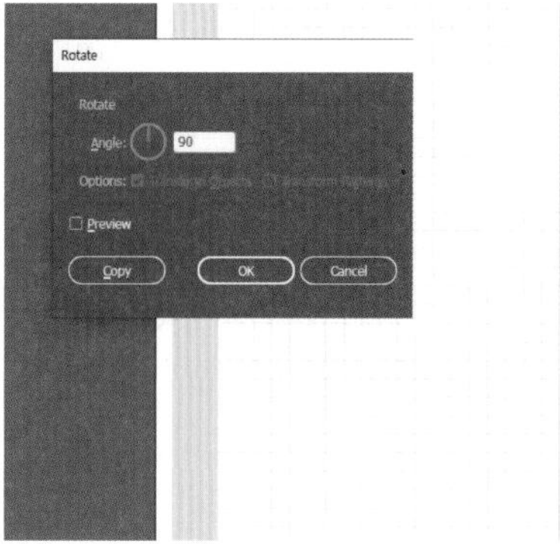

08 바로 마우스 오른쪽을 클릭하여 [Transform] 〉 [Rotate] 창을 활성화해주세요. [Angle] 값에 90을 입력하고 [Copy]를 누르면 모눈이 완성됩니다.

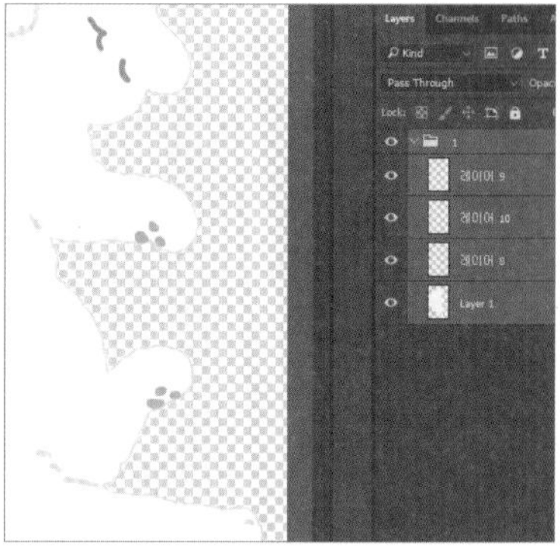

09 앞서 미니 메모지를 만들 때 사용했던 그림을 넣어볼게요. 포토샵에서 그림의 PSD 파일을 열고 투명 바탕 위에 그림 레이어만 남겨주세요. 이때 흰색 부분도 색이 채워져 있어야 그림 위로 모눈이 올라오지 않으니 반드시 제일 아래에 레이어를 추가하고 흰색 부분도 색으로 채워주세요. 완료 후 레이어를 병합하고 PSD 파일로 새로 저장합니다.

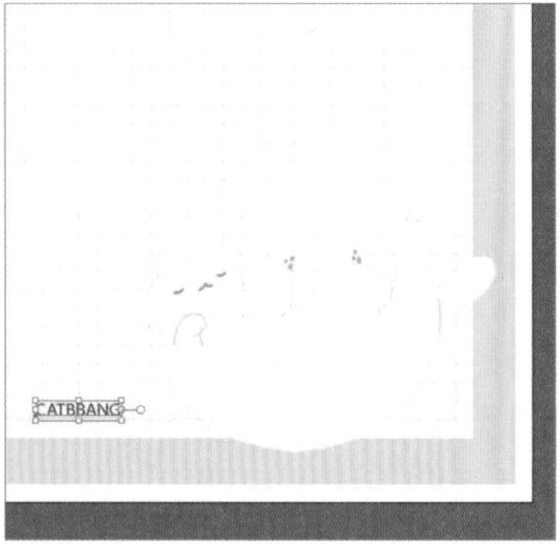

10 일러스트로 돌아와서 [File] 〉 [Place]로 작업한 PSD 파일을 불러옵니다. [Link]의 체크 표시를 반드시 해제하고 불러와야 합니다. 불러온 그림의 크기를 조절하여 원하는 위치에 배치합니다. (Alt+Shift)를 누르고 크기를 조절하면 정 사이즈로 조절됩니다. 문자 툴로 카피라이트도 작성해주세요. 서체와 크기, 색상 등 폰트 옵션도 바꿔주세요.(단축키: Ctrl+T)

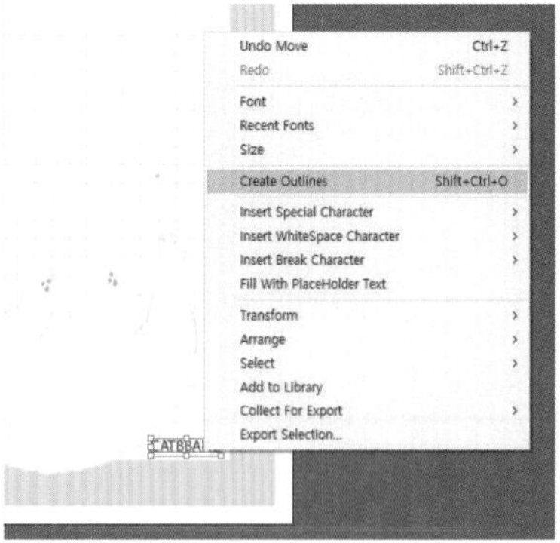

11 일러스트에서는 폰트를 사용했다면 아웃라인으로 만들어야 합니다. 카피라이트를 선택하고 마우스 오른쪽을 클릭해서 [Create Outlines]를 선택하여 아웃라인으로 만들어 주세요.

12 이제 배경색을 작업사이즈까지 채워주세요. 바탕색을 채운 네모를 선택하고 상단 툴바에서 x 값 0, y 값 0, W 값 84, H 값 84를 입력합니다. 전체적인 색감을 체크하여 모눈 선의 색이 너무 진하다면 다시 한번 색을 조절하여 완성해주세요. 완성 후 PDF 파일로 새롭게 저장합니다.(단축키: Ctrl+Shift+S)
제작사이트에서 이 PDF 파일을 접수하여 제작하면 됩니다.

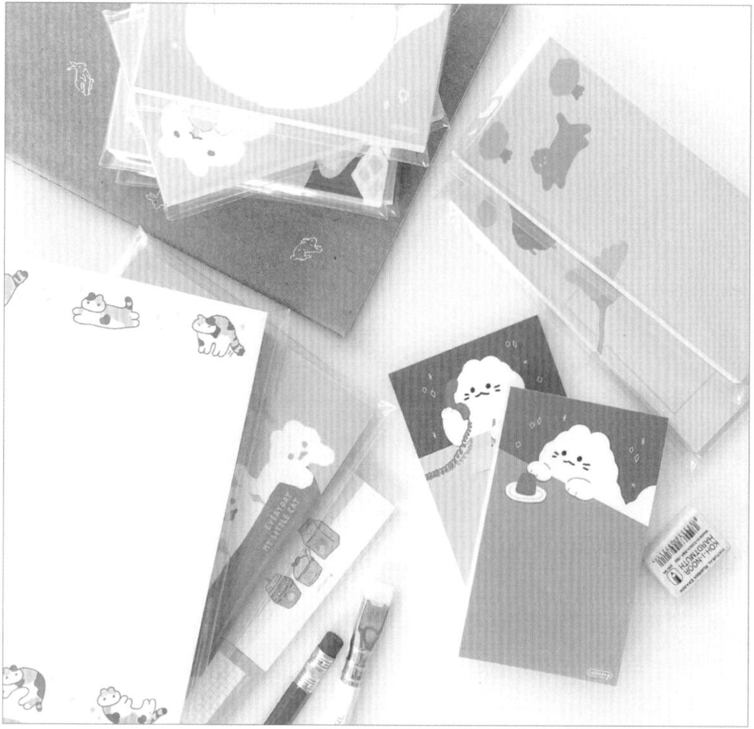

떡메모지 제작 시 유의할 점은 너무 많은 색을 섞지 않는 것입니다. C, M, Y, K 네 가지 색이 너무 많은 수치로 혼합되면 뒷묻음 현상이 나타날 수 있어요.

스티커는 유포지에 제작되고 코팅 후가공이 들어가기 때문에 색의 차이가 잘 느껴지지 않을 수 있지만, 메모지는 일반 종이에 인쇄하기 때문에 색의 차이가 잘 보입니다. 인쇄한 때에 따라 처음 제작한 메모지와 추가 발주한 메모지의 색이 미세하게 차이가 날 수 있고 이러한 차이는 감리 없이 인쇄작업을 하는 모든 굿즈에 발생할 수 있습니다. 개인적인 사용이 아닌 판매를 염두에 두고 있다면 미리 고지해 두는 것이 좋습니다.

07

마스킹테이프 만들기

NOTE

가볍게 잘라 사용하기 좋은 마스킹테이프 역시 인기 품목입니다. 단색으로만 나오던 테이프에 다양한 그림, 패턴 등을 넣거나 테이프의 폭을 12mm부터 30mm까지 자유자재로 제작할 수 있습니다. 일반 점착테이프와는 달리 화지라는 종이 재질로 손으로도 뜯어서 사용할 수 있고 길이가 길어서 오래 사용할 수 있는 장점이 있습니다.

SAMPLE SITE

로이프린팅 I www.roiprinting.co.kr
마스킹테이프

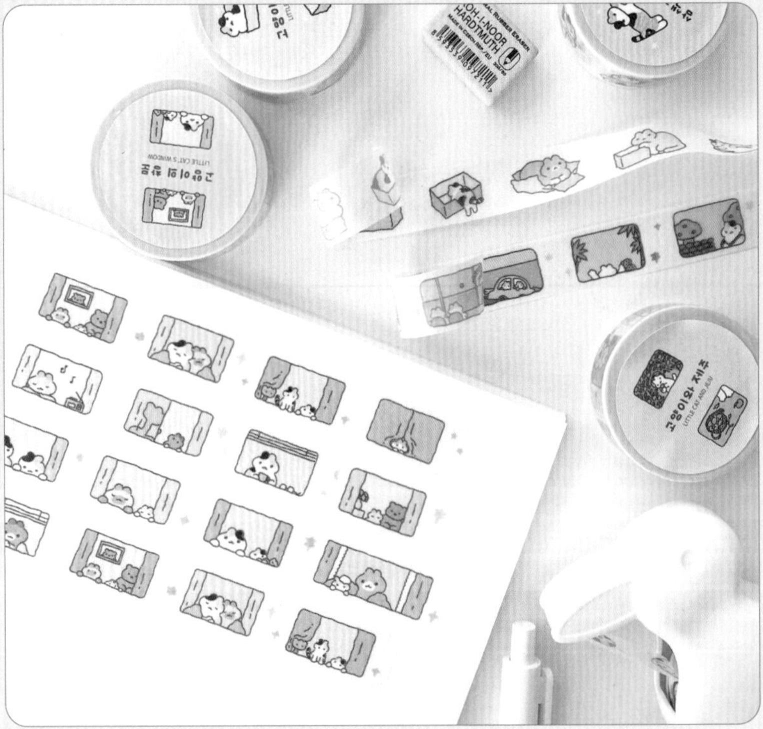

1. 마스킹테이프 만들기

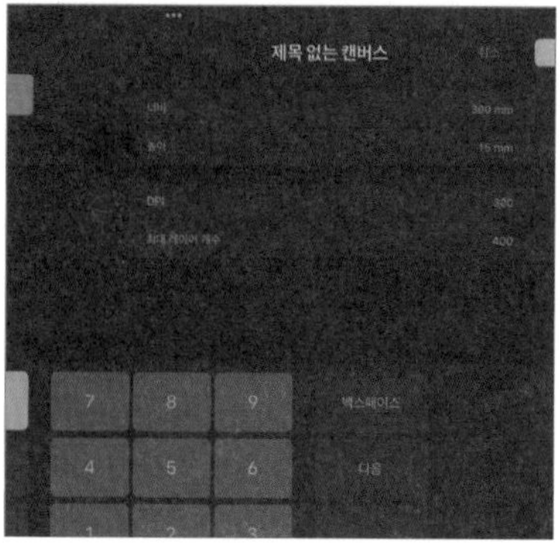

01 15mm 사이즈의 마스킹테이프를 만들어 볼게요. 프로크리에이트에서 가로는 자유롭게 300~400mm, 세로는 15mm, DPI 300, CMYK 모드로 새 캔버스를 만들어 주세요.

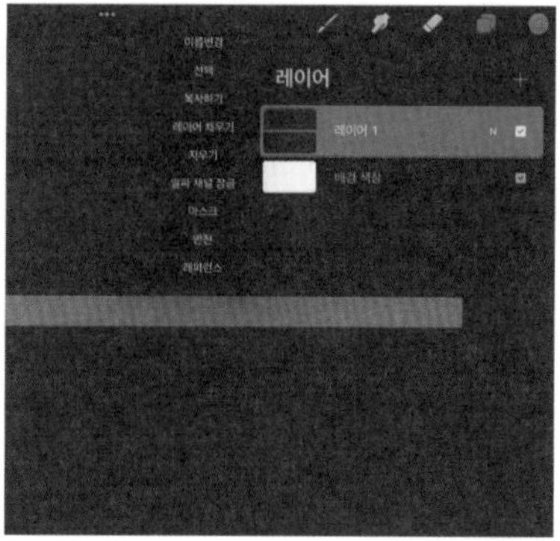

02 재단선보다 안쪽으로 안전 영역이 필요합니다. 위, 아래 1.5mm 안쪽의 안전 영역을 만들어 볼게요.

갤러리로 나가서 새 캔버스를 만들어주세요. 가로는 재단 길이와 동일, 세로는 위아래 1.5mm씩을 뺀 12mm, DPI 300, CMYK 모드로 만듭니다. 레이어를 선택하여 [레이어 채우기]로 바탕색을 채우고 한 번 더 클릭해서 [복사하기]를 선택합니다.

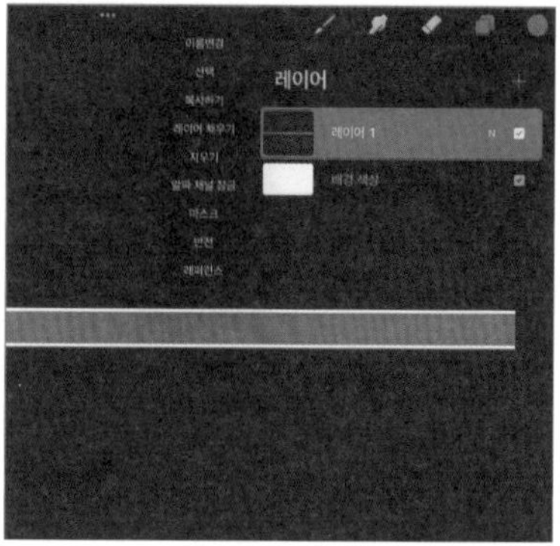

03 먼저 만든 세로 15mm의 캔버스로 돌아가 [도구] 〉 [추가] 〉 [붙여넣기] 해주세요. 붙여넣은 레이어1를 선택하고 한 번 더 클릭해서 [선택]을 누른 후 하단 메뉴에서 [반전]을 선택합니다.

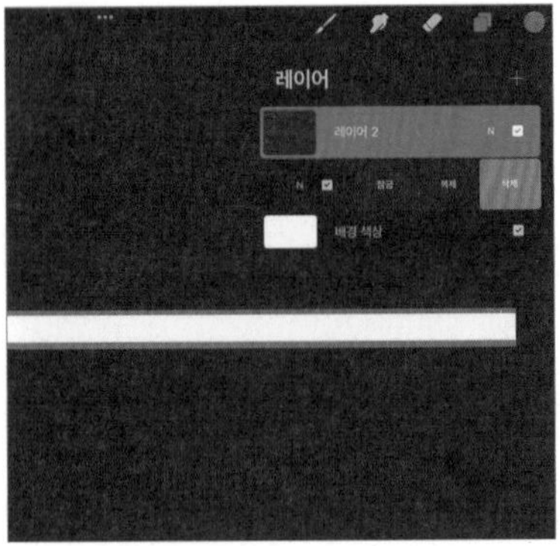

04 레이어가 선택된 상태로 새로운 레이어를 추가하여 한 번 더 클릭하고 [레이어 채우기]를 선택합니다.
레이어1을 삭제하면 레이어2는 안전 영역 가이드 선이 됩니다. 새로운 레이어를 추가해서 그림 작업을 해주세요. 가이드 선 레이어에 그리지 않도록 유의합니다.

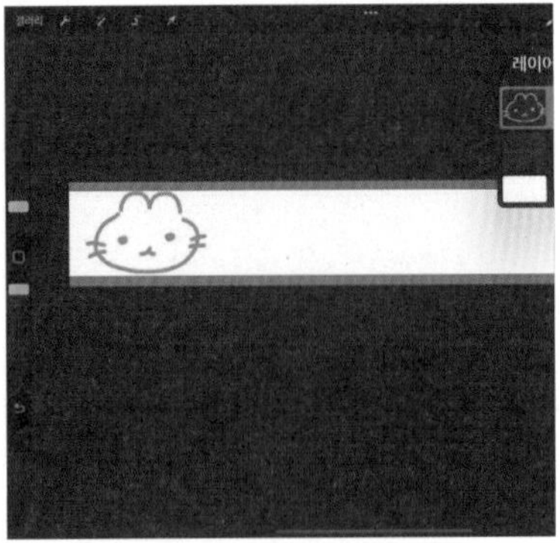

05 새로운 레이어를 추가해서 그림 작업을 합니다. 마스킹테이프 역시 주제를 정한 뒤, 그에 맞는 소스들을 그려주세요. 기다란 마스킹 테이프의 특성을 살려 간단한 그림을 반복하면서 다양한 색상을 사용하는 디자인을 해볼게요. 먼저 고양이 그림 하나를 그려주세요.

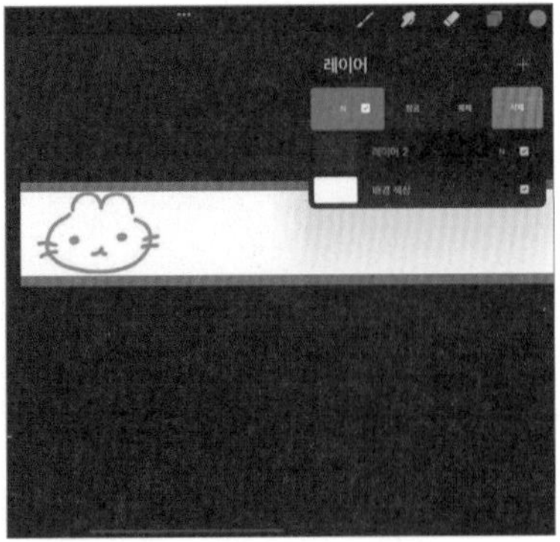

06 고양이 그림 레이어를 선택하고 오른쪽에서 왼쪽으로 드래그해서 [복제] 해주세요.

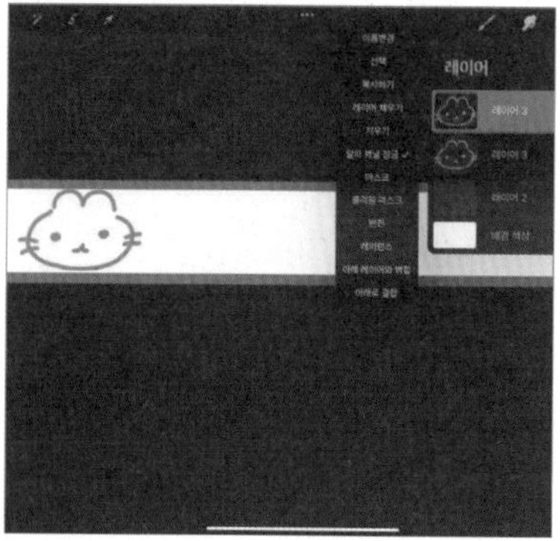

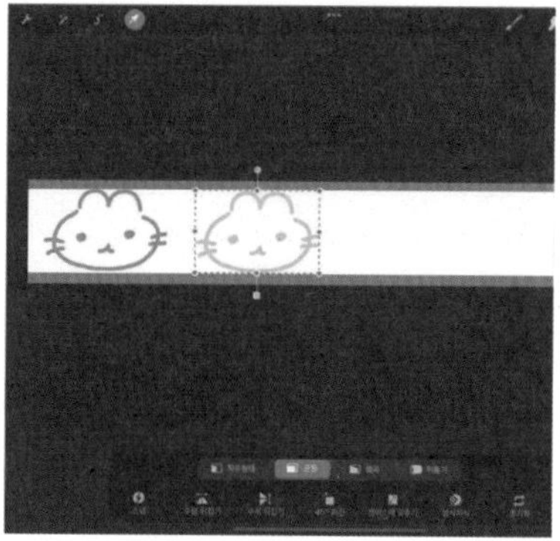

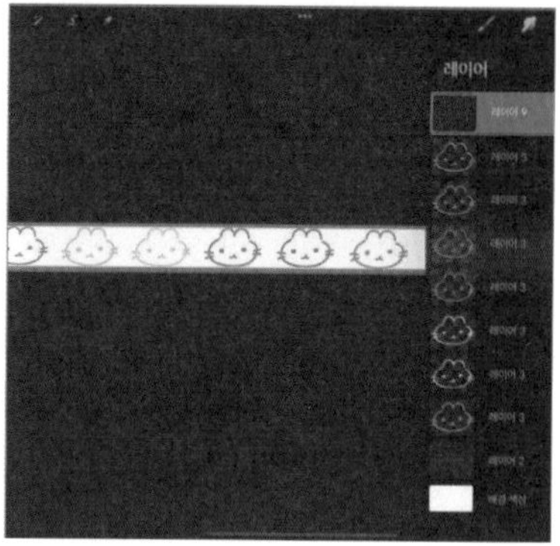

07 복제된 레이어를 선택하고 한 번 더 클릭해서 [알파 채널 잠금]을 선택합니다. 레이어의 바탕색이 투명으로 바뀐 것을 확인할 수 있어요.

바꾸고 싶은 색을 선택하고 레이어를 한 번 더 클릭하여 [레이어 채우기]를 선택해주세요.

08 [이동] 아이콘을 눌러 옆으로 이동시켜주세요. 이동 후에는 다시 [이동] 아이콘을 눌러 완료합니다.

09 같은 방식으로 7개 정도 다른 색 그림을 만들어주세요. 마스킹테이프에 들어갈 그림은 C, M, Y, K 네 가지 색 모두 많이 들어가는 너무 진한 색을 사용하면 인쇄 시 번짐, 뒷묻음 현상이 있을 수 있어요.

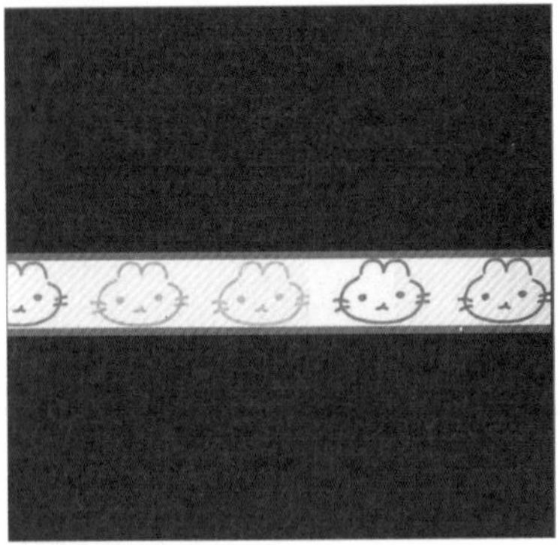

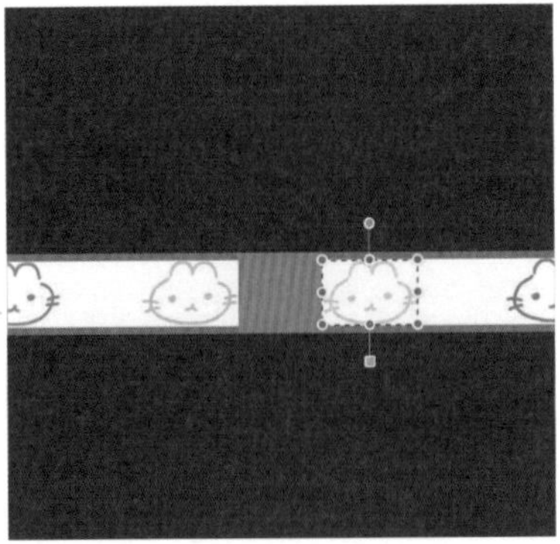

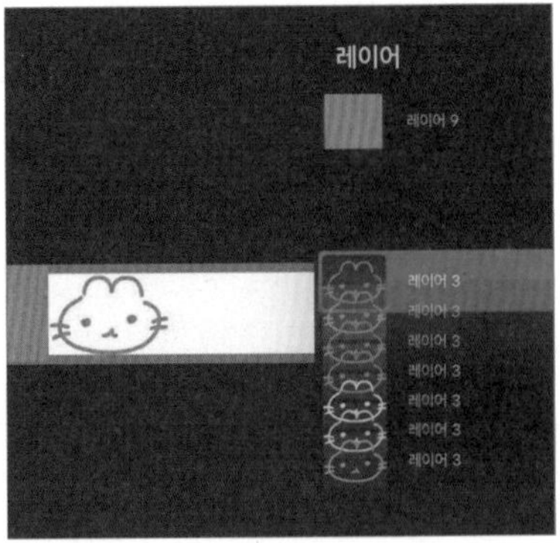

10 일정한 간격으로 배치하는 것이 좀 더 보기에 좋으니 그림 사이의 간격을 일정하게 맞춰볼게요.
새로운 레이어를 추가해 주세요. [도구] 〉 [직사각형] 선택하고 원하는 간격만큼 네모를 그립니다. 네모 레이어를 선택하고 [레이어 채우기]를 해주세요.

11 이 네모를 기준으로 이동툴을 선택해서 네모를 이동하고 다음 그림을 이동하고 다시 네모를 이동해서 간격을 맞춘 후 그림을 이동하는 방식으로 간격을 일정하게 맞춰주세요.

12 그림이 그려진 모든 레이어를 병합합니다. 맨 위부터 마지막 레이어까지 선택하고 [아래 레이어와 병합]을 선택해서 병합하거나 병합하려는 레이어의 맨 위부터 마지막까지 엄지와 검지로 모으듯이 합쳐주면 하나로 병합됩니다. 이렇게 병합한 그림을 캔버스의 앞쪽으로 이동시켜 주세요. 너무 딱 붙어서 잘리지 않을 정도로 바짝 붙입니다.

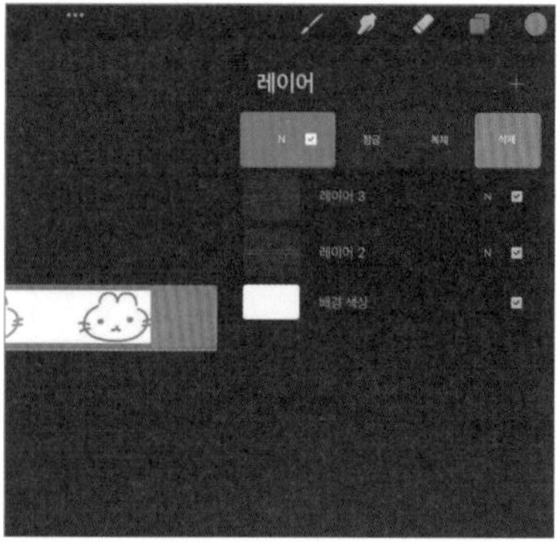

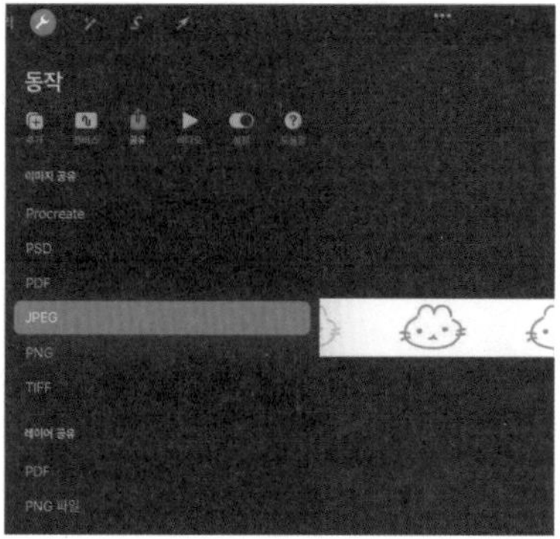

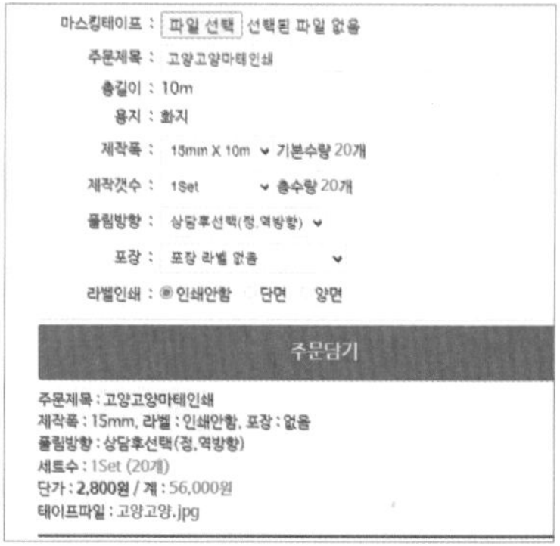

13 다시 네모 레이어를 선택해서 그림의 맨 뒤로 이동시켜 간격을 잡아주세요.

여기까지 캔버스를 자릅니다. [도구] 〉 [동작] 〉 [캔버스] 〉 [잘라내기 및 크기변경]을 클릭하여 캔버스의 오른쪽 부분을 당겨서 네모 레이어의 끝까지 설정 후 [완료]를 눌러주세요. 이 패턴이 마스킹 테이프 길이만큼 반복되면서 제작이 될 거예요.

14 마지막으로 임의로 만든 네모 레이어와 가이드 선 레이어를 삭제합니다.

이번에는 JPEG로 파일을 저장해주세요. 메일 혹은 카카오톡을 통해 파일을 PC로 보냅니다. 간혹 카카오톡으로 그림파일을 전송하면 해상도가 떨어질 때가 있으니 기왕이면 메일로 전송하는 것을 추천합니다.

15 마스킹테이프를 주문합니다. 작업한 JPEG 파일을 업로드하고 제목, 제작 폭 15mm, 제작 개수를 입력해주세요. 풀림 방향은 '상담 후 선택(정,역방향)'을 선택합니다. 대체로 왼쪽에서 오른쪽으로 풀리는 정방향으로 제작됩니다. 역방향의 경우 그림이 반전되기 때문에 텍스트가 포함되어 있으면 피하는 게 좋습니다.

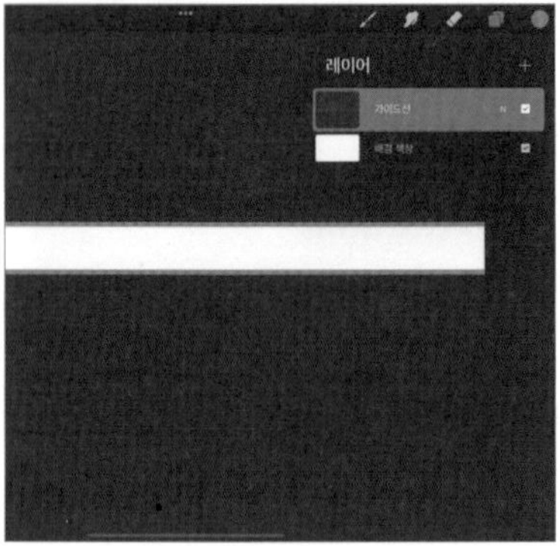

01 이번에는 세로 모양 디자인으로 포장 라벨까지 만들어 볼게요. 프로크리에이트에서 폭 15mm의 새 캔버스를 만들고 안전 영역인 폭 12mm의 가이드 선을 만들어 주세요.

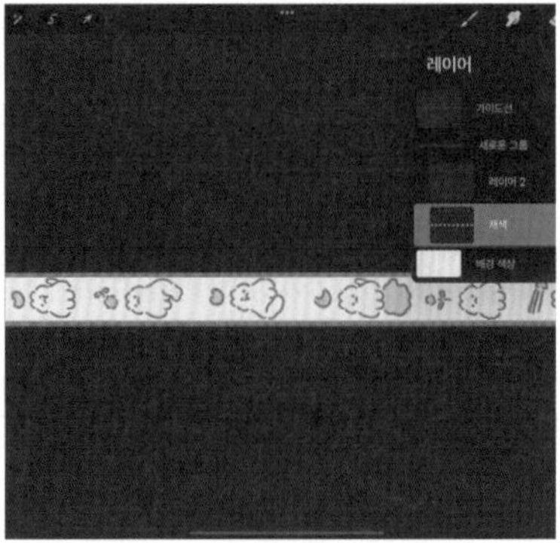

02 배경 레이어에 원하는 바탕색을 채우고 새 레이어를 추가해서 세로로 그림을 그립니다. 캔버스를 세로로 돌려서 위에서부터 편하게 그려주세요.

캐릭터 외에 다양한 소스들도 채우고 채색을 완료합니다. 앞서 작업했던 것과 같이 임의로 네모 레이어를 만들어서 간격도 맞춰주세요. 이번에는 PSD 파일로 PC에 전송합니다.

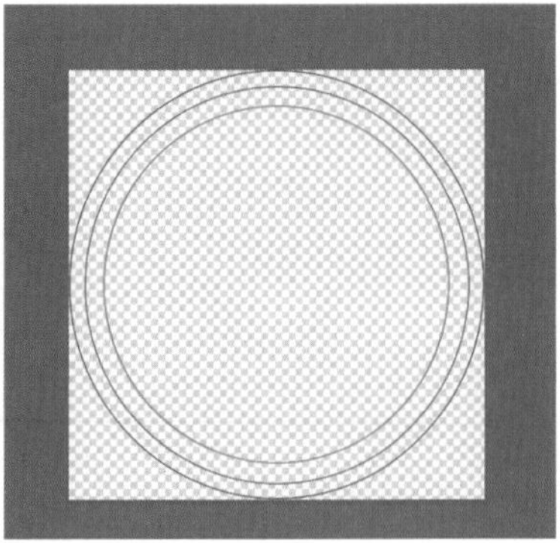

03 사이트에서 제공하는 포장 라벨 틀을 사용하여 라벨을 만들게요. [템플릿 다운로드]를 해서 파일을 열면 레이어 병합에 대한 창이 뜰 텐데 'Keep Layers'를 선택해서 레이어를 그대로 유지합니다. 세 가지 원은 재단선(실제 인쇄 사이즈), 작업선(바깥으로 나가는 여유 사이즈), 안전선(재단선에 붙지 않는 안전 영역)입니다. 템플릿을 사용하지 않을 때도 동일하게 만들어 주세요.

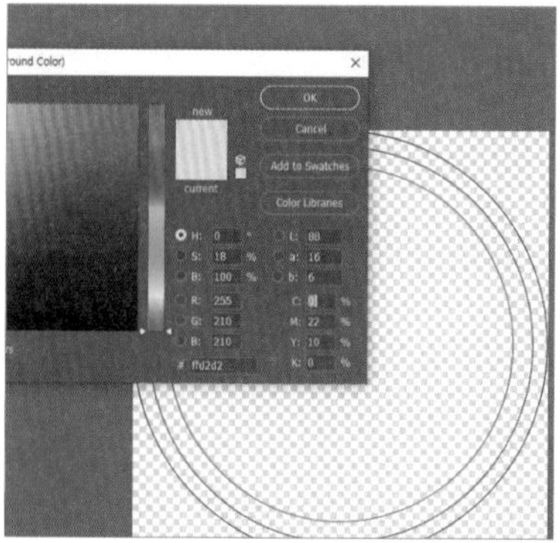

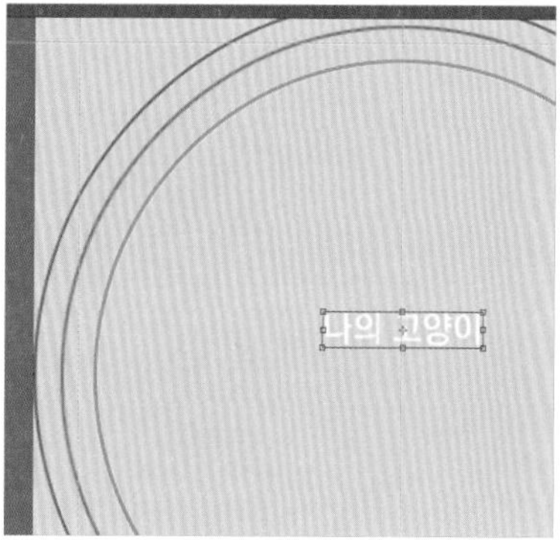

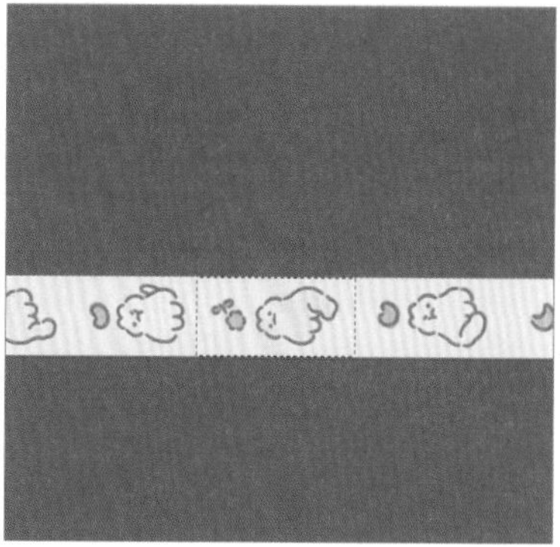

04 '도안작업크기' 레이어를 선택 후, 색상 피커에서 원하는 색을 선택하고 새 레이어를 추가하여 (Alt+Del) 키로 바탕색을 채워주세요.

05 문자툴로 문구를 적어주세요. 색상과 서체, 크기도 바꾸고 문구를 가운데 배치합니다. 중앙에 배치하기 위해 가이드 선을 만들어주세요. 화면을 확대하여 작업 크기를 반으로 나눈 20.5mm에 가이드 선을 뺍니다. 화면을 원상태로 축소한 후, (단축키: Ctrl+0) 자유 변형 도구로 중앙 또는 원하는 위치에 배치해주세요. (단축키: Ctrl+T)

06 그림도 함께 넣어볼게요. 포토샵에서 작업해둔 마스킹테이프 도안을 열어주세요. 가이드 선 레이어를 삭제하고 배경 레이어를 제외한 그림 레이어를 병합해 주세요.
도형올가미툴(단축키: M)을 선택하고 라벨에 넣을 그림의 부분을 선택하여 복사합니다.

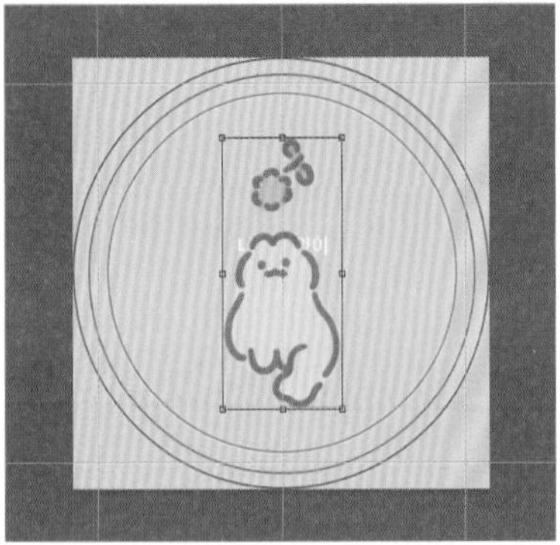

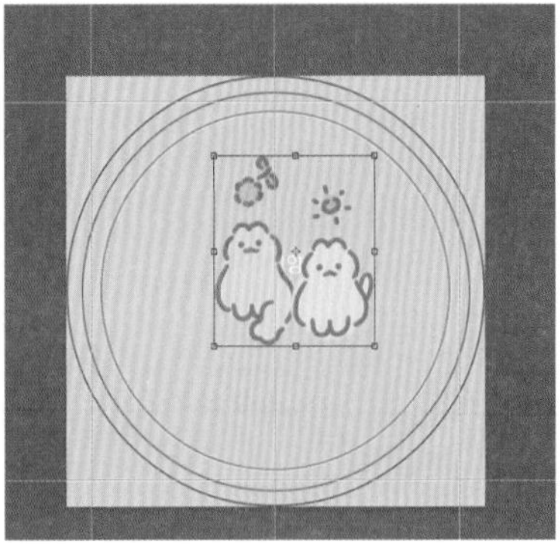

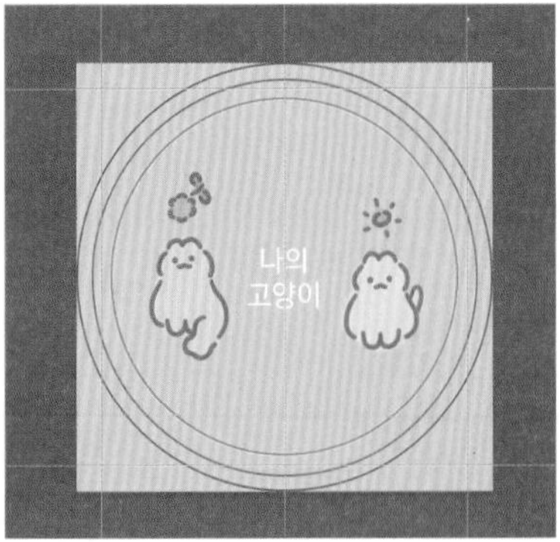

07 라벨 도큐로 돌아와서 그림을 붙여주세요. 그림이 세로방향으로 돌아가 있으니 회전시킵니다. (단축키: Ctrl+T) (Shift) 키를 누르고 회전하면 정확하게 회전시킬 수 있어요.

08 다른 그림도 하나 더 넣어볼게요. 그림의 사이즈를 줄여야 하는데 각각 임의로 줄이면 선의 두께가 미세하게 달라질 수 있으니, 그림 레이어 하나를 선택하고 (Ctrl) 키를 누르고 다른 그림 레이어도 선택해서 함께 조절해 주세요. (단축키: Ctrl+T)
그림을 줄일 때는 (Alt+Shift)를 누른 상태로 모서리 부분을 잡고 줄여야 정사이즈로 줄일 수 있습니다.

09 적당한 사이즈로 조절한 그림을 원하는 위치에 배치해주세요. 폰트와 그림 모두 안전선(초록색) 안에 있어야 한다는 점 꼭 기억해 주세요.

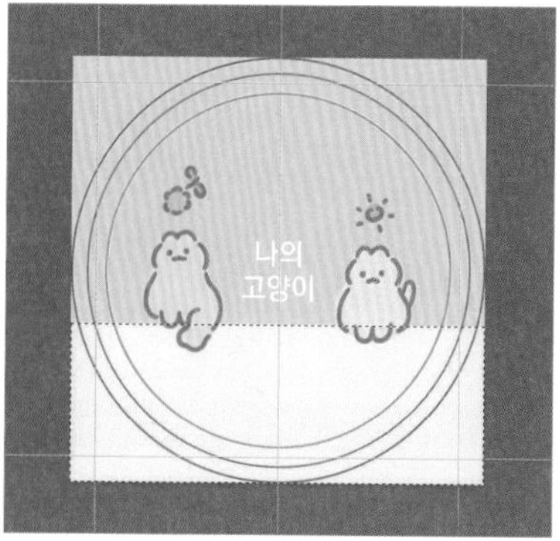

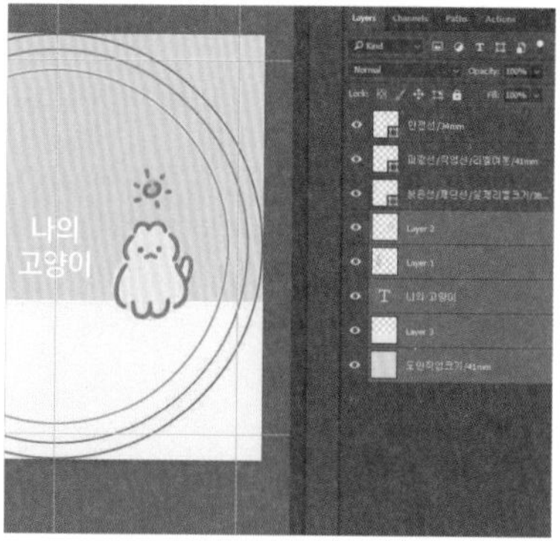

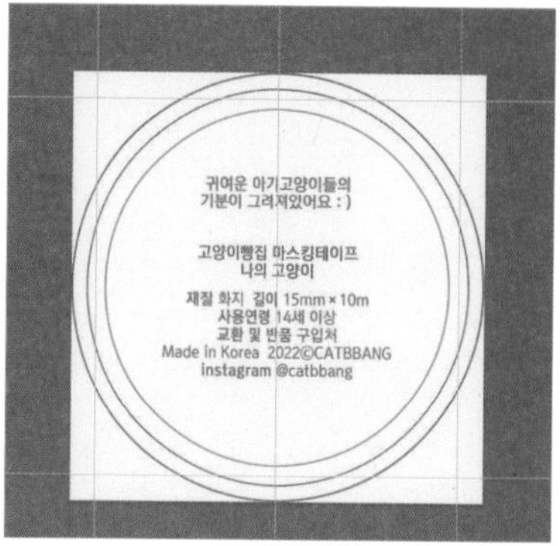

10 바탕에 다른 색을 추가로 반 정도 채워볼게요. 바탕 레이어 위에 새 레이어를 추가합니다. 도형올가미툴(단축키: M)로 나누고 싶은 영역을 드래그하여 선택하고 원하는 색을 골라 채워주세요. (단축키: Alt+Del) 바탕색을 넣을 때 원 안쪽 영역에만 색을 채우는 것이 아니라 전체적으로 색을 채워야 합니다.

11 템플릿을 제외한 작업한 레이어를 모두 선택하고 모두 그룹으로 만들어주세요. (단축키: Ctrl+G) 그룹을 더블클릭하고 레이어 이름을 '앞면'으로 바꿔주세요.

12 새 레이어를 추가하고 뒷면을 만듭니다. 바탕색을 채우고 내용을 적어주세요. 보통 뒷면에는 품명, 재질, 길이, 제작자의 카피라이트, 가격 등을 적습니다. 추가로 마스킹테이프에 대한 설명을 짧게 넣어도 좋아요.
폰트 크기가 4.5~5pt 이하면 인쇄했을 때 글씨를 알아보기 힘들 수 있으니 적당한 크기로 적어주세요.

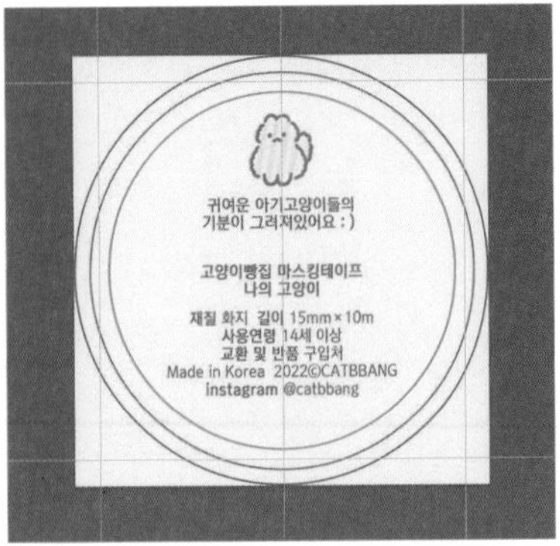

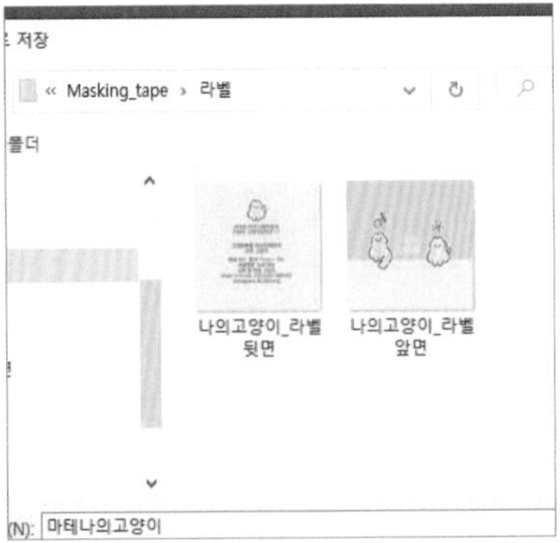

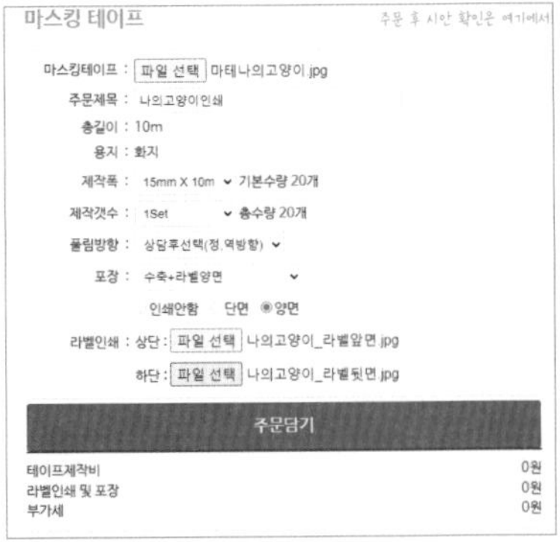

13 뒷면에도 그림을 넣어 볼게요. 앞면과 마찬가지로 마스킹테이프 도큐에서 그림을 복사하여 붙여주세요. (Ctrl+T) 키로 사이즈와 위치를 조절합니다. (Alt+Shift) 키를 누른 상태로 비율을 맞춰 조절해 주세요. 뒷면 역시 안전선(초록색) 안에 내용이 들어가도록 신경 써 주세요. 완성된 뒷면 레이어들을 그룹으로 만들고(단축키: Ctrl+G) 그룹 이름을 '뒷면'으로 바꿔주세요.

14 라벨의 앞면, 뒷면을 각각 JPG 파일로 저장합니다. (단축키:Ctrl+Shift+S) 템플릿의 안전선, 작업선, 재단선, 도안작업크기 레이어의 눈을 모두 끄거나 삭제하고 저장해주세요.

15 포토샵에서 마스킹테이프 도큐도 JPG파일로 저장 해주세요. (단축키:Ctrl+Shift+S) 사이트에서 주문을 진행합니다. 주문 내역을 작성하고 이번에는 포장에서 '쉬링크, 또는 수축 라벨양면'을 선택하고 라벨 앞면, 뒷면의 JPG 파일을 첨부하여 주문을 완료합니다. 그 외에도 다양한 종류의 마스킹테이프가 있으니 템플릿을 활용하여 만들어보세요.

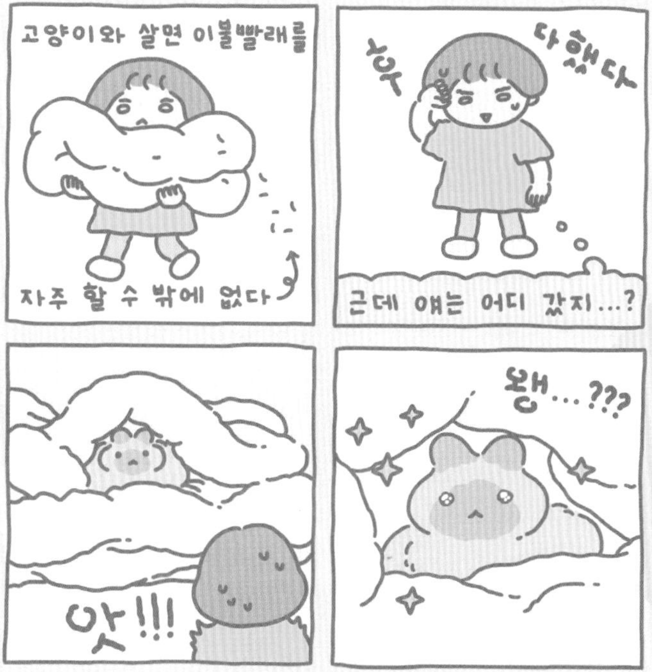
고양이와 살면 이불빨래를
자주 할 수 밖에 없다
후
다 했다
근데 얘는 어디 갔지...?
앗!!!
왱...???

고양이는 ~~은근히~~ 대놓고 새걸 좋아한다

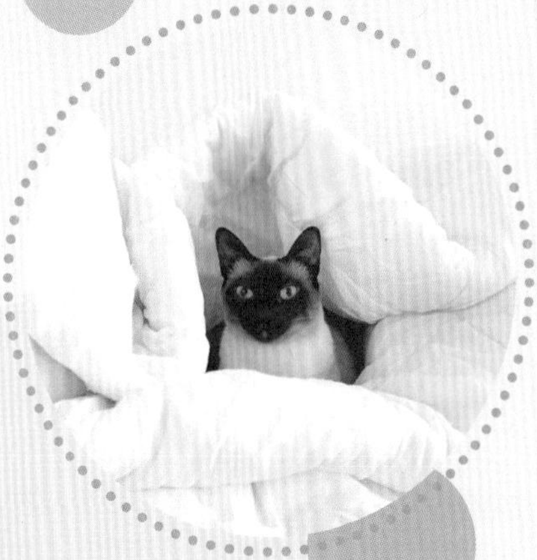

두 번째 가을 이야기

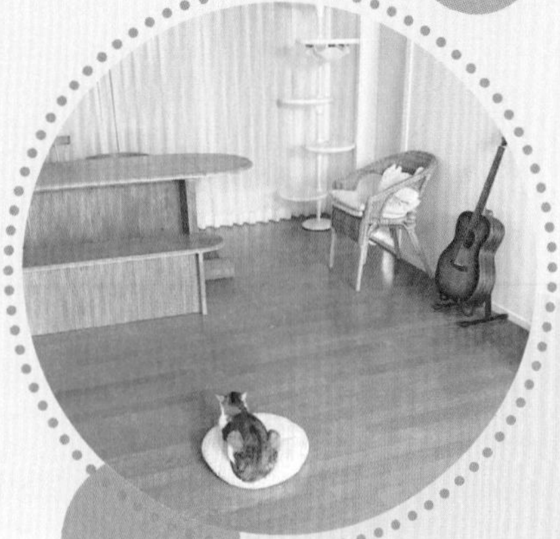

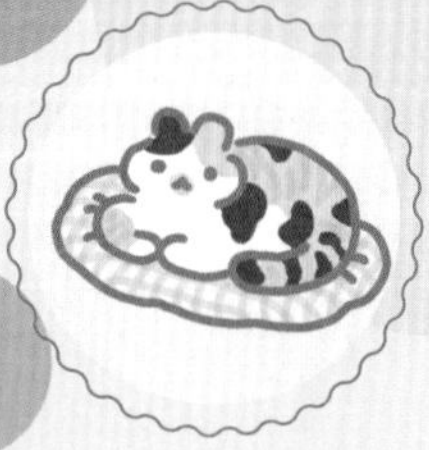

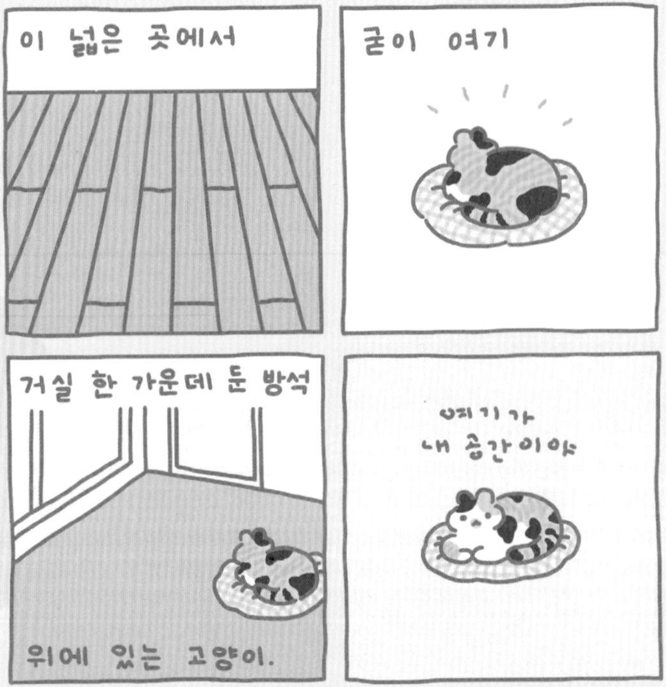
이 넓은 곳에서
굴이 여기
거실 한 가운데 둔 방석
위에 있는 고양이.
여기가
내 공간이야

큰 건 필요없어요.

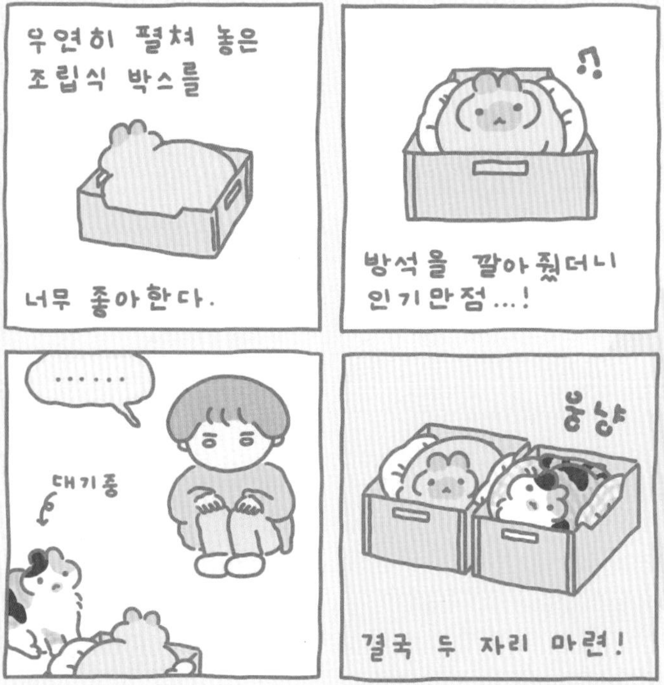
우연히 펼쳐 놓은
조립식 박스를
너무 좋아한다.
방석을 깔아줬더니
인기만점...!
......
대기중
웅냥
결국 두 자리 마련!

2묘, 두 자리가 필수*

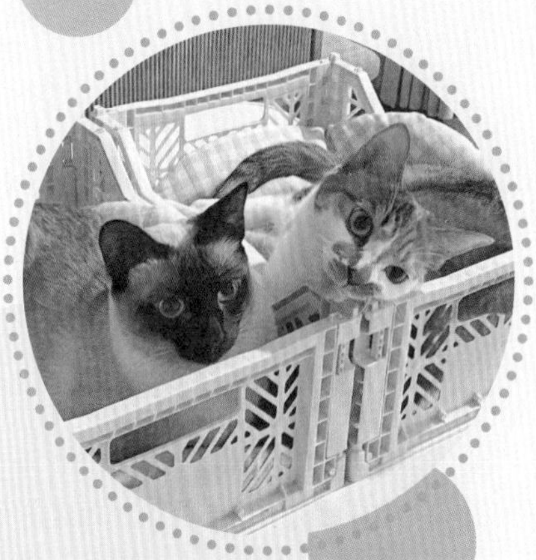

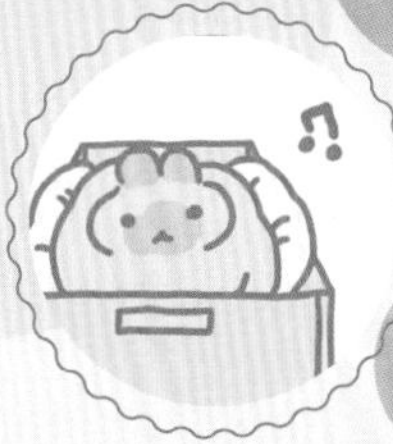

네 번째 가을 이야기

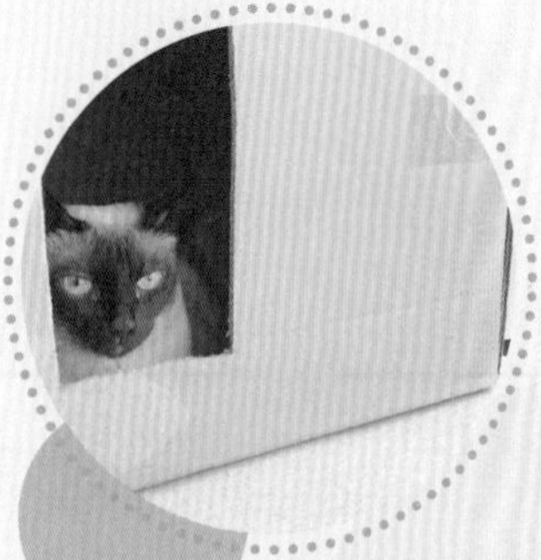

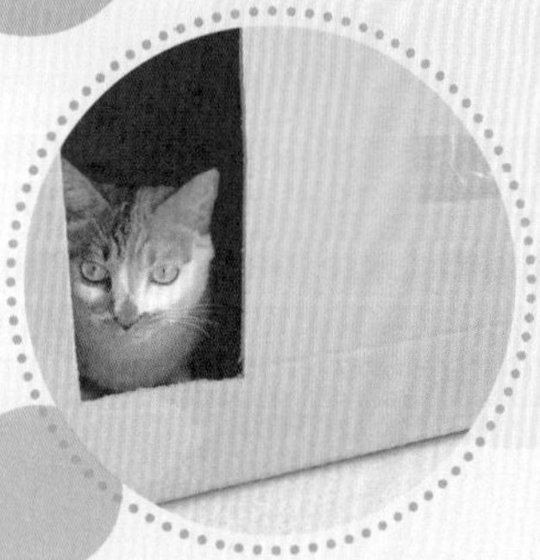

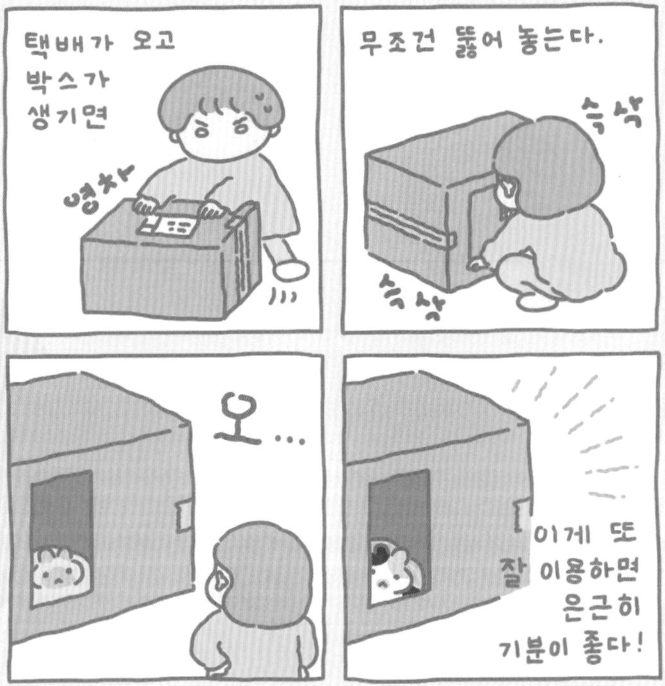
택배가 오고
박스가
생기면
영차
무조건 뚫어 놓는다.
슥삭
슥삭
오...
이게 또
잘 이용하면
은근히
기분이 좋다!

박스는 소중해요...♥

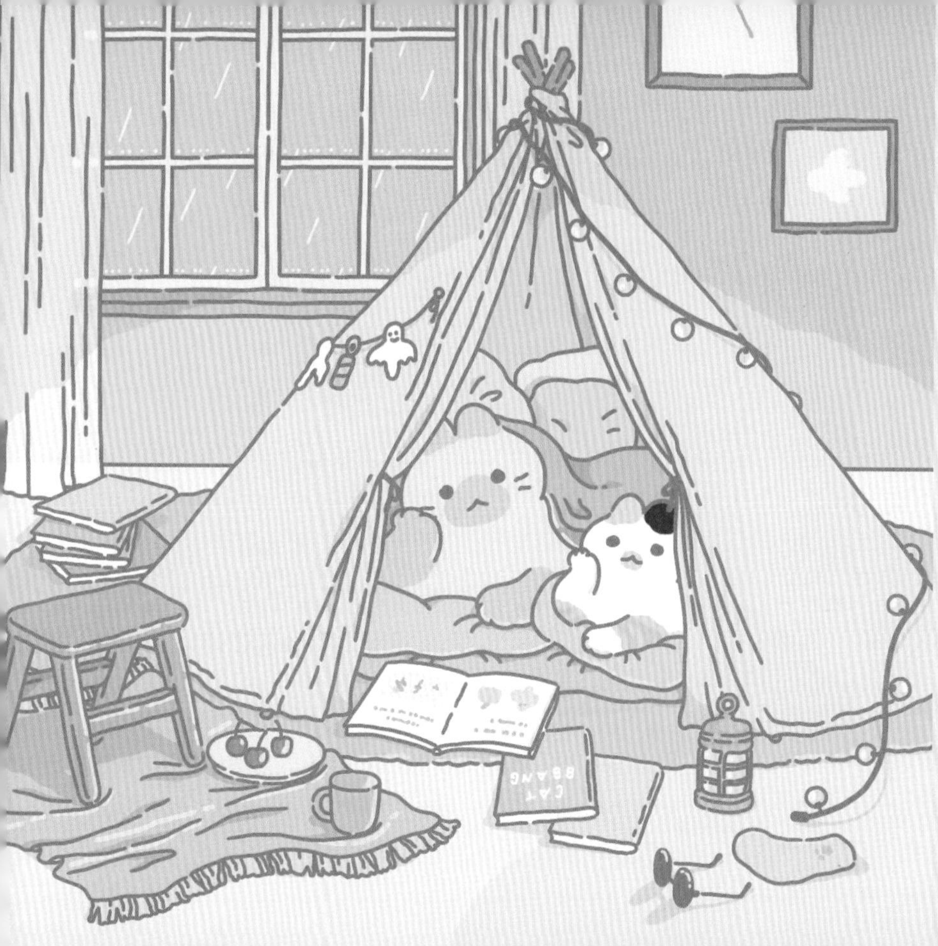

Chapter #03

귀여운 생활소품 만들기

01

아크릴 키링 만들기

NOTE

키링은 칼선 스티커를 제작할 때처럼 그림의 테두리에 칼선을 넣는 방식은 같지만, 고리를 넣을 수 있는 구멍을 추가하는 작업이 추가됩니다. 주로 아크릴 재질로 많이 제작합니다.
단면 컬러 인쇄, 흰색 인쇄, 양면 인쇄까지 아크릴 작업에 많이 사용되는 3가지 인쇄 작업 파일을 만들어 보세요.

SAMPLE SITE

코알라디자인 | https://koaladesign.co.kr
아크릴 키링

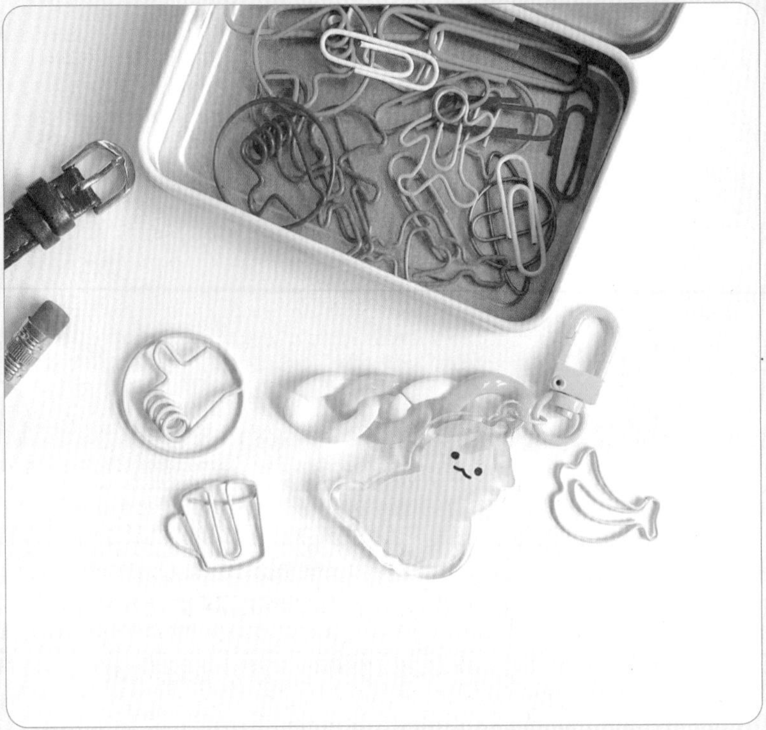

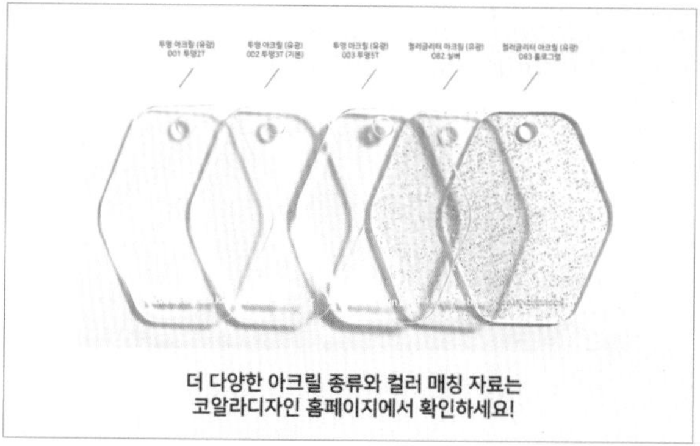

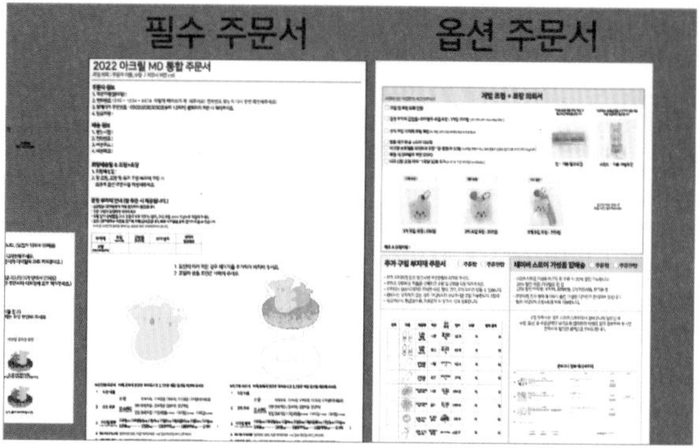

01 아크릴 제품을 만들기 전에 사이트에 설명된 아크릴 종류를 살펴볼게요. 아크릴의 색감이나 투명도, 펄 유무, 두께 등 종류가 아주 많기 때문에 사이트의 사진과 영상을 통해 원하는 아크릴을 체크해두세요. 가장 많이 제작되는 아크릴은 투명 아크릴로 투명한 베이스 위에 그림이 인쇄되는 방식입니다. 그 밖에 캔디 아크릴은 은은한 펄이 들어가 있고 반투명 재질로 밝은색일수록 투과율이 높습니다. 컬러글리터 아크릴도 펄이 들어있는 제품입니다.

02 코알라 디자인은 사이트에서 주문서를 다운로드 받아 작성한 후 주문하는 방식입니다. 다양한 형식의 주문서 파일이 있지만 일러스트 파일로 접수하는 것을 권장하며, 작업이 어려운 경우에는 작업 의뢰도 가능합니다. [주문서, 단가표, 컬러차트 다운로드]를 눌러 파일을 다운받아 주세요. 아크릴 및 부자재에 관련된 필독내용을 꼼꼼하게 살핀 후 '통합주문서(참, 스탠드) 접수용cs6'라고 되어 있는 일러스트 파일을 열어주세요.

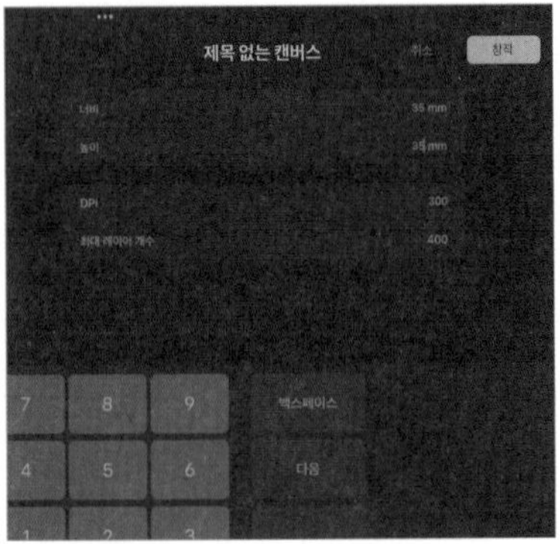

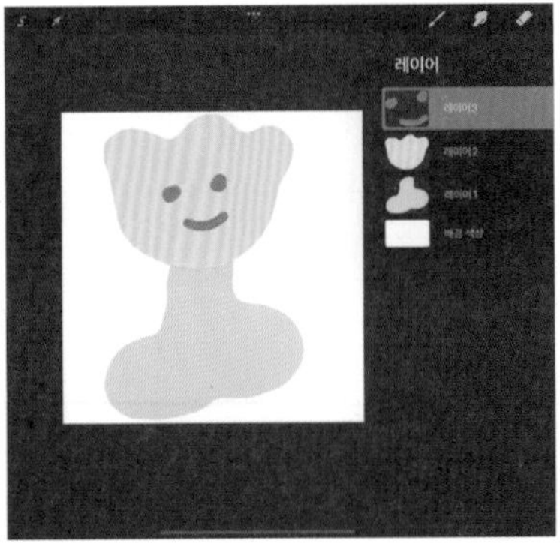

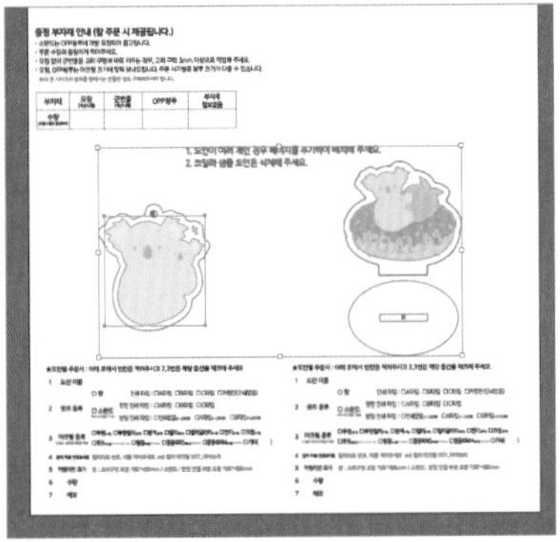

03 35×35mm의 작은 사이즈의 키링을 만들어 볼게요. 프로크리에이트에서 35×35mm, DPI 300, CMYK 모드의 캔버스를 만들어 주세요.

04 이제 키링으로 만들 그림을 그려주세요. 테두리가 있는 그림도 좋고, 채색으로만 완성되는 무테 그림도 좋아요. 자유롭게 그려서 완성하고 JPEG 파일로 PC에 전송해주세요. 역시 카카오톡으로 전송할 경우 화질이 떨어질 수 있으니 메일로 보내는 것을 추천합니다.

05 이제 일러스트에서 열어 둔 통합주문서 파일 내에서 작업을 진행합니다. 먼저 샘플 도안을 삭제해주세요. 대지 밖에 있는 내용들도 삭제합니다.

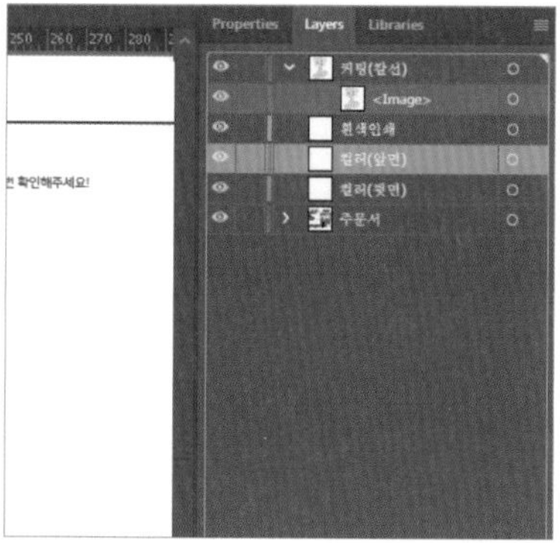

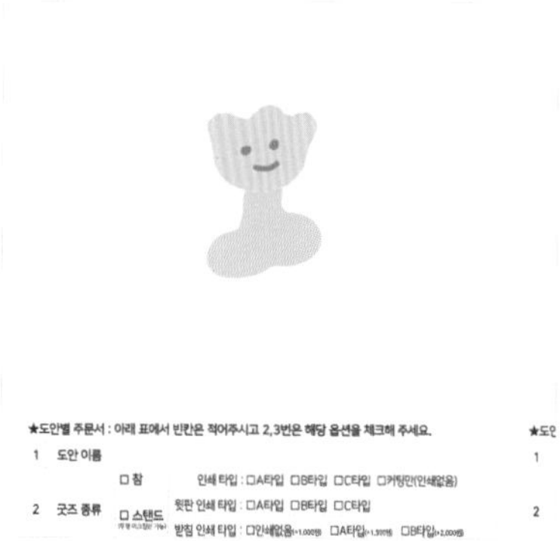

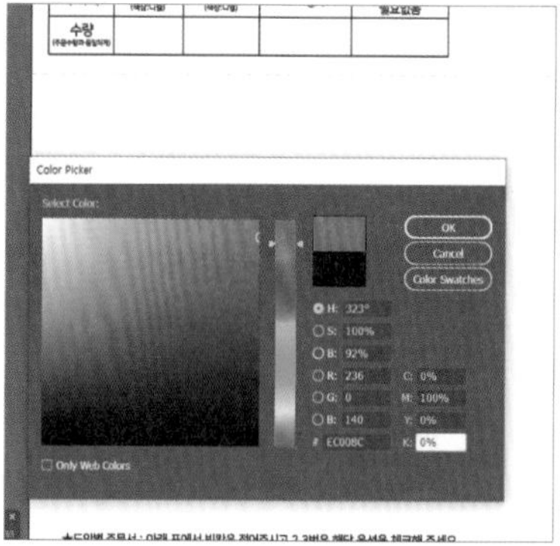

06 [File] 〉 [Place]로 작업한 JPEG 파일을 열어주세요. 이때 아래 [Link]의 체크가 해제되어 있는지 꼭 확인 후 파일을 열어주세요. 불러온 파일은 '커팅(칼선)' 레이어 안에 들어가 있을 텐데 '컬러(앞면)' 레이어로 드래그해서 넣어주세요.

07 이미지를 주문서 위에 배치한 후 잠가주세요. (단축키: Ctrl+2)

08 이번에는 펜툴로 칼선을 그려볼게요. 조금 복잡하다고 느낄 수도 있지만 펜툴로 칼선을 그리는 작업을 익혀두면 다른 굿즈 제작에도 편하니 꼭 알아두는 편이 좋습니다.
왼쪽 툴바에서 펜툴(단축키: P)을 선택하고 컬러 피커에서 바탕색은 없애고 선 색을 더블 클릭하여 C0, M100, Y0, K0 값을 입력해주세요.

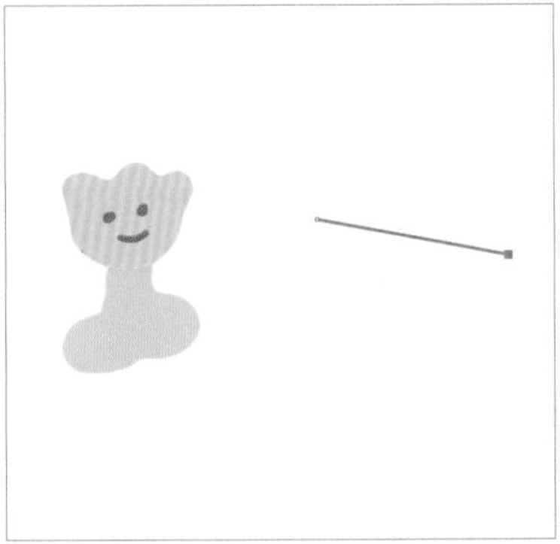

09 먼저 펜툴 사용법을 알아볼게요. 어느 한 부분을 클릭해서 시작점을 만들고, 다른 곳을 다시 클릭해서 선을 만드는 형태입니다.

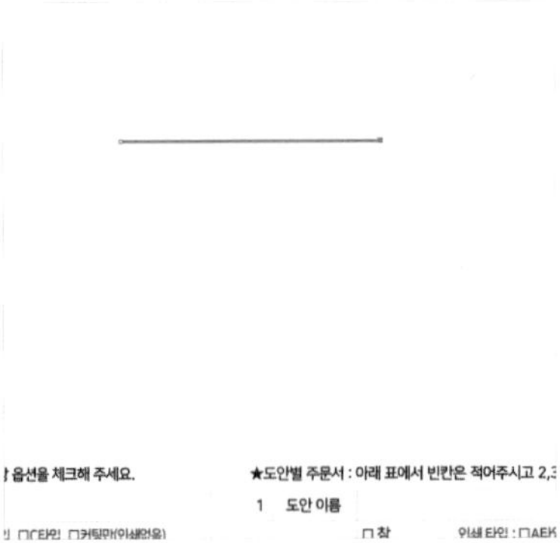

10 시작점을 클릭하고 다른 곳을 클릭해서 선을 만들어보세요. (Shift) 키를 누른 채로 선을 그리면 직선으로 그려집니다. 선을 완료하려면 (Ctrl) 키를 누른 상태로 다른 곳을 클릭해주세요.

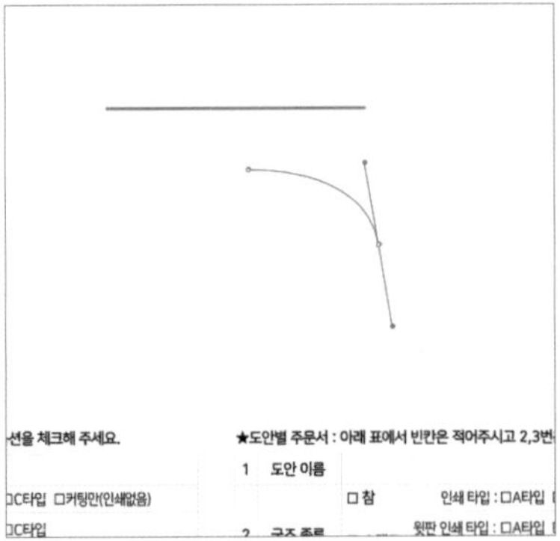

11 이제 곡선을 그려볼게요. 클릭해서 시작점을 만들고, 이번에는 다른 곳을 클릭하는데, 이때 클릭한 상태로 마우스 떼지 않고 움직여 곡선을 만들어 주세요.

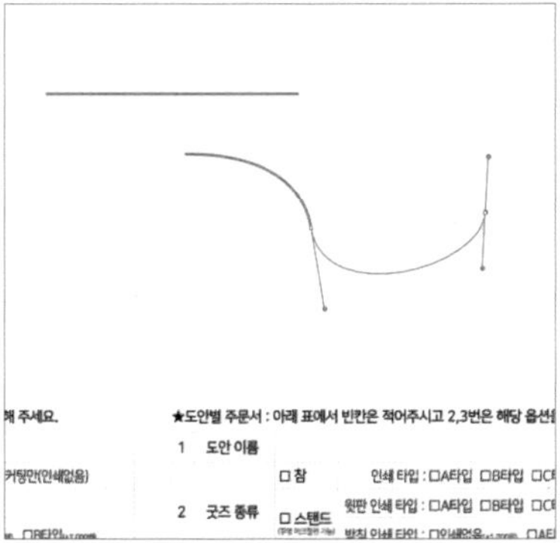

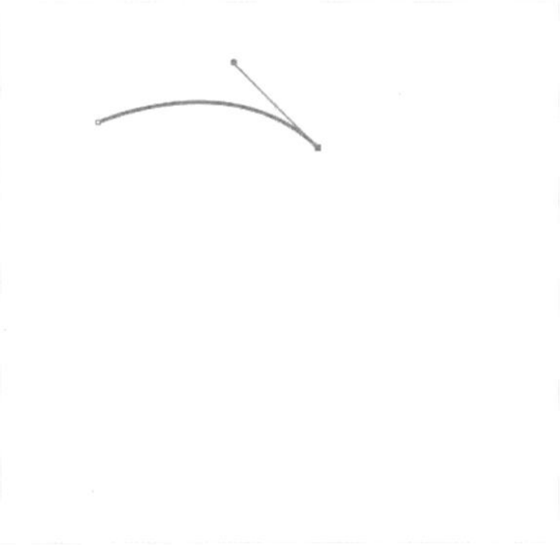

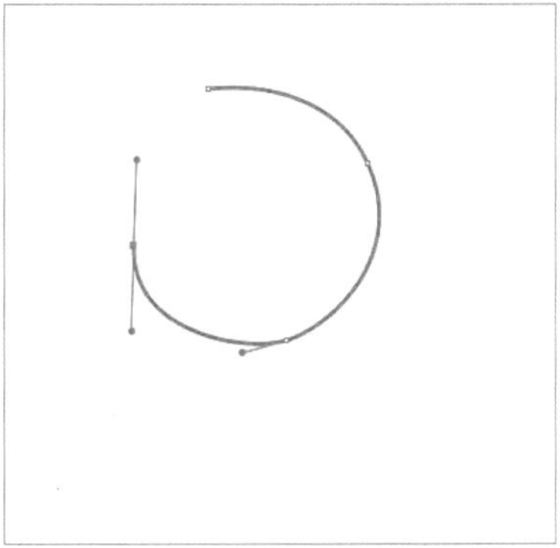

12 이 상태에서 또 다른 곳을 클릭하고 마우스를 움직여서 반대로 곡선을 그려주세요. 이런 식으로 곡선 및 물결 모양을 그릴 수 있어요.

13 전 단계로 돌아가서(단축키: Ctrl+Z) 이번에는 그린 점을 클릭 후 곡선이 연결되는 부분을 끊어주세요. 이렇게 다시 직선을 이어서 그릴 수 있습니다.

14 이번에는 원 모양을 그려볼게요. (Ctrl+Z)를 눌러 전 단계로 돌아가서 클릭 후 드래그해서 곡선을 그리고, 다른 지점을 다시 클릭해서 드래그, 이런 식으로 곡선을 쭉 그리면서 원 모양을 만듭니다.

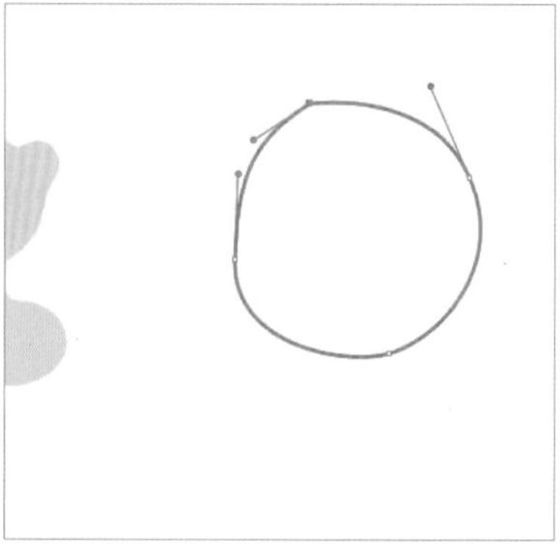

15 펜툴 작업은 반드시 마지막에 시작점을 다시 클릭해서 도형을 닫아야 합니다.

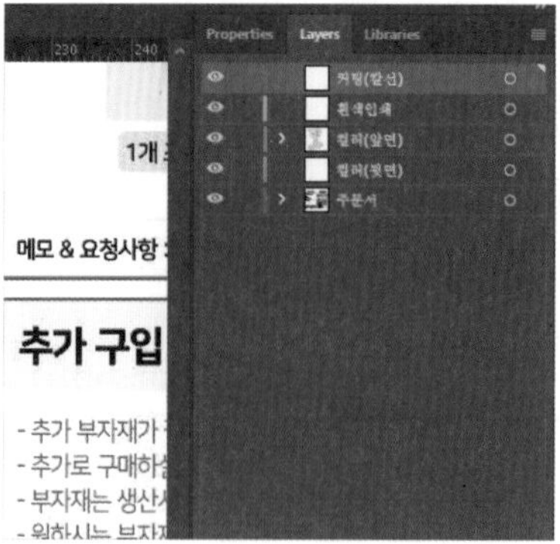

16 이제 연습 칼선은 (Ctrl) 키를 눌러 완료하고 삭제합니다. 본격적인 칼선을 만들어 볼게요. 칼선은 '커팅(칼선)' 레이어를 선택 후 작업 합니다.

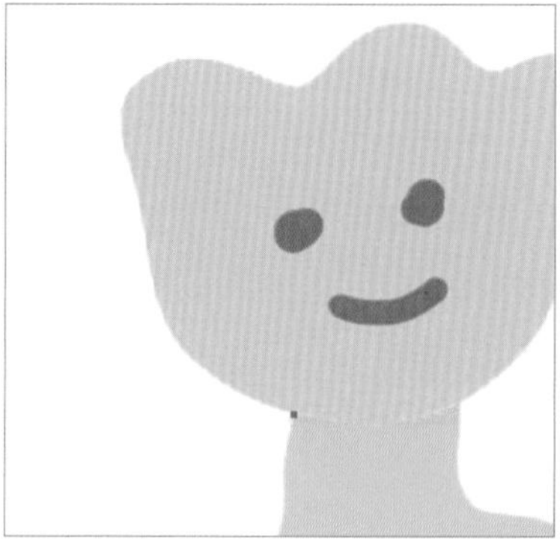

17 펜툴로 테두리의 한 부분을 클릭해 주세요. 그림이 잘 보이게 도큐를 확대하면(단축키: Ctrl + +) 편하게 작업할 수 있어요.

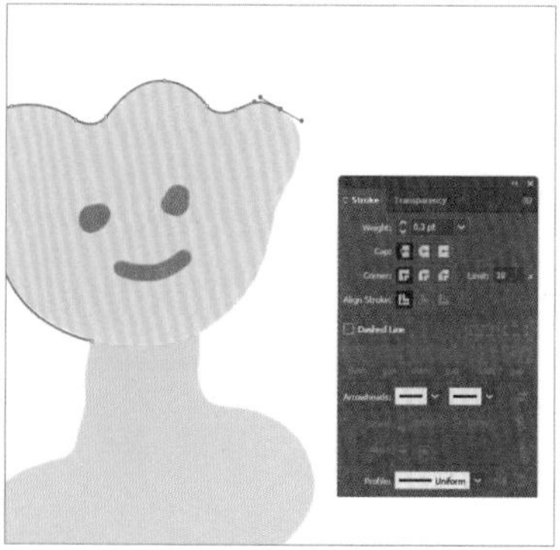

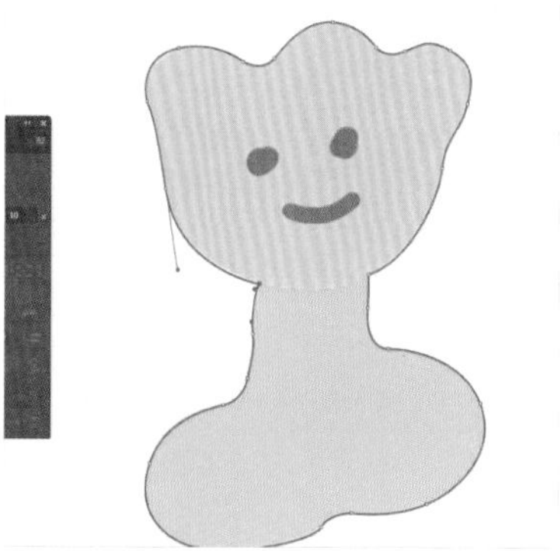

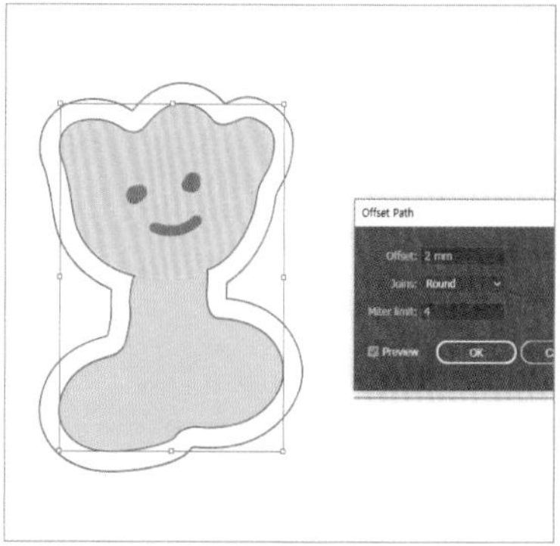

18 테두리 부분을 클릭하면서 곡선을 그리며 선을 만들어 주세요. 선이 너무 굵어 알아보기 힘들다면 선의 두께를 0.3pt 정도로 바꿔주세요.

19 마지막까지 칼선을 완성 후 시작점을 클릭하여 완료해주세요.

20 완료한 칼선을 선택 후 [Object] 〉 [Path] 〉 [Offset path]를 선택해 주세요. 미리보기를 체크해 간격을 확인해가면서 원하는 값을 입력합니다. [Offset]은 2mm 정도로, [Joins]는 Round로 설정 후 [OK]를 눌러주세요. 칼선이 그림과 너무 딱 붙으면 아크릴 재단 시 잘릴 위험이 있으므로 여유 있게 설정합니다.
그리고 안쪽 선은 삭제해주세요.

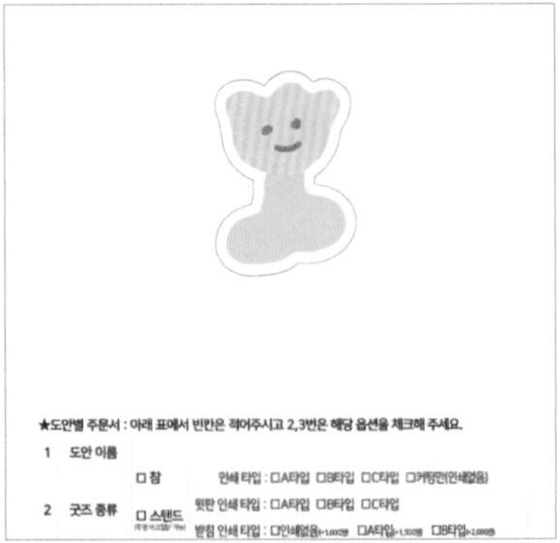

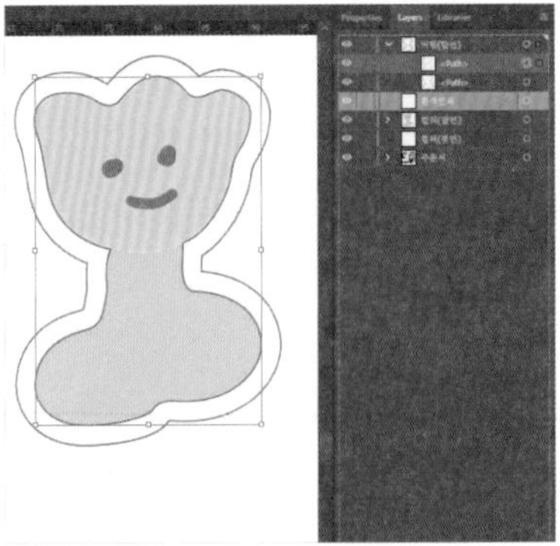

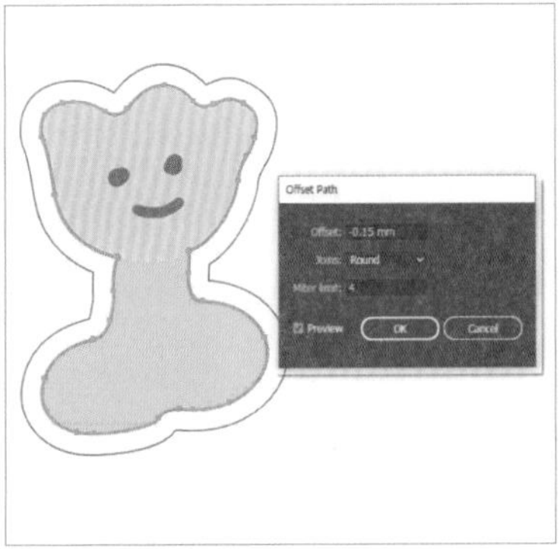

21 이 파일 형태가 기본 'A타입'입니다. 한 면만 인쇄가 되며, 바탕없이 컬러만 인쇄되어 투명 아크릴에 인쇄 시 비침이 있을 수 있어요. 하지만 투명도 없는 컬러 아크릴에 인쇄 시에는 비침이 없습니다.

22 이제 컬러를 좀 더 선명하게 인쇄할 수 있는 'B타입' 파일도 만들어 볼게요. (Ctrl+Z) 키로 이전 스텝으로 돌아가서 안쪽 선을 다시 살려주세요.
원본 칼선을 클릭해서 '커팅(칼선)' 레이어에서 '흰색 인쇄' 레이어로 드래그해서 이동시킵니다.

23 이 선을 선택하고 이번에는 [Object] 〉 [Path] 〉 [Offset path] 창에서 - 0.15mm 정도 값을 입력해서 선을 아주 미세하게 안쪽으로 만들어주세요. 그리고 이번에는 바깥쪽의 선을 삭제합니다.

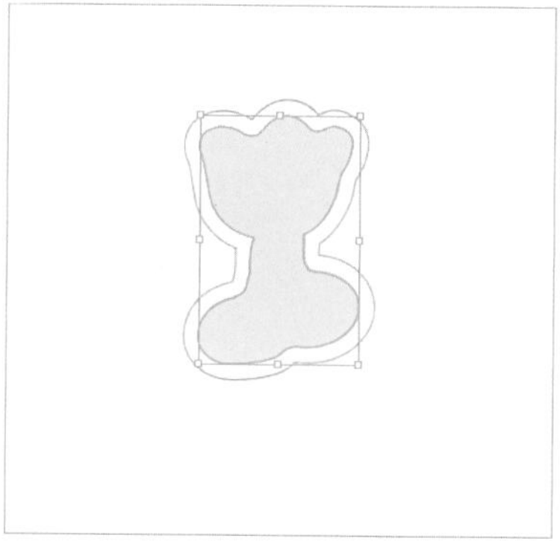

24 안쪽 선의 색을 없애고, 바탕색을 Y100으로 채워주세요. 이 부분을 '흰색 인쇄'라고 하며 'B타입'에는 흰색 인쇄가 들어가 투명 아크릴에 인쇄해도 비침 없이 컬러를 선명하게 만들어줍니다.
불투명한 컬러아크릴에 제작할 때도 흰색 인쇄가 있는 경우에는 색이 좀 더 또렷하게 인쇄되니 인쇄 타입을 결정할 때 참고해 주세요.

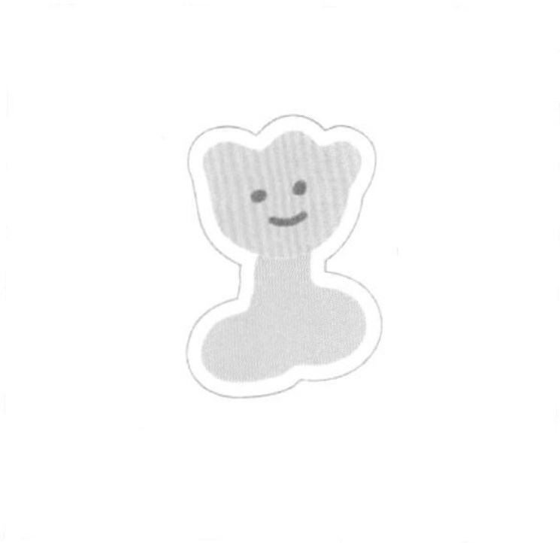

25 이제 마지막으로 양면 인쇄되는 'C타입' 파일을 만들어볼게요. 우선 Y100으로 채운 B타입용 화이트 인쇄를 삭제해 주세요.

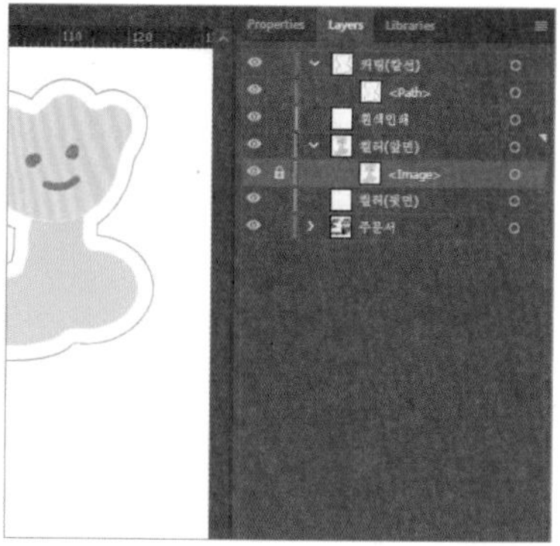

26 '컬러(앞면)' 레이어의 하위 레이어 중 잠겨있는 이미지의 자물쇠 아이콘을 눌러 잠금을 해제해 주세요.

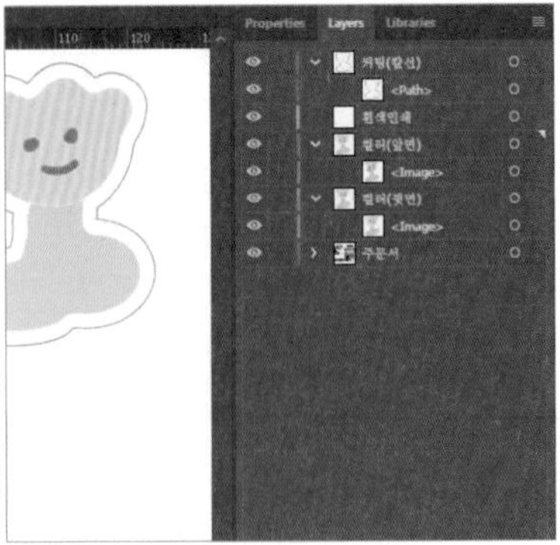

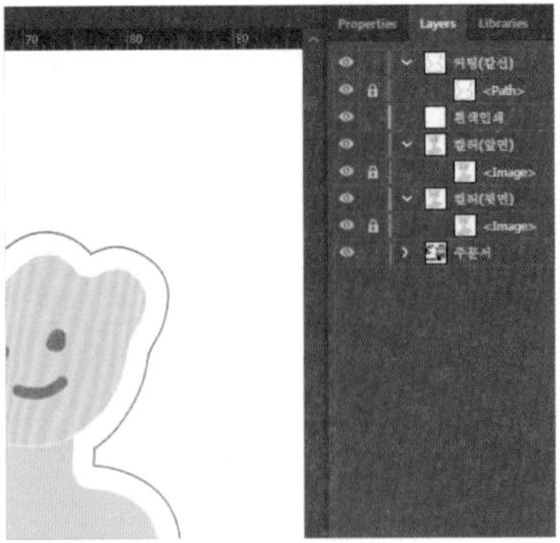

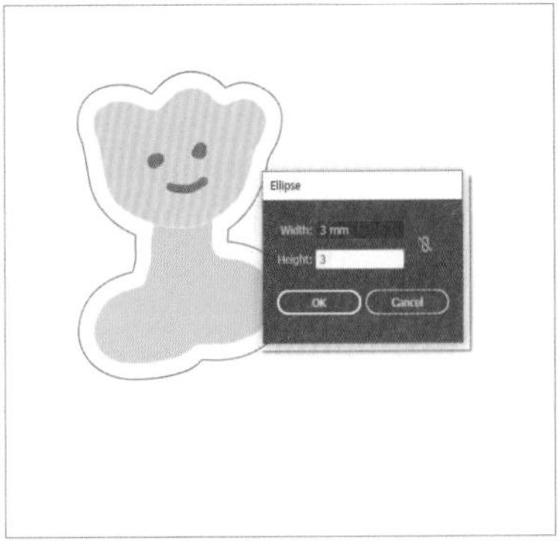

27 이미지 레이어를 아래의 종이 모양의 아이콘으로 끌어서 복제 후 '컬러(뒷면)' 레이어에 넣어주세요. 이렇게 앞면과 뒷면에 동일한 도안이 인쇄되므로 키링이 돌아가도 같은 그림이 보이게 됩니다. 양면 인쇄를 할 때 앞면, 뒷면의 그림을 다르게 할 경우 색 비침과 요철 현상이 발생하니 되도록 앞면, 뒷면을 같은 그림으로 제작하는 것을 추천합니다.

28 이렇게 A, B, C타입 중 원하는 타입으로 제작을 진행해보세요.

샘플은 계속해서 양면 인쇄 'C타입'으로 제작을 진행해볼게요. 칼선과 앞면 그림, 뒷면 그림 레이어를 잠가주세요. (단축키: Ctrl+2)

29 '커팅(칼선)' 레이어를 선택한 후, 툴바에서 네모 도형 툴을 길게 눌러 원으로 바꾼 뒤 바탕을 클릭해 3×3mm의 원을 만들어 주세요. 군번줄을 끼울 예정이면 3×3mm가 적당하고, 오링을 끼울 예정이면 2.5×2.5mm까지 해도 괜찮습니다.

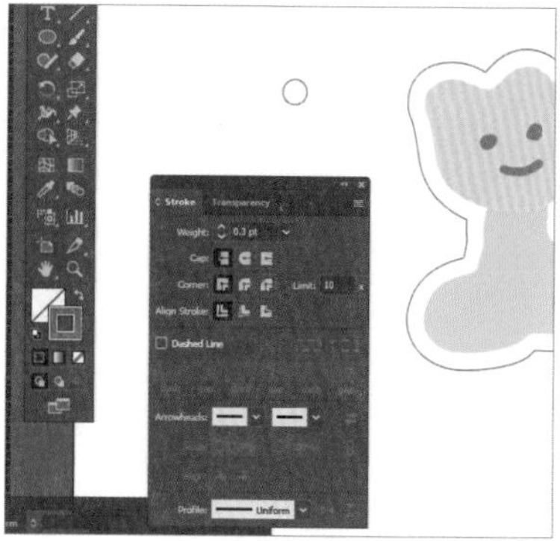

30 면의 색은 없애주고 선의 색을 M100으로 바꿉니다. 두께도 그림의 칼선과 같은 0.3pt로 바꿔주세요.

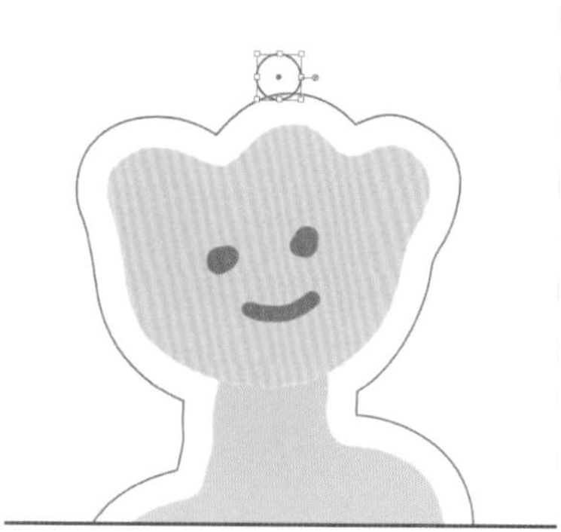

31 만든 원을 이동툴(단축키: V)로 칼선의 윗부분에 놓습니다. 칼선과 그림 사이 공간에 걸치되, 그림에 붙지 않게 해주세요.

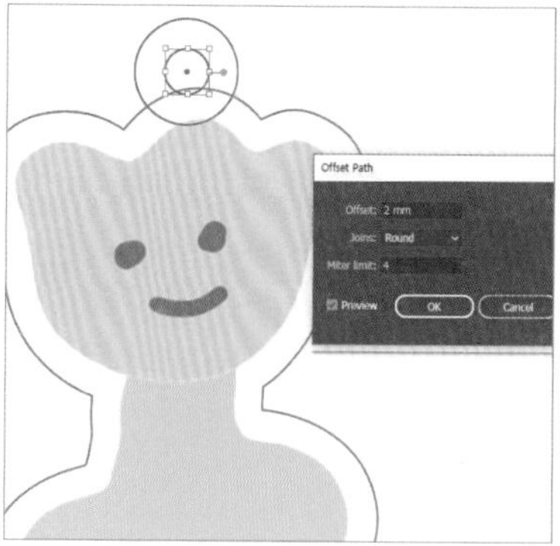

32 원을 선택하고 [Object] 〉 [Path] 〉 [Offset path]에서 칼선을 만들 때와 같은 간격인 2mm를 입력해주세요.

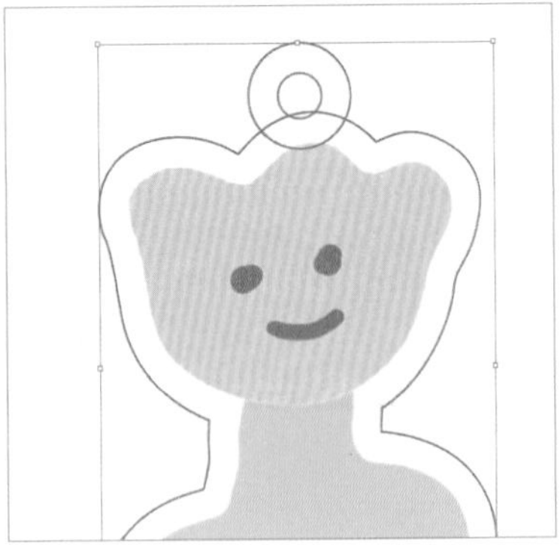

33 레이어에서 잠궈두었던 칼선 레이어의 잠금을 해제해 주세요. 칼선을 클릭하고 (Shift) 키를 누르면서 방금 만든 바깥쪽의 큰 원을 선택합니다.

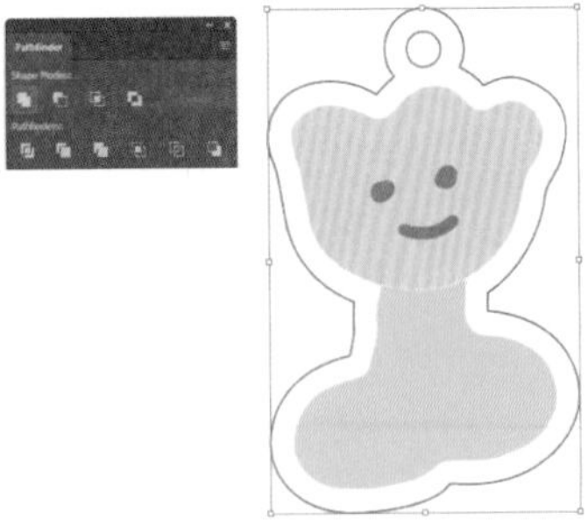

34 [Window] 〉 [Pathfinder] 창을 활성화 한 후, [Shape Modes]의 첫 번째 아이콘을 클릭해서 두 모양을 합쳐 주세요. 이렇게 고리가 들어갈 구멍이 포함된 칼선이 완성되었습니다.

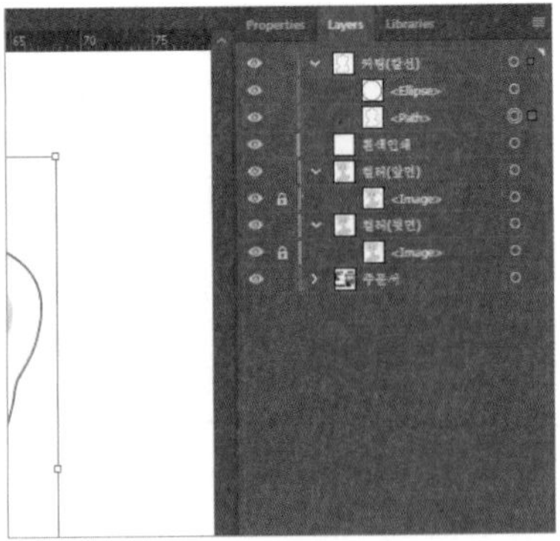

35 주문을 접수하기 전에 파일이 해당 레이어에 잘 들어있는지 확인해주세요. '커팅(칼선)' 레이어에는 M100의 원형 구멍 모양이 포함된 칼선, '컬러(앞면)', '컬러(뒷면)' 레이어에는 이미지가 하나씩 각각 있어야 하고 '흰색 인쇄' 레이어는 비어 있어야 합니다. 확인 후 모든 레이어의 잠금을 풀어주세요. (단축키: Ctrl+Alt+2)

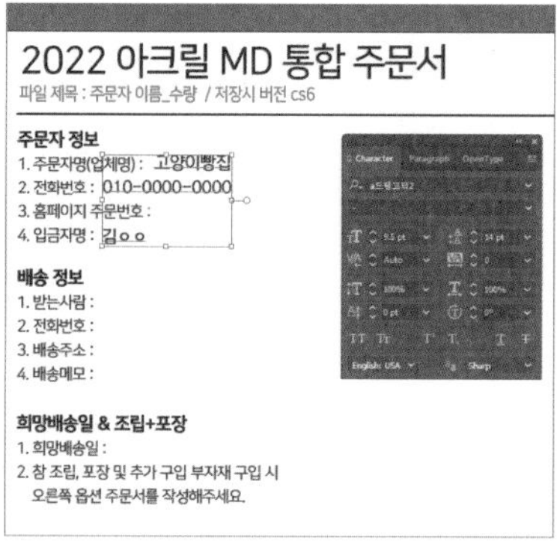

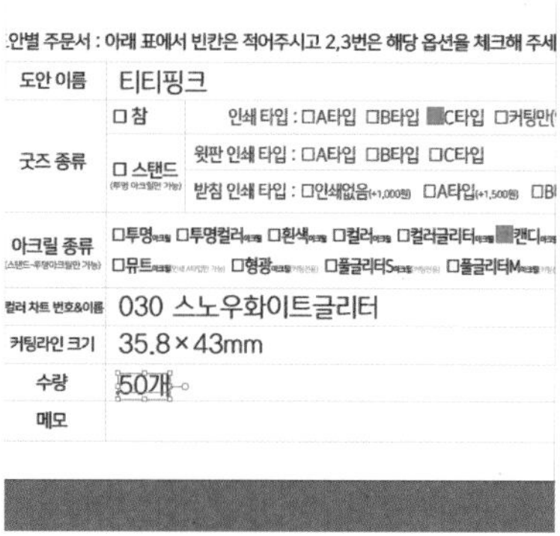

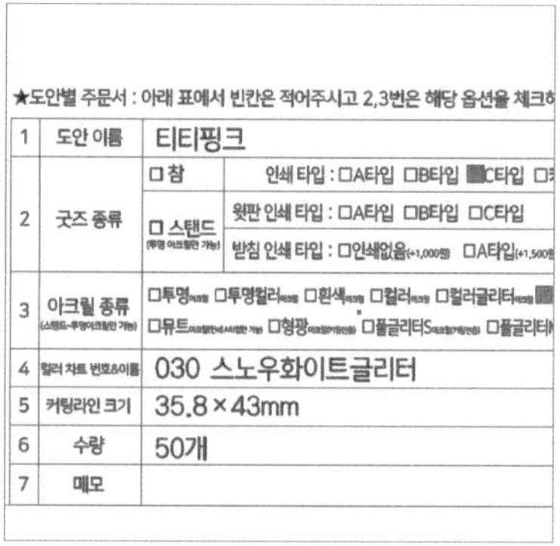

36 이제 주문서의 내용을 입력합니다. 문자 툴을 선택하여 주문자명, 전화번호, 입금자명을 작성 후, (Ctrl) 키를 누르고 바탕을 클릭해서 완료해주세요. 글씨의 위치나 크기를 주문서에 맞게 조절하면서 작성합니다. 이어서 희망 배송일과 조립+포장 내용도 작성하고 증정 부자재도 필요한 경우 원하는 수량을 작성해 주세요.

37 도안 별 주문서도 작성합니다. 도안 이름을 작성하고, 눈에 잘 보이는 마젠타색 네모를 만들고 복사 붙이기를 하면서 인쇄 타입과 아크릴 종류를 체크해주세요. 홈페이지에서 체크해 둔 컬러 차트 번호와 이름을 적고 커팅 라인 크기와 수량을 적습니다. 커팅 라인 크기는 이동툴로 칼선을 선택하고 상단 툴바의 가로 세로 길이를 적어 주세요. 적당히 0.0 정도까지 반올림해서 적어주세요.

38 개별 조립 및 포장, 추가 구입 부자재를 원할 경우에는 오른쪽 페이지도 체크해 주세요. 다 작성 후에는 모든 파일과 폰트를 선택합니다. (단축키: Ctrl+A) 폰트 아웃라인을 만들어 주세요. (단축키: Ctrl+Shift+O) 이렇게 완성한 파일은 CS6 버전으로 저장합니다. 파일 제목은 '주문자 이름_수량'으로 저장해주세요. 이제 제작 접수 메일을 보내고 견적서 확인 후 결제하면 제작이 진행됩니다.

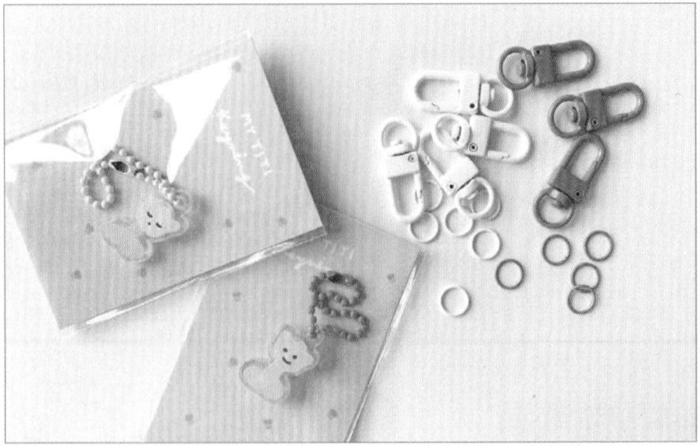

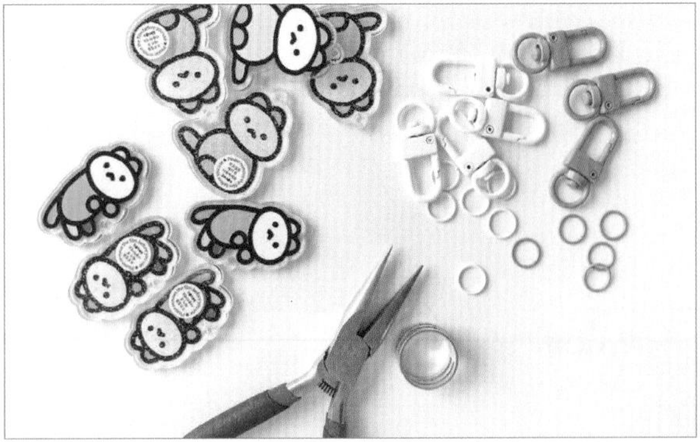

39 키링 부자재는 함께 주문해도 되지만 개별적으로 구매할 수도 있습니다. 보통 금속으로 된 D고리, 군번줄 등은 인터넷에서도 손쉽게 주문할 수 있으니 꾸준히 제작을 이어갈 예정이라면 다양한 제품을 찾아서 조합해보세요. D고리로 조립할 경우에는 오링도 함께 주문하는 것을 잊지 마세요.

40 D고리와 오링을 조립할 때는 작업할 수 있는 평집게와 오링 반지를 구비하여 조립하는 것이 좋습니다.

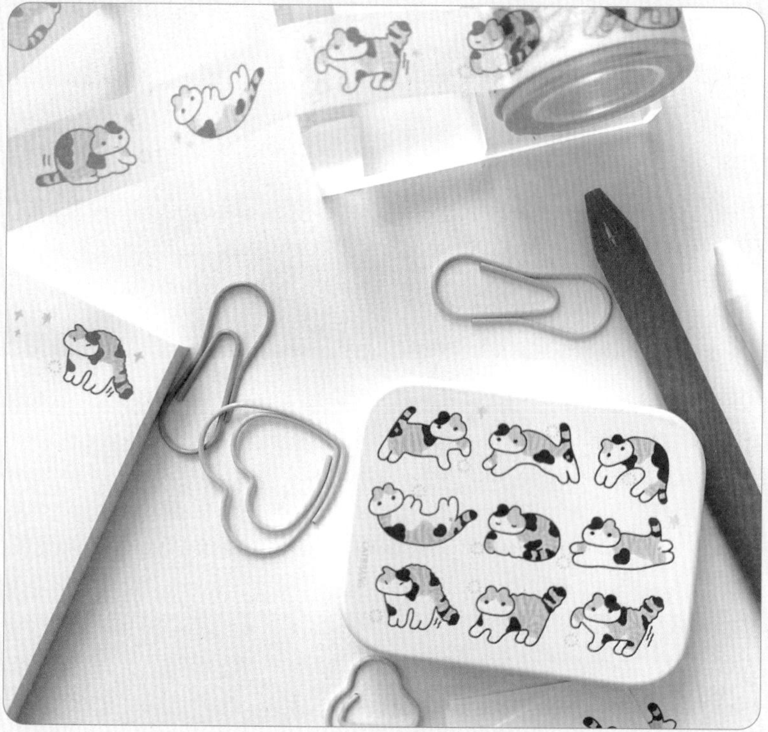

02

틴케이스 만들기

NOTE

알루미늄 재질의 케이스 위에 인쇄하여 만드는 틴케이스는 다양한 용도로 활용할 수 있는 인기 제품입니다. 주로 클립, 집게 같은 소품류 보관통으로 사용되고, 모양과 사이즈가 다양하여 큰 사이즈는 필통으로도 사용할 수 있습니다. 최근에는 폴라로이드 사진을 꾸민 후 모아두는 용도로 인기가 많습니다.

SAMPLE SITE

레드프린팅 | www.redprinting.co.kr 틴케이스

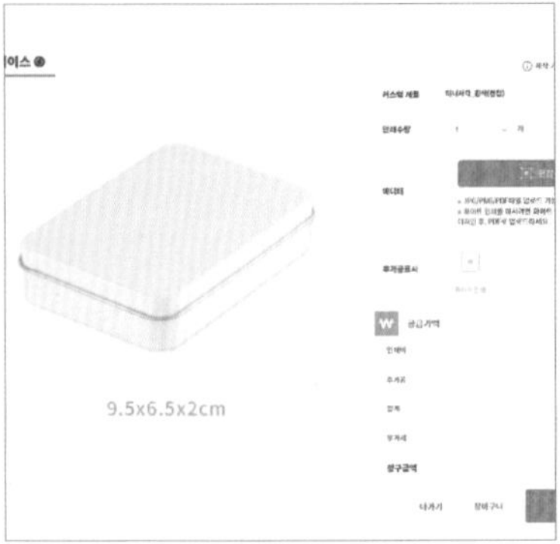

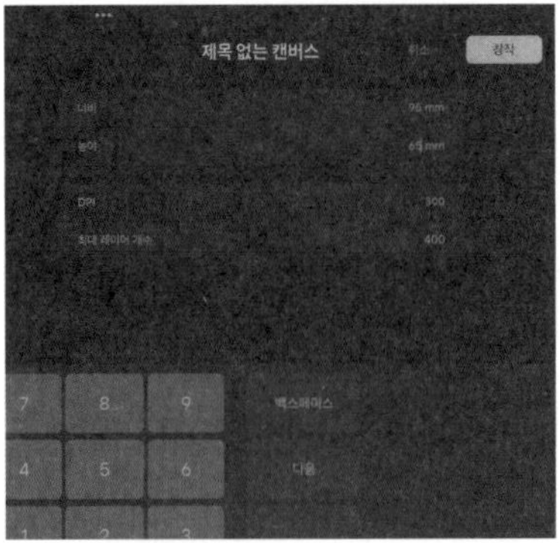

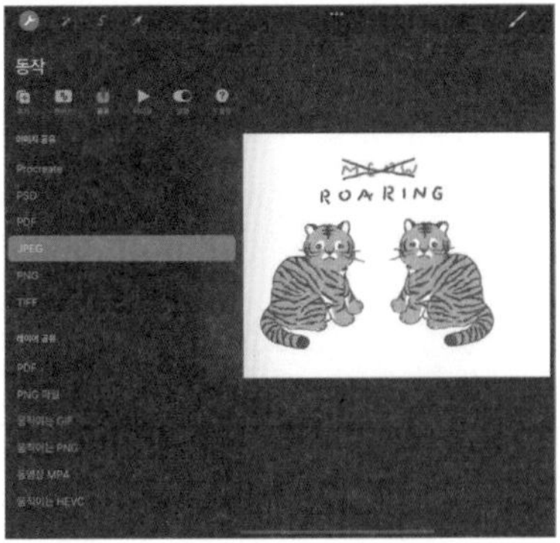

01 [라이프] 〉 [액세서리] 〉 [소품]에서 틴케이스 메뉴를 살펴보면 다양한 컬러에 여러 모양과 크기가 있어요. 가장 많이 제작되는 9.5×6.5×2cm의 사각 틴케이스(흰색)를 만들어 볼게요. 중간에 경첩이 있어 뚜껑이 연결되어 있습니다. [편집하기]를 통해 에디터로 도안을 접수하는 방식이에요.

02 프로크리에이트에서 틴케이스 뚜껑 사이즈인 9.5×6.5cm 사이즈, DPI 300, CMYK 모드로 캔버스를 만들어 주세요.

03 실제로 들어가는 그림의 사이즈는 에디터를 통해 조절할 수 있으니 사이즈 안에서 자유롭게 그려보세요. 너무 어두운 색을 사용하지 않도록 주의합니다. 검은색(K100)만 사용하는 것은 괜찮지만, C, M, Y, K의 색이 모두 높은 수치로 섞일 경우, 인쇄할 때 색이 뭉칠 수 있습니다. 그림을 다 완성하였다면 JPEG 파일로 PC에 전송해주세요.

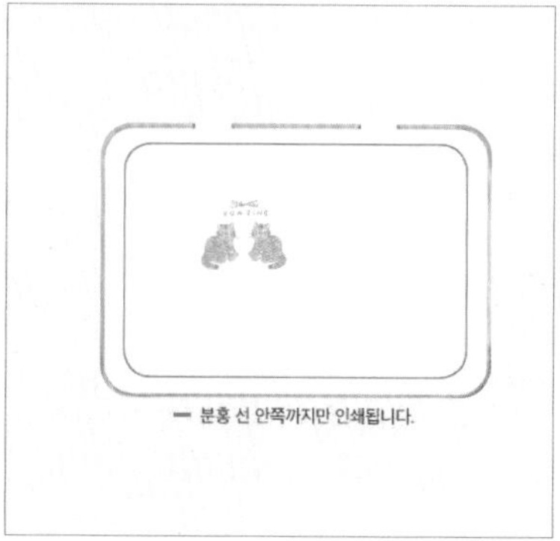

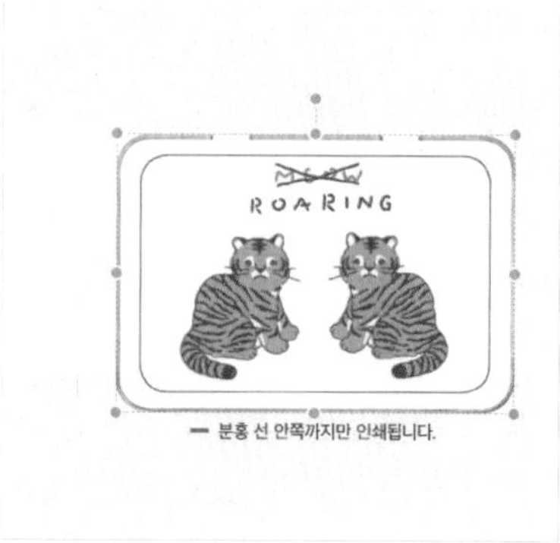

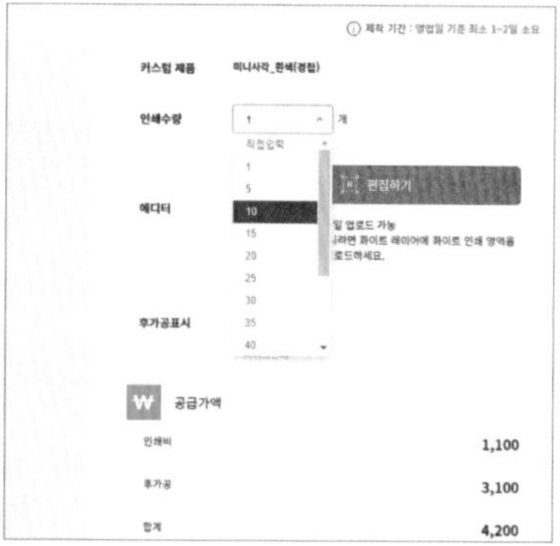

04 사이트로 돌아가 틴케이스 페이지의 [편집하기]로 에디터를 실행해주세요. [사진 가져오기]로 작업한 그림을 불러옵니다. 그림을 마젠타 선 안에 넣어주세요.

05 그림 사이즈를 조절해서 선 안에 여유 있게 들어가도록 배치해주세요. 가이드 선이 보이니 편하게 배치할 수 있어요. 크기가 너무 크면 조금 줄여서 안전하게 넣어주세요. 완료되면 [편집종료]를 눌러서 제작될 이미지를 확인 후 종료합니다.

06 제작할 수량을 선택하고 주문을 완료해주세요. 틴케이스 제작은 윗면에 인쇄될 그림만 준비하면 에디터를 사용하여 간단하게 끝낼 수 있어요.

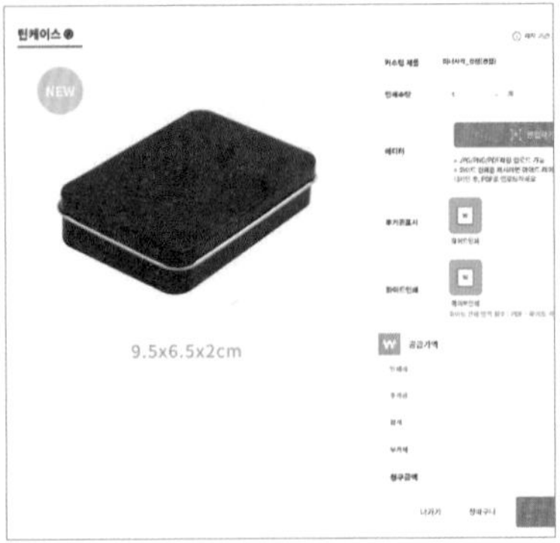

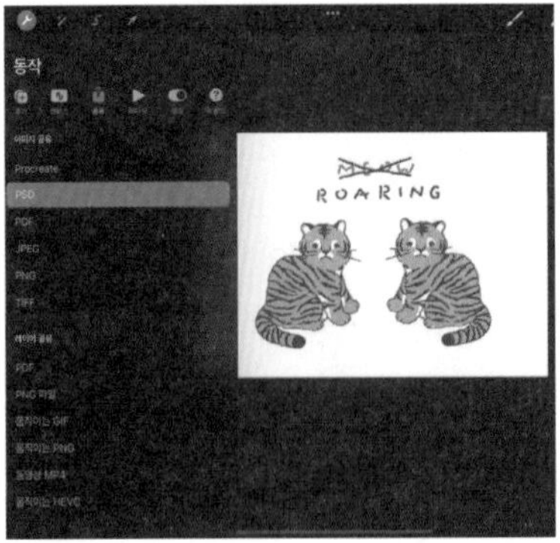

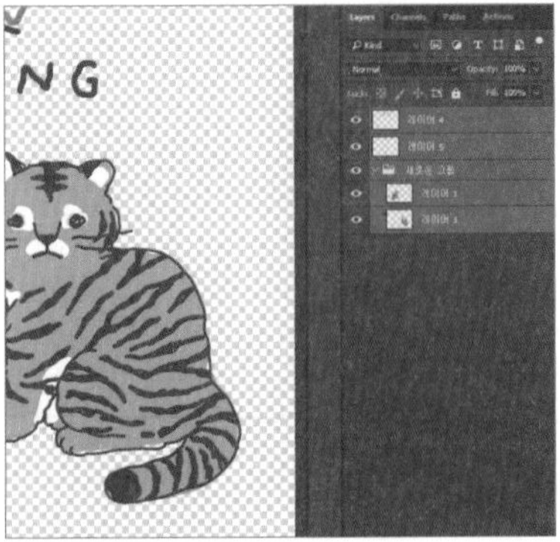

07 흰색 틴케이스는 이렇게 간단히 제작할 수 있지만, 실버, 검정 틴케이스에는 화이트 인쇄를 넣어야 인쇄가 선명하게 잘 나옵니다.

08 먼저 화이트 인쇄 없이 검정 틴케이스에 그림을 넣을 때는 PNG 파일로 넣어야 합니다. 프로크리에이트에서 작업한 그림파일을 JPEG가 아닌 PSD 파일로 PC에 이동시켜 주세요.

09 포토샵에서 파일을 열고 배경레이어 삭제 후 나머지 그림 레이어는 병합해 주세요. [File] 〉 [Export] 〉 [Quick Export as PNG]를 선택하여 PNG 파일로 저장합니다.

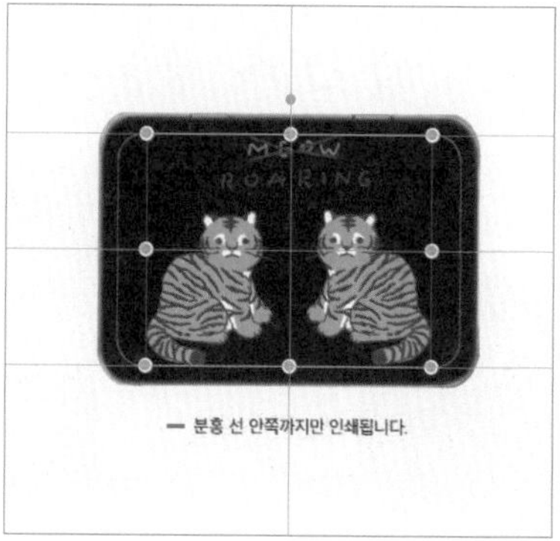

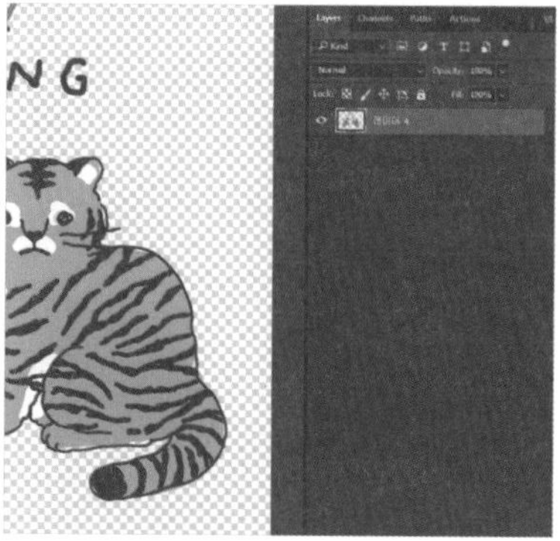

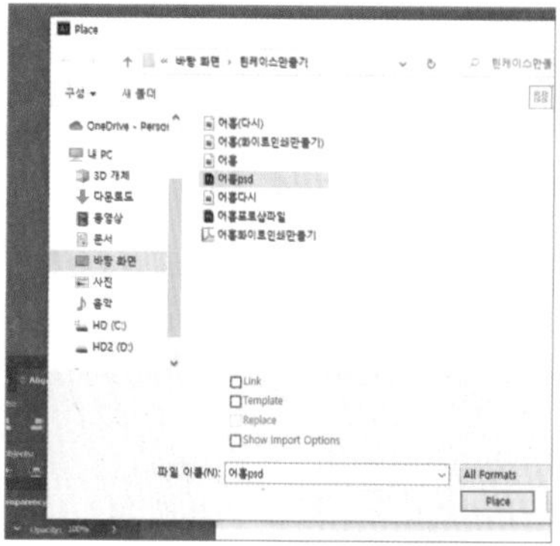

10 검은색 틴케이스 페이지의 [편집하기]로 PNG 파일을 업로드합니다. 크기와 위치를 잡고 잘 배치해주세요. jpg 파일을 가져왔을 때와 달리 바탕이 회색인 것을 볼 수 있어요.

11 그림이 좀 더 선명하게 인쇄되도록 화이트 인쇄를 넣어볼게요. 다시 포토샵에서 작업한 PSD 파일을 열어서 배경 레이어는 삭제하고 나머지 레이어는 병합하여 새로운 PSD 파일을 저장해주세요.

12 일러스트에서 파일과 같은 사이즈로 9.5×6.5cm, DPI 300, CMYK 모드로 새 도큐를 만들고 [파일] 〉 [가져오기]로 PSD 파일을 가져옵니다. [연결]에 체크가 해제되어 있는지 꼭 확인해 주세요.

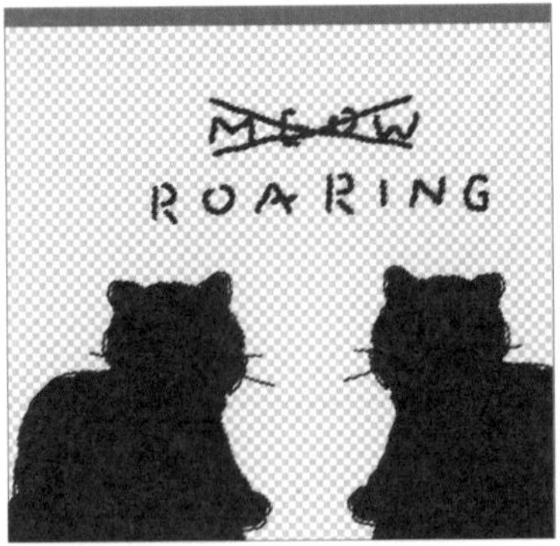

13 포토샵으로 돌아와 새 레이어를 추가해 주세요. (Ctrl) 키를 누르고 그림 레이어의 섬네일 부분을 선택해서 올가미툴을 씌운 후, (Alt+DEL) 키로 선택 영역을 검은색으로 채워줍니다.

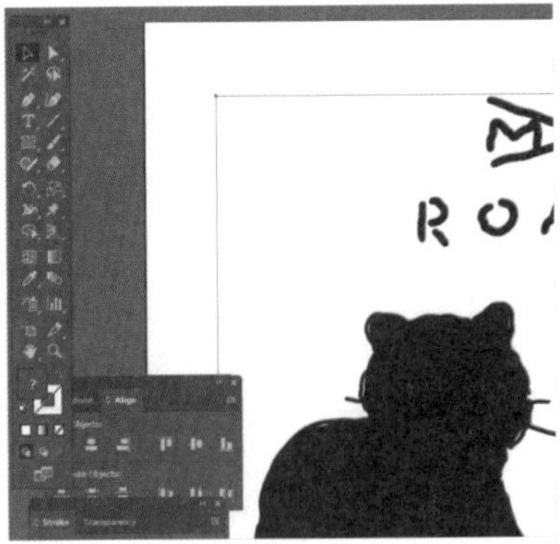

14 검은색 레이어를 복사하여 일러스트에 붙여 넣어 주세요.

그림 레이어와 검은색 레이어를 선택하고 정렬하여 위치를 맞춰줍니다.

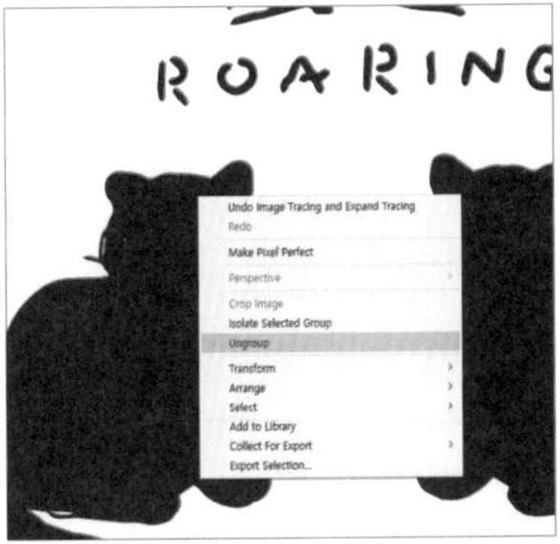

15 검은색 그림을 선택하고 [Object] 〉 [Image Trace] 〉 [Make and Expand]로 이미지를 확장해주세요. 그 상태로 마우스 오른쪽을 클릭하고 그룹을 해제합니다. (단축키: Ctrl+Shift+G)

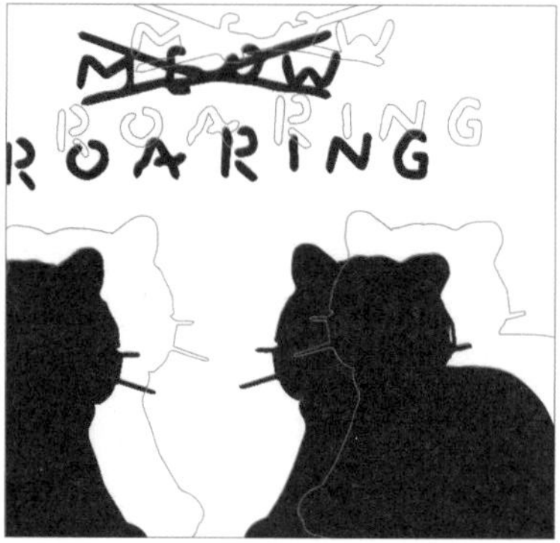

16 그림 모양대로 오려진 바탕의 흰색 부분은 선택해서 삭제해 주세요.

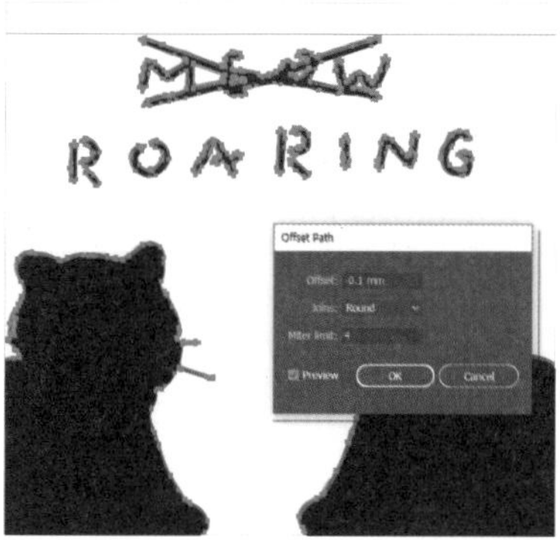

17 전체 선택 후 [Object] 〉 [Path] 〉 [Offset Path]를 선택하여 [Offset] 값에 -0.1mm, Round로 설정합니다.

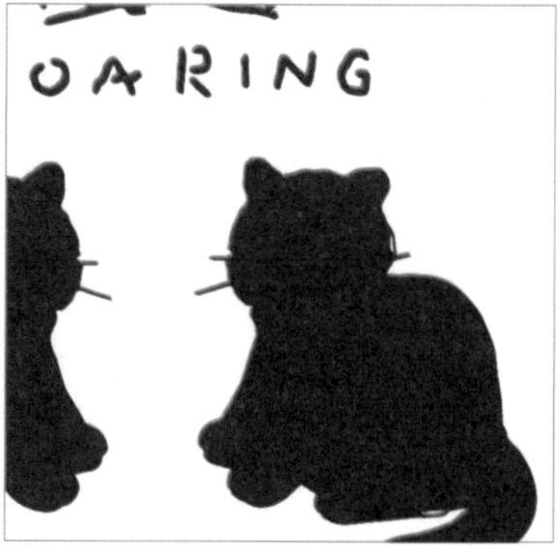

18 그 상태에서 바로 레이어를 잠그고(단축키: Ctrl+2) 바깥 부분의 그림만 전체 선택하여 삭제합니다.

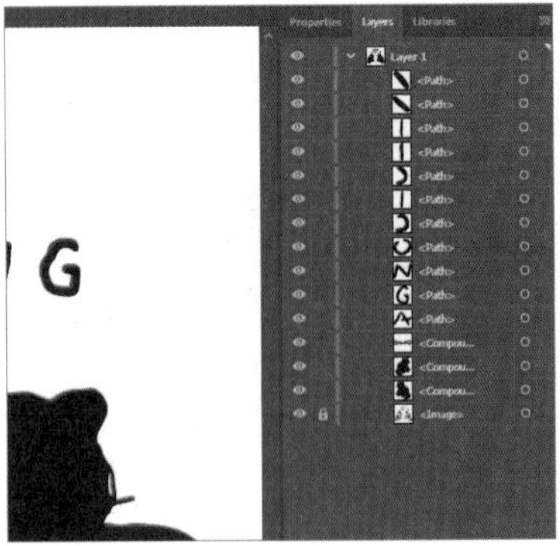

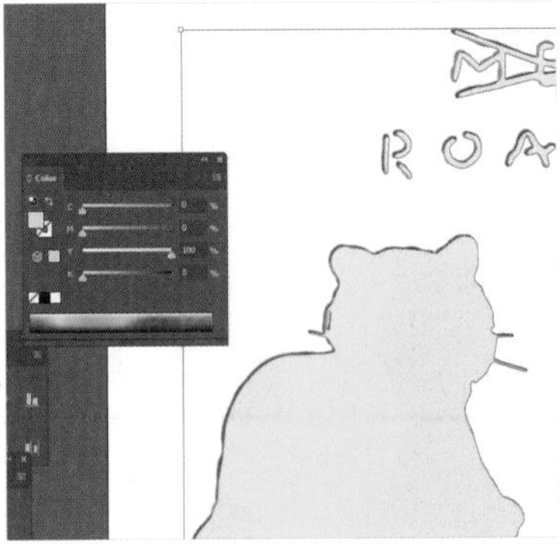

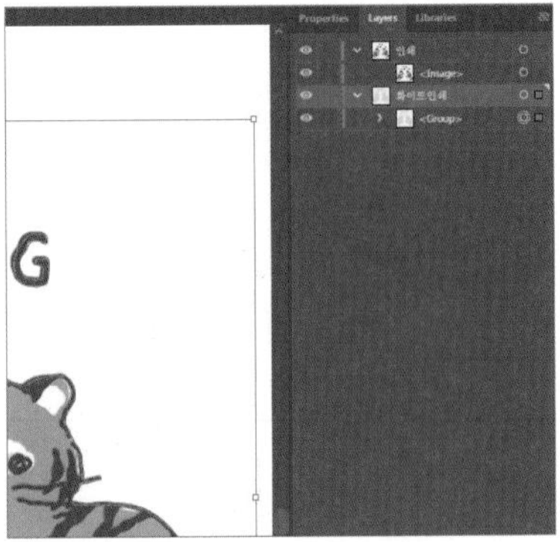

19 전체 레이어의 잠금을 해제하고(단축키: Ctrl+Alt+2) 제일 아래에 있는 그림 레이어만 다시 잠가주세요.

20 나머지 레이어를 전체 선택하여 면 색을 Y100으로 채우고 바로 그룹으로 만들어줍니다. (단축키: Ctrl+G)
새로운 레이어를 추가하고 Y100 그룹 레이어를 넣어주세요.

21 그림 레이어의 잠금을 해제한 후, 그림이 있는 레이어의 이름은 '인쇄', Y100 색으로 채운 레이어가 있는 레이어 이름을 '화이트 인쇄'로 바꿔주세요. 화이트 인쇄 레이어는 인쇄 레이어 밑에 둡니다.
이제 PDF 형식으로 저장해주세요. PDF 설정은 Press Quality, Acrobat 6으로 선택합니다.

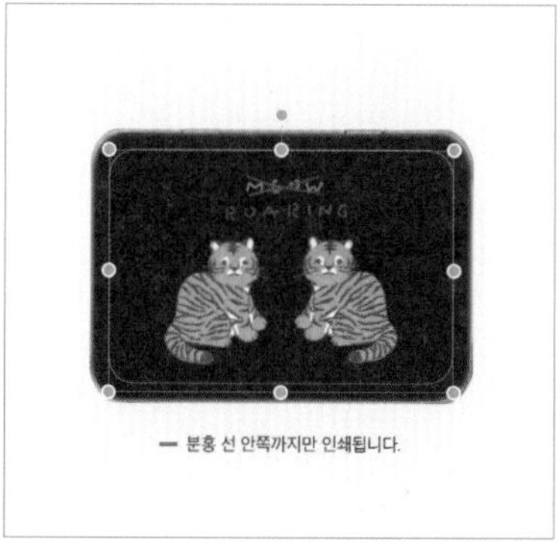

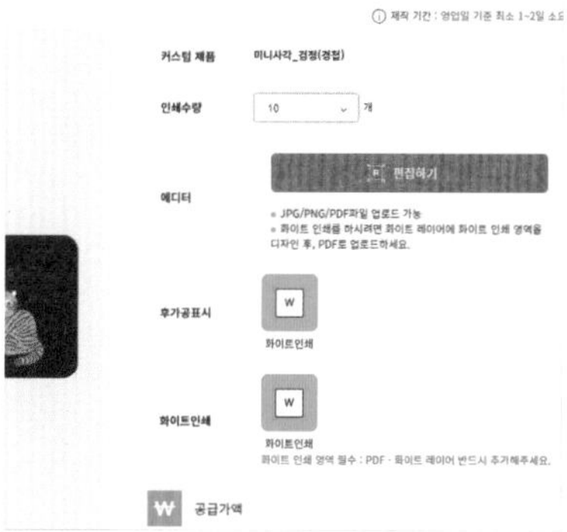

22 사이트의 검정 틴케이스 페이지에서 [편집하기]로 에디터를 실행하고 파일을 업로드해주세요. 위치와 크기를 조절하여 완료합니다.

23 수량을 선택하고 [후가공표시], [화이트 인쇄] 모두 체크하여 주문합니다. 실버 틴케이스에도 화이트 인쇄가 필요하다면 동일하게 작업해주세요.

03

스마트톡 만들기

NOTE

모양틀에 디자인을 넣고 인쇄하는 방식으로 제작되며 스마트톡에도 다양한 코팅을 사용할 수 있습니다. 에폭시 코팅으로 뽀드득한 느낌을 주거나 무광 코팅으로 차분한 느낌으로 만들 수 있습니다. 가장 많이 제작하는 형태는 기본 원형 모양이지만 자유롭게 캐릭터 모양으로 제작할 수도 있습니다. 자유 제작은 보통 100개 정도의 수량을 기본으로 제작해야 가능한 경우가 많습니다.

SAMPLE SITE

제이팩 | http://jfack.com 스마트톡

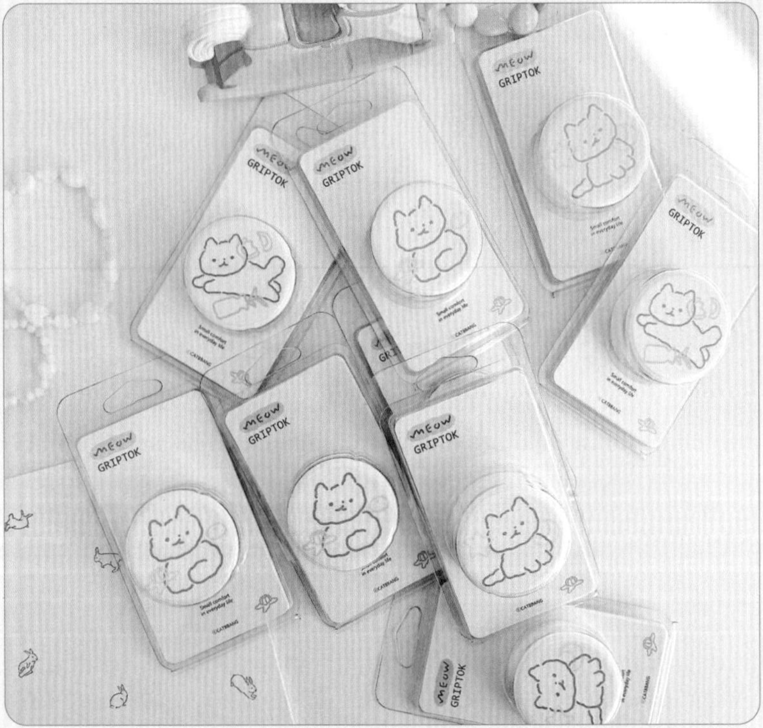

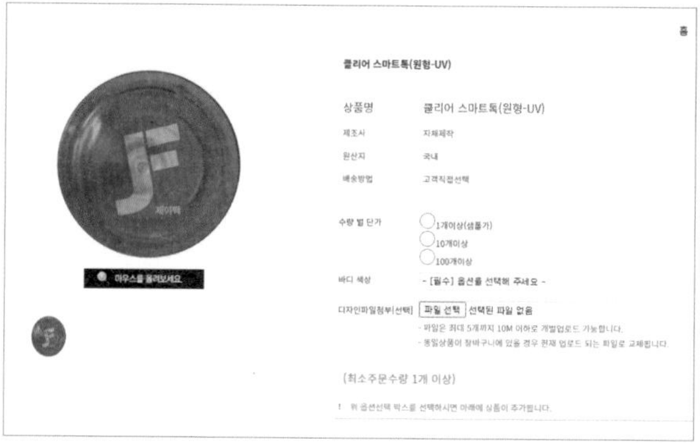

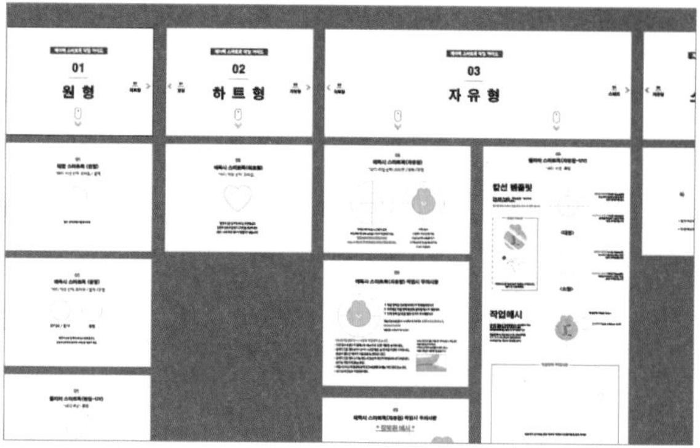

01 이 사이트에서는 기본 원형부터, 원하는 모양으로 제작할 수 있는 자유형, 그리고 길게 세울 수 있는 스텐드톡까지 다양한 스마트톡을 제작할 수 있어요. '클리어 스마트톡 원형'을 만들어 볼게요. 1개부터 제작이 가능한데, 보통은 대량으로 제작하기 전에 샘플로 먼저 제작해보는 경우에 이 사항을 선택합니다. 제품명에서 알 수 있듯이 클리어 제품으로 바디 색상이 투명한 제품입니다.

02 업체에서 제공하는 템플릿 파일을 다운받아 디자인 작업을 합니다. 다운받은 파일의 압축을 풀고 템플릿을 열어 보세요. 다양한 모양의 스마트톡 템플릿이 들어 있습니다.

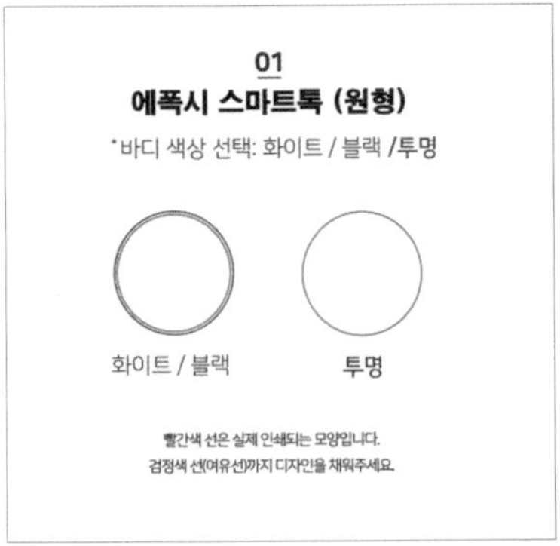

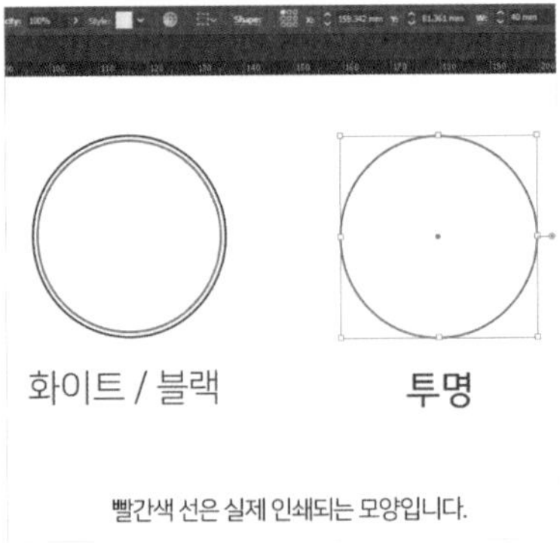

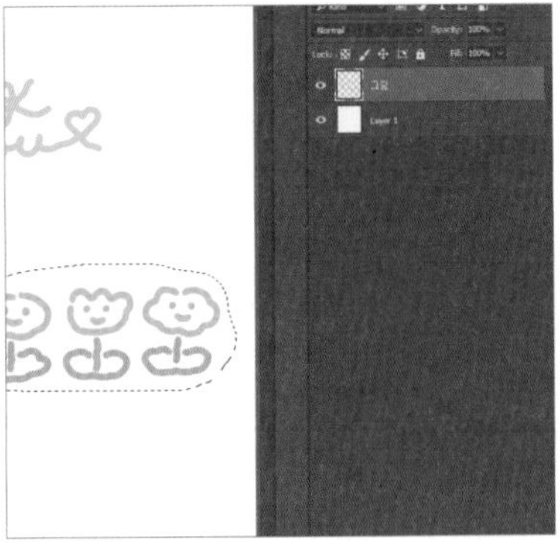

03 원형 스마트톡에는 메탈, 도톰한 에폭시, 투명한 클리어 그리고 패키지 템플릿이 있습니다. 많이 제작하는 '에폭시 스마트톡'을 만들어 볼게요. 바디 색상은 화이트, 블랙, 투명으로 인쇄되는 원형 부분이 아닌 손잡이 부분의 색상입니다. M100의 원형 사이즈가 실제 인쇄되어 나오는 사이즈, 바깥의 검은색 원이 작업 사이즈입니다. 디자인할 때는 여유 있게 검은 선까지 디자인을 채워주세요.

04 M100 원을 선택해보면 40×40mm의 사이즈인 것을 확인할 수 있어요. 프로크리에이트에서 작업을 할 때 정확한 사이즈로 캔버스를 만들어도 되지만, 캔버스 크기를 조금 여유 있게 만들어서 작업하는 것이 좋습니다.

05 그림을 새롭게 그리거나 이전에 그렸던 그림이 있다면 포토샵에서 열어주세요. 이때 배경이 떨어져 있는 PSD 파일로 있어야 작업이 편합니다. 그림에서 필요한 부분만 올가미 툴(단축키: L)을 이용해 잡아줍니다.

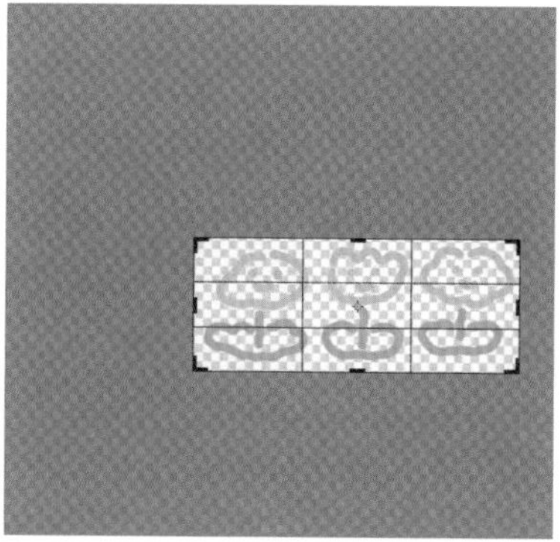

06 올가미툴로 잡은 그림만 따로 복제 합니다. (단축키: Ctrl+J)
복제한 레이어를 제외하고 배경 레이어를 포함하여 다른 레이어를 모두 삭제해 주세요. 그리고 크롭툴(단축키: C)로 그림 사이즈에 맞게 도큐를 자르고 PSD 파일로 새롭게 저장합니다.

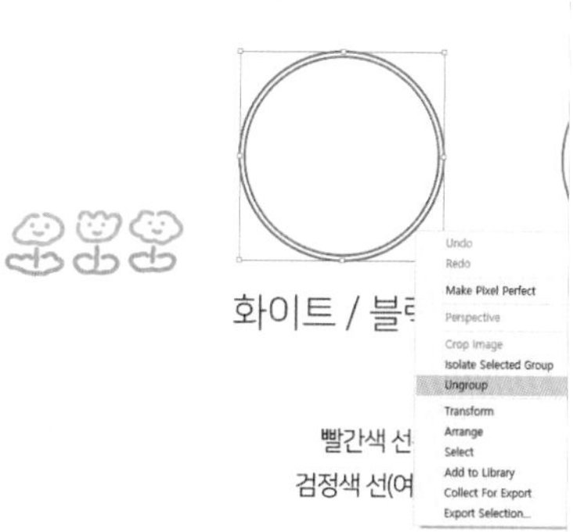

07 이제 일러스트 템플릿 도큐에 [File] 〉 [Place]로 PSD 파일을 가져옵니다. 가져올 때 아래의 [Link]에 체크가 해제되어 있는지 꼭 체크하세요.
'화이트/블랙'의 템플릿의 원을 클릭해서 마우스 오른쪽을 클릭, 그룹을 해제해 주세요.

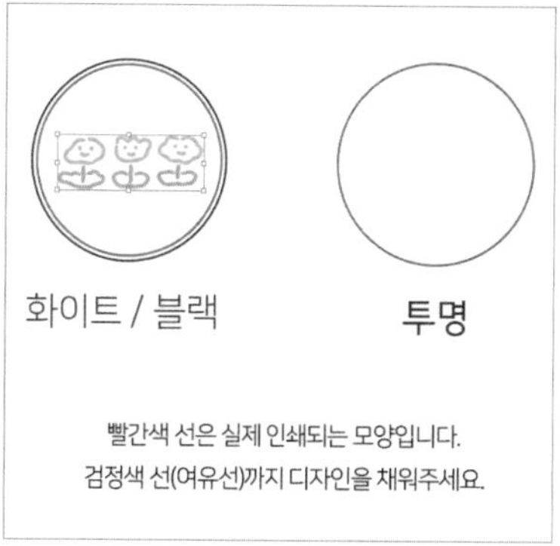

08 가져온 그림의 위치를 잡아서 배치해 주세요. 크기를 줄이려면 (Shift) 키를 누르고 정 사이즈로 줄입니다.

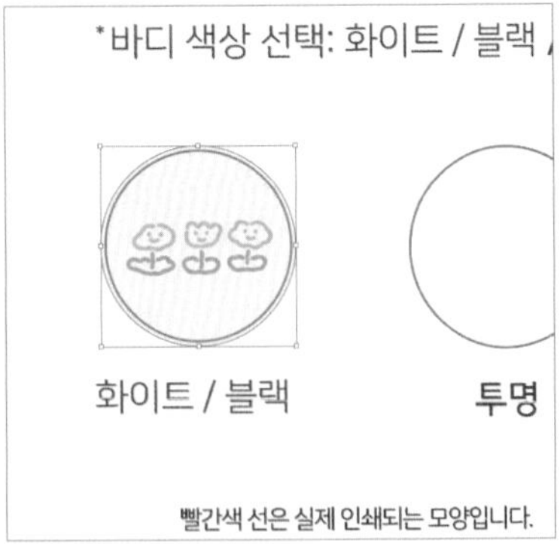

09 검은색 원을 선택하고 원하는 색상으로 채워주세요. 컬러 피크를 더블 클릭하여 색을 변경합니다. 그리고 선 색은 없애주세요.

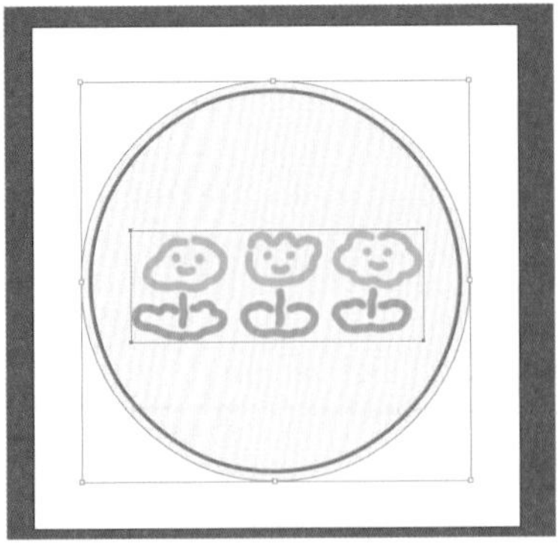

10 이제 주문 접수를 위한 새 도큐를 만들어 주세요. (단축키: Ctrl+N) 사이즈는 원형 템플릿 도안이 들어갈 넉넉한 사이즈로 자유롭게 만듭니다. 여유 있게 50×50mm 사이즈, CMYK 모드, DPI 300으로 만들고 작업한 도안을 칼선 포함해서 복사 후 새 도큐에 붙여 넣어 주세요.

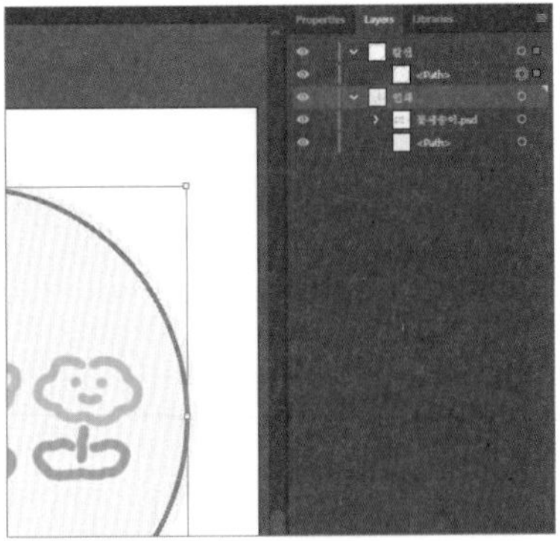

11 새 레이어를 추가하고 M100의 선으로 된 원을 넣어주세요. 칼선 레이어는 항상 이렇게 따로 만들어야 합니다. M100 원 레이어의 이름을 '칼선', 아래 그림이 있는 레이어의 이름을 '인쇄'로 바꾸고 일러스트 파일(ai)로 저장해 주세요. 인쇄용 일러스트 파일을 저장할 때는 호환성 문제로 높은 버전의 파일을 열 수 없으니 꼭 CS6로 저장해 주세요.

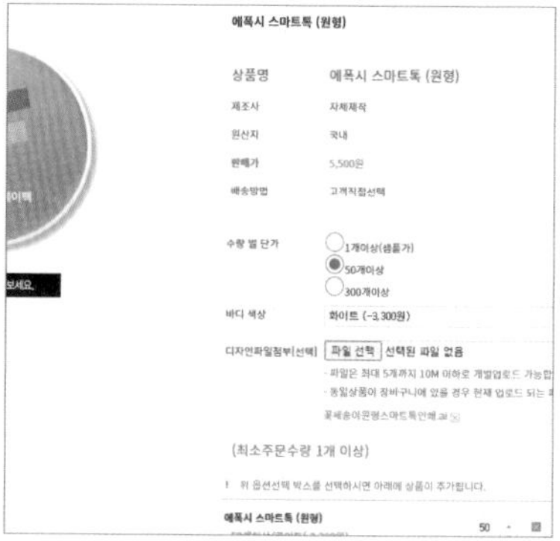

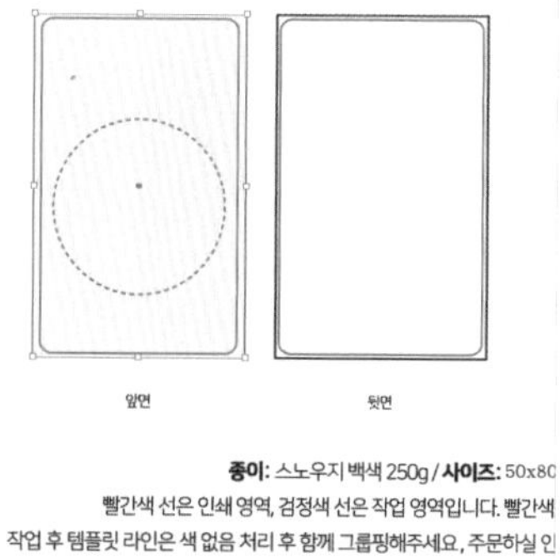

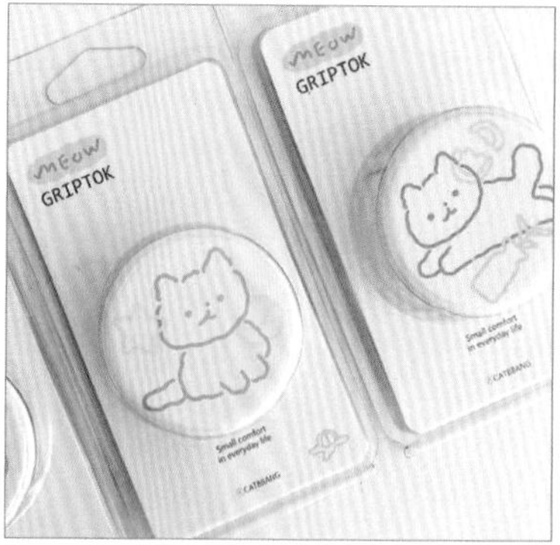

12 사이트에서 주문을 진행합니다. '스마트톡(원형)'을 선택하고 바디 색상을 선택해 주세요. 그리고 작업한 일러스트 파일을 첨부합니다. 주문하기를 눌러 발주해주세요.

13 템플릿에서 원형 스마트톡의 패키지도 만들 수 있어요. 원형 스마트톡과 마찬가지로 M100의 선이 재단선, 바깥의 검은색 선이 여유 있게 작업해야 하는 작업선이 됩니다. 템플릿을 선택하고 그룹을 해제한 뒤 검은색 선을 선택해 선의 색은 없애고, 바탕색을 넣어주세요. 점선이 스마트톡이 들어가는 위치니, 참고하여 작업합니다.

14 문자툴로 품명을 적어주세요. 이렇게 글씨를 넣을 경우에는 글씨의 아웃라인을 만들어야 하는 것을 꼭 기억해주세요. (단축키: Ctrl+Shift+O) 여기서는 포장 제품만 추가로 구입할 수 있고, 뒷지는 따로 주문해야 합니다. 템플릿이 성원애드피아에 맞게 만들어져 있으니 앞면, 뒷면을 만들고 성원애드피아에서 양면으로 케이스에 들어가도록 후가공 귀도리를 넣어서 접수하면 됩니다.

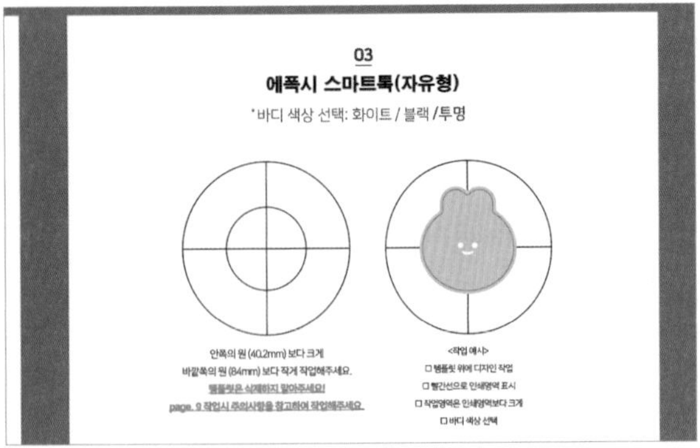
03
에폭시 스마트톡(자유형)
*바디 색상 선택: 화이트 / 블랙 /투명
안쪽의 원 (40.2mm) 보다 크게
바깥쪽의 원 (84mm) 보다 작게 작업해주세요.
<작업 예시>
□ 템플릿 위에 디자인 작업
□ 빨간선으로 인쇄영역 표시
□ 작업영역은 인쇄영역보다 크게
□ 바디 색상 선택

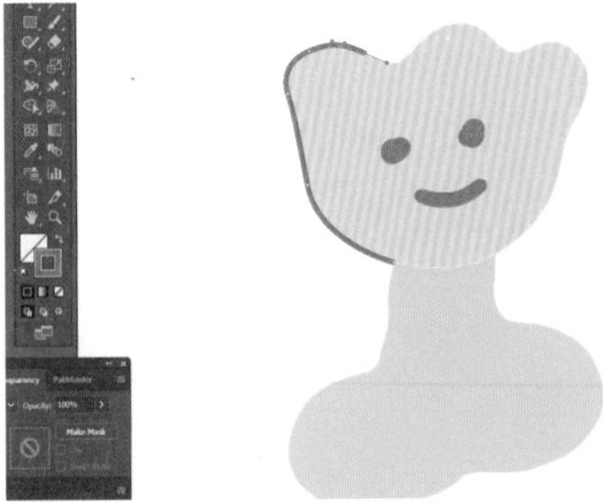

01 자유형 스마트톡은 톡이 붙는 사이즈인 안쪽의 원(40.2mm)보다 그림이 크고 바깥쪽의 원(84mm)보다는 작아야 합니다. 그림이 하나의 덩어리가 아닌 가로나 세로로 긴 형태는 제작이 어려워요.
원형톡과 마찬가지로 M100 칼선이 필요하고 바깥쪽으로 여유 있게 작업을 해야 합니다. 모퉁이가 각질 경우 에폭시가 튀어나올 수 있으니 최대한 칼선을 둥글려 작업을 해주는 것이 좋습니다.

02 일러스트에서 펜툴로 칼선 작업을 해야 하므로 단순한 그림을 하나 완성하고 jpg 파일로 저장 후, 일러스트에서 열어주세요. 그림을 선택하여 잠가주세요. (단축키: Ctrl+2)
펜툴을 선택하여 면의 색은 없애고, 선 색을 M100으로 설정한 뒤 칼선을 그립니다. 키링 작업과 마찬가지로 그림의 바깥쪽을 따라 선을 그려주세요.

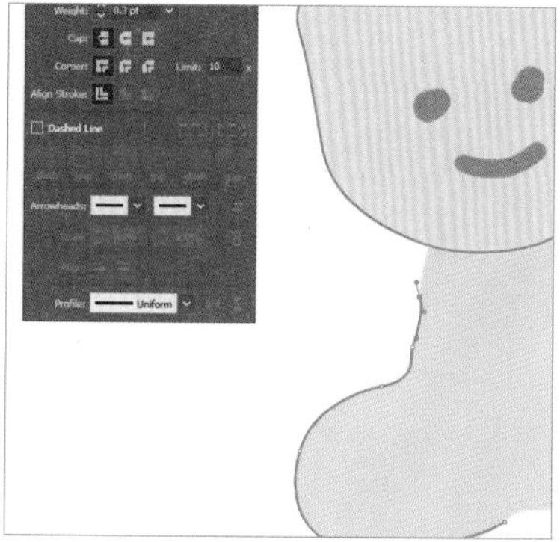

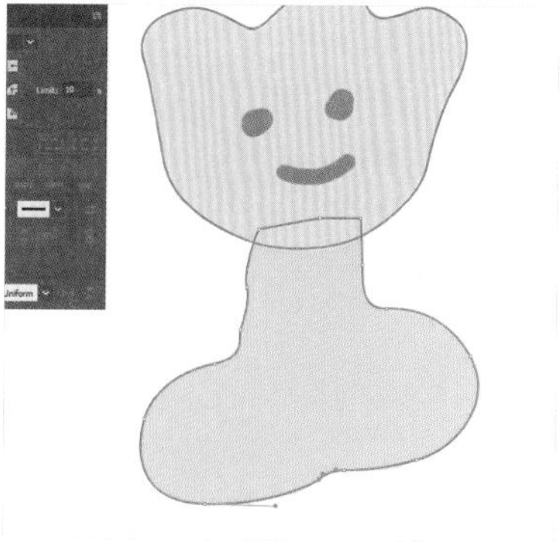

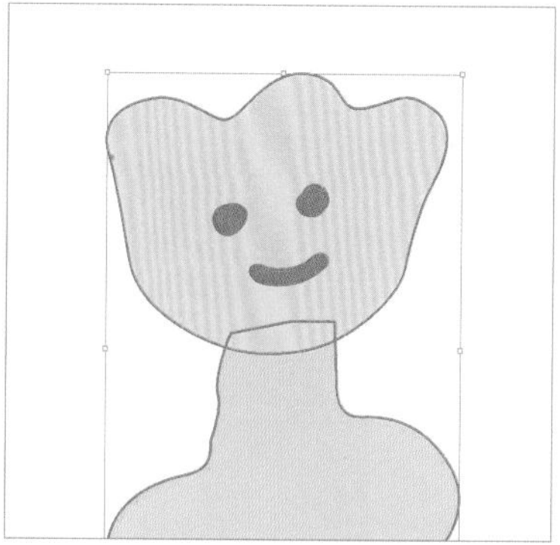

03 선 두께가 너무 굵어 알아보기 힘들다면 선의 두께를 조절해서 그려주세요. (단축키: Ctrl+F10)

그림에 색이 여러 가지가 있어서 경계가 나뉘어 있다면, 개체를 하나씩 따로 그려줍니다. 개체 하나를 완성하고 (Ctrl) 키를 누르고 아무 곳이나 클릭해서 완료하고 다른 개체의 한 부분을 클릭해서 그림을 완성합니다.

04 이때 개체의 경계가 겹치도록 선을 그려야 개체와 개체 사이의 공간이 보이지 않으니 여유 있게 그려주세요.

05 마지막 개체까지 완성한 후, 전체 선택하여 그룹으로 만들어 주세요. (단축키: Ctrl+G)
그리고 이 그룹을 레이어 아래의 종이 모양 아이콘으로 끌어서 복제합니다.

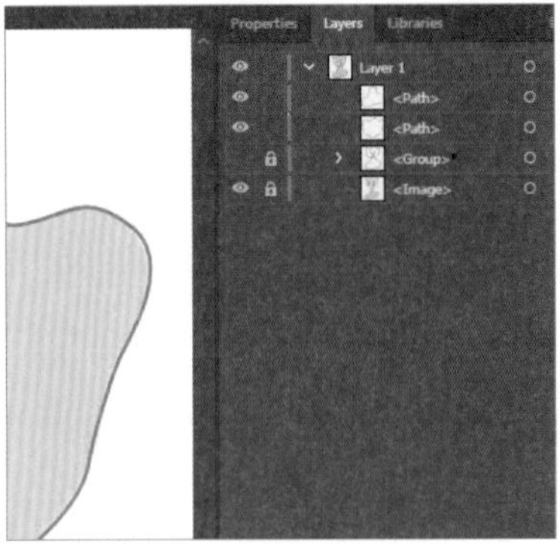

06 복제하여 두 개가 된 칼선 레이어 중 아래에 있는 칼선 레이어는 잠그고 잠시 눈도 꺼주세요.

위에 있는 칼선을 선택해 그룹을 풀어줍니다. (단축키: Ctrl+Shift+G) 캐릭터의 테두리 칼선만 필요하기 때문에, 재단선 안쪽에 있는 눈, 코, 입 등의 칼선은 삭제해 주세요.

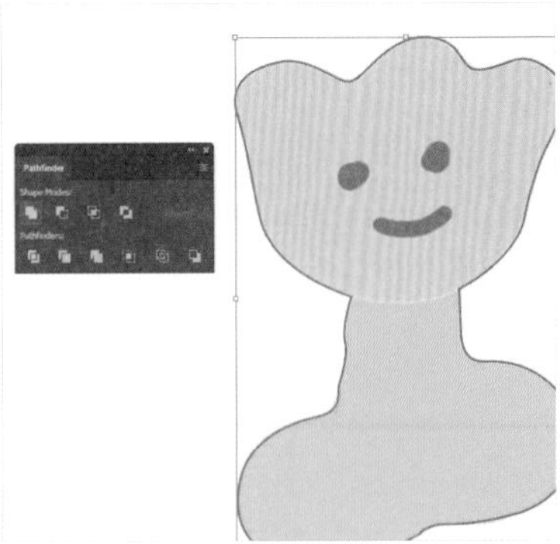

07 개체의 칼선을 모두 선택해서 [패스파인더] 〉 [Shape Modes]의 첫 번째 아이콘을 눌러서 선을 합쳐주세요. 칼선이 완성되었습니다.

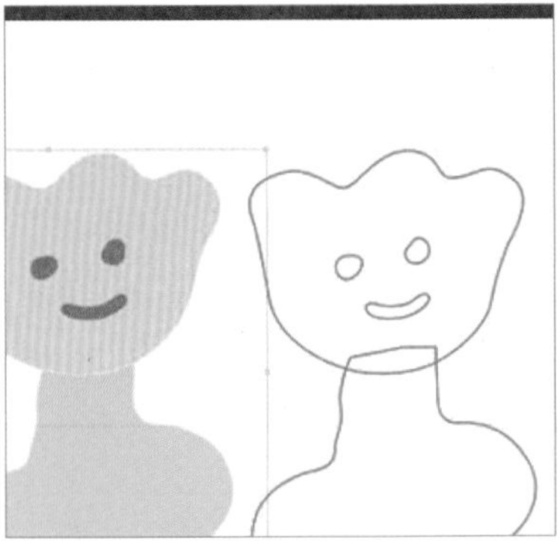

08 완성된 칼선 레이어는 잠그고, 그림 레이어의 잠금을 해제해서 옆 공간으로 이동시킵니다.

잠가두었던 두 번째에 있는 칼선 레이어의 눈을 켜고, 잠금을 해제해 주세요.

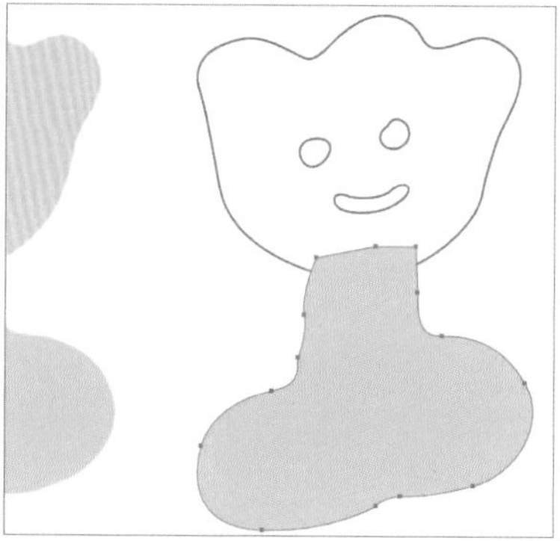

09 M100 선을 선택하고 그룹을 해제합니다.(단축키: Ctrl+Shift+G) 개체 하나를 선택 후 스포이트툴로 옆에 있는 그림의 컬러를 추출하여 똑같이 채워주세요.

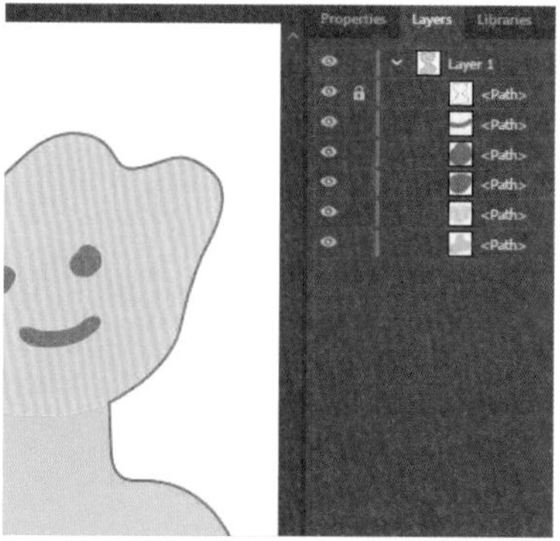

10 이동툴(단축키: V)로 또 다른 개체를 선택하고 스포이트툴(단축키: I)로 옆의 그림의 컬러를 추출하여 채워줍니다. 이런 식으로 그림에 컬러를 모두 넣어주세요. 색을 모두 채웠다면 그림 파일은 삭제해 주세요.
레이어 순서를 조절해서 그림 개체 순서에 맞게 정렬합니다. 다시 M100의 칼선 레이어의 눈을 켜고, 잠가주세요.

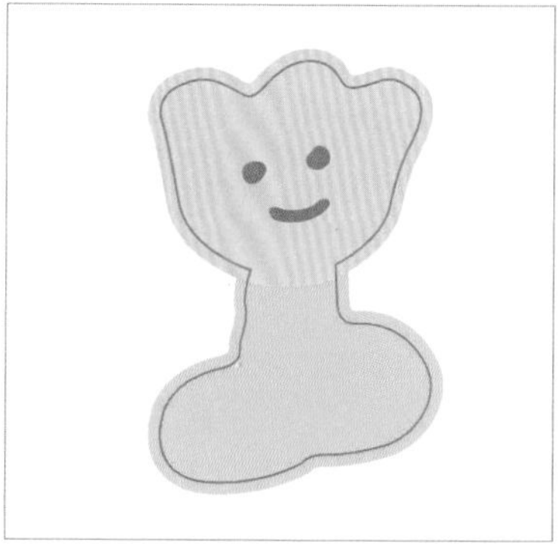

11 그림 레이어에서 안쪽에 있는 눈, 코, 입을 제외하고 외형을 구성하는 개체만 선택해주세요. [Object] 〉 [Path] 〉 [Offset Path]에서 미리보기를 보면서 [Offset] 값을 입력하고 Round를 선택하여 그림을 바깥쪽으로 늘려주세요.
그림을 늘리고 나면 원본 그림이 살짝 틀어질 수 있어요.

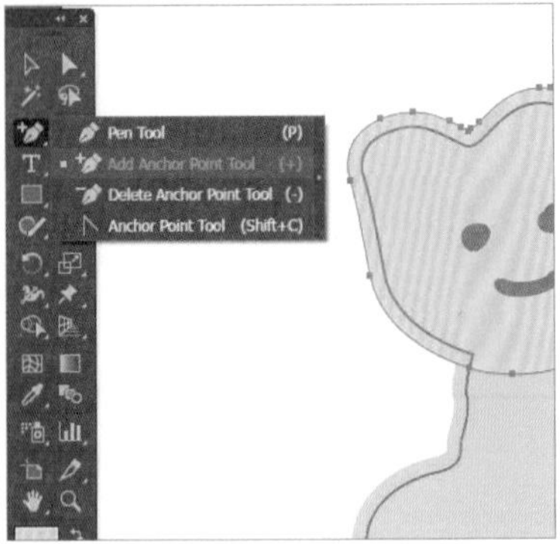

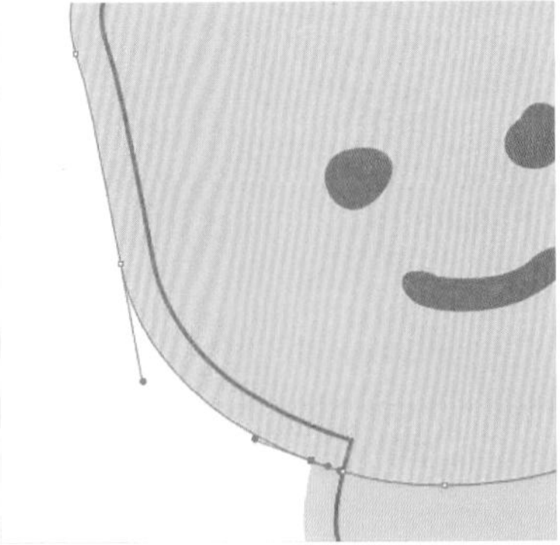

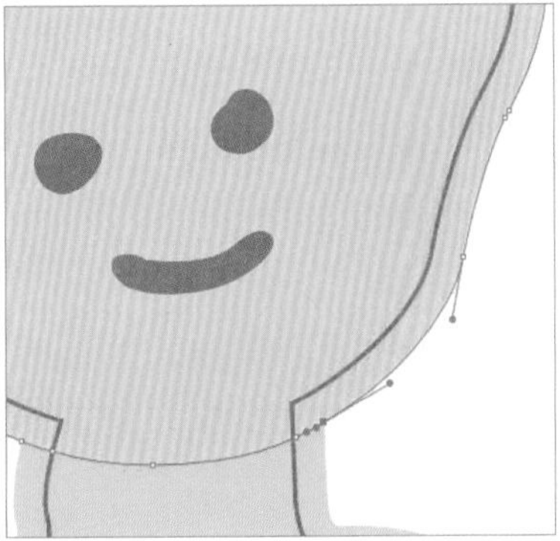

12 틀어진 부분은 펜툴로 조절할 수 있어요. 다시 원본 그림을 선택 후 잠가주세요.(단축키: Ctrl+2) 틀어진 개체를 선택하고 펜툴 아이콘을 길게 눌러 +표시가 있는 펜툴을 선택합니다. 만든 패스 위에 새로운 점을 추가하는 기능이 있는 펜툴이에요.

13 (Ctrl + +)로 화면을 확대하여 펜 선이 잘 보이게 해주세요. 개체와 개체 사이의 경계가 되는 부분을 클릭해서 점을 추가합니다.

14 다른 틀어진 곳의 경계에도 클릭해서 점을 추가해 주세요.

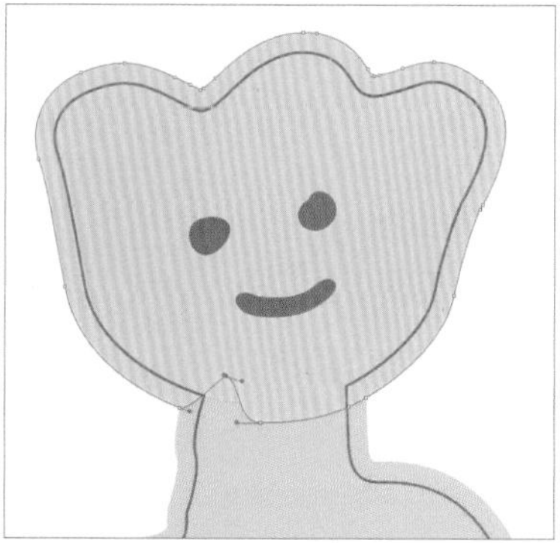

15 부분선택툴(단축키: A)을 선택합니다. 새로 만든 점 안쪽의 점을 선택 후 원본 그림 안으로 드래그해서 끌어 넣어주세요. 이때 개체와 개체 사이로 선이 들어가게 만들어야 그림이 자연스럽게 재단됩니다.

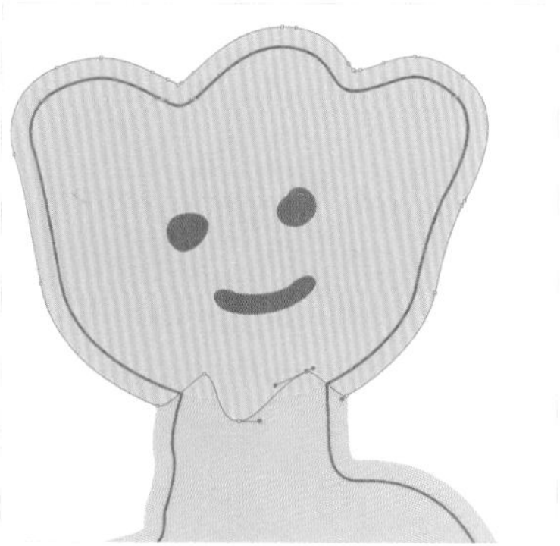

16 그다음 다른 곳도 클릭해서 선을 끌어다 위치를 잡아주세요.

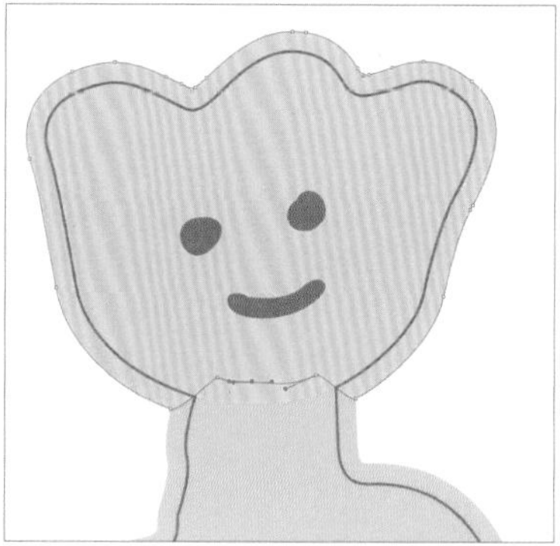

17 나머지 점도 이동시켜 그림을 정리합니다.

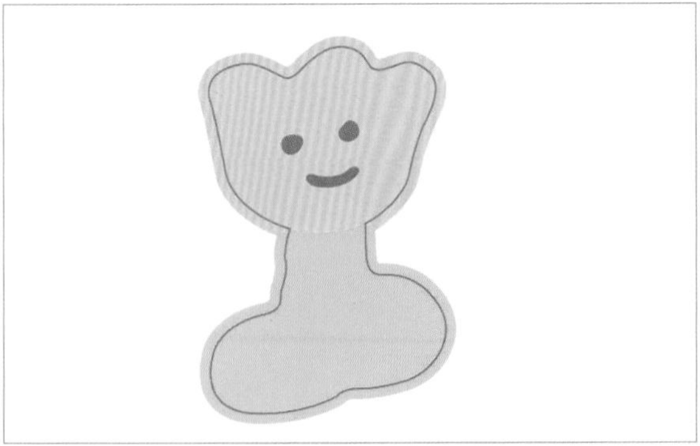

18 이렇게 완성 파일에는 M100의 칼선과 색으로만 완성된 그림이 있어야 합니다.

자유형 템플릿의 원 안에 들어가기 어려운 그림은 제작이 힘들기 때문에, 이번에는 튤립의 꽃 부분만 사용하여 제작해 볼게요.

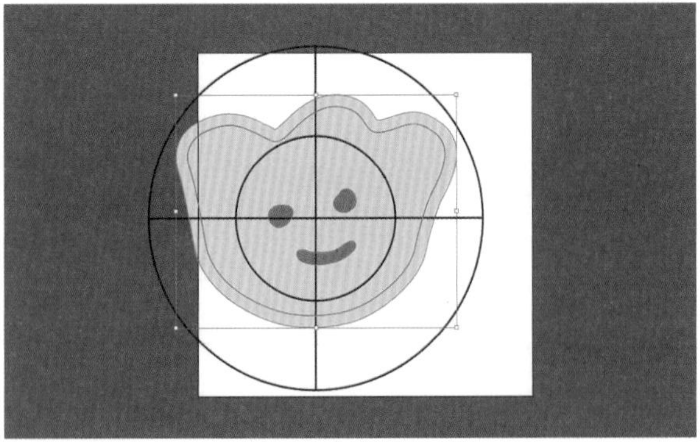

19 이제 잠겨있는 레이어를 모두 해제합니다. 템플릿 도큐에서 템플릿을 선택하고 복사 후 작업한 도큐로 돌아와 붙여 넣고 바로 잠가주세요. (단축키: Ctrl+2)

튤립의 꽃 그림이 원에 잘 맞게 줄이거나 늘려서 조절해 주세요. 이때 칼선도 같이 조절해야 하니 레이어를 모두 선택 후, (Shift) 키를 누르면서 크기를 조절합니다. M100 칼선 사이즈 기준으로 안쪽 원에 그림이 채워지지 않았거나 바깥쪽 원 밖으로 그림이 나가면 안 되니 신경 써서 작업해 주세요.

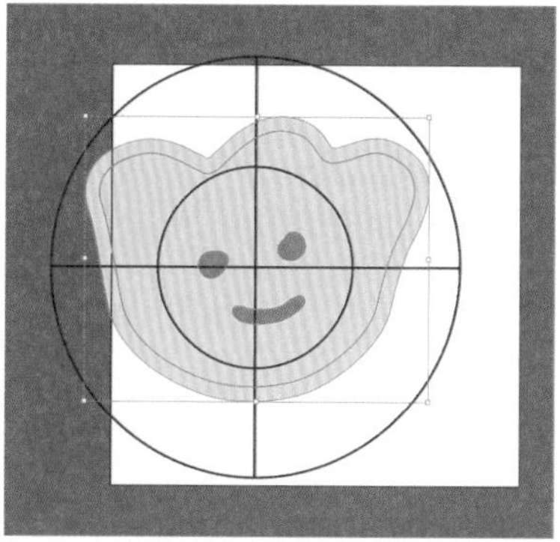

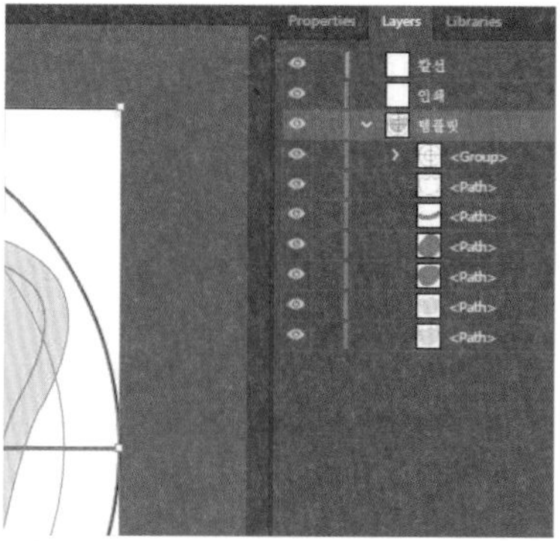

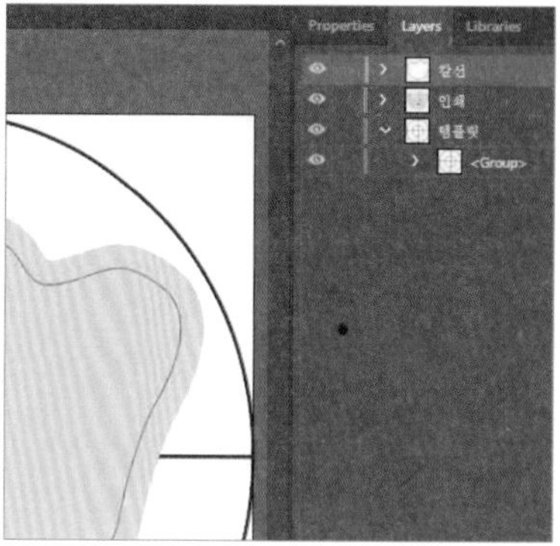

20 그림의 위치를 잘 조절해 주세요. 안쪽 원이 스마트톡 본체가 붙는 부분이기 때문에 이 부분이 너무 한쪽으로 치우치지 않게 잘 배치합니다.

21 잠겨있는 레이어의 잠금을 해제하고 모두 선택하여 오려주세요. (단축키: Ctrl+X) 대지를 화면 꽉 차게 확대한 뒤(단축키: Ctrl+0) 오려두었던 레이어를 붙여 넣고 도큐의 가운데에 배치합니다.
이제 레이어를 정리해 주세요. 레이어를 두 개 추가해서, 위에서부터 '칼선', '인쇄', '템플릿' 순서로 배치합니다.

22 그림들을 모두 선택해서 그룹으로 만들고(단축키: Ctrl+G) '인쇄' 레이어에 넣어주세요. M100의 칼선은 '칼선' 레이어에 넣고 마지막 템플릿 레이어에는 템플릿을 그대로 둡니다. 이제 CS6 버전의 일러스트 파일로 저장해 주세요. 사이트에서 자유형 스마트톡을 선택하고 발주하면 됩니다.

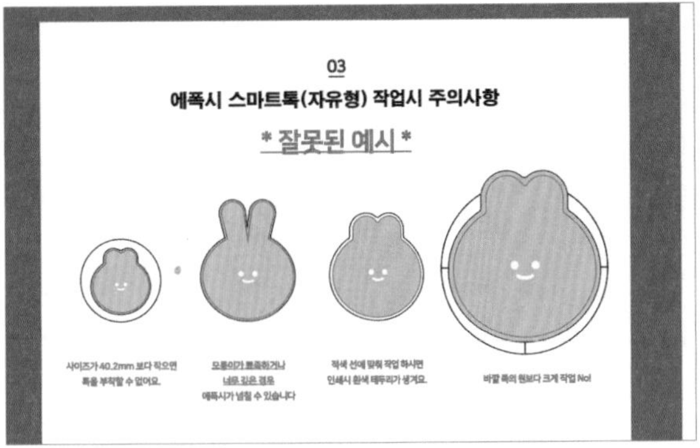
03
에폭시 스마트톡(자유형) 작업시 주의사항
* 잘못된 예시 *
사이즈가 40.2mm 보다 작으면 톡을 부착할 수 없어요.
모퉁이가 뾰족하거나 너무 깊은 경우 에폭시가 넘칠 수 있습니다
적색 선에 맞춰 작업 하시면 인쇄시 흰색 테두리가 생겨요.
바깥 쪽의 원보다 크게 작업 No!

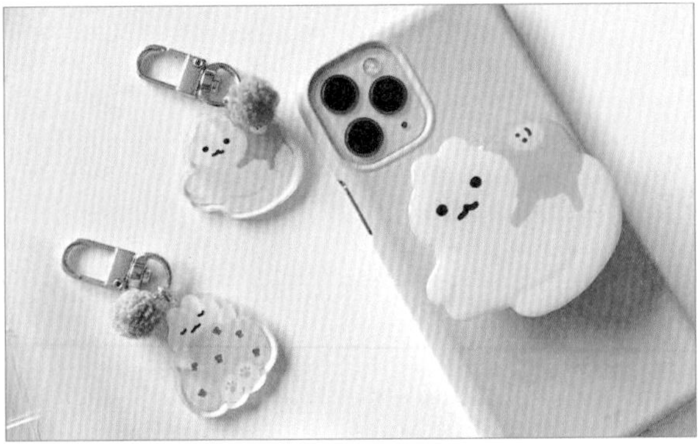

23 작업 전 템플릿의 자유형 스마트톡 작업 유의 사항을 꼭 확인 해주세요. 포장 패키지 역시 원형 스마트톡 패키지를 만드는 방법과 같습니다. 케이스만 별도로 구매하고, 뒷지는 템플릿에 맞게 제작 후 성원애드피아에서 발주합니다.

24 스마트톡은 손에 쥐었을 때 그립감이 편한 것이 목적이기 때문에, 그림에 너무 뾰족한 부분이 있으면 불편할 수밖에 없어요. 이러한 부분들을 고려해 최대한 둥그스름한 느낌의 그림으로 작업해주세요.

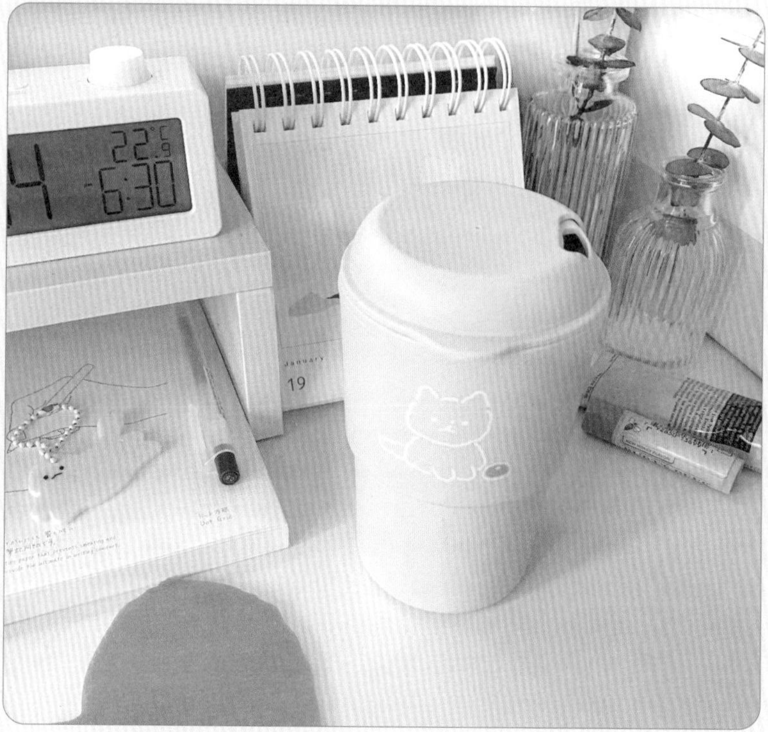

컵, 텀블러 만들기

NOTE

일상생활에서 많이 사용되는 컵은 스티커, 메모지와 같은 복잡한 작업이 따로 없어서 제작 방법이 비교적 쉽습니다. 보통 판촉물 사이트를 이용하니 여러 사이트를 찾아보며 편한 곳에서 만들어보세요. 컵은 종류와 용량이 다양한데, 여름철에는 일반 유리컵, 열에 강한 내열유리컵 등을 많이 제작하며, 겨울철에는 머그잔, 텀블러 등을 많이 제작합니다.

SAMPLE SITE

레드프린팅 | www.redprinting.co.kr 머그컵
윈브릿지 | http://w-b.co.kr 월머그텀블러

1. 머그컵 만들기

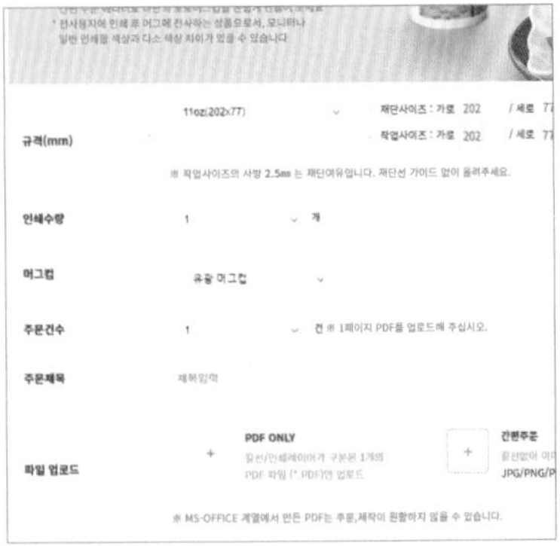

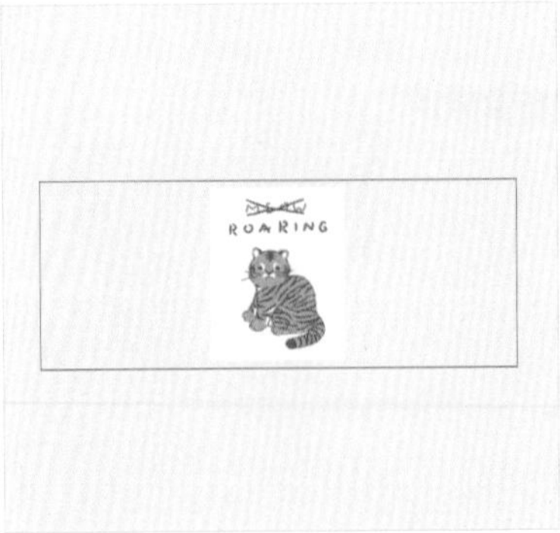

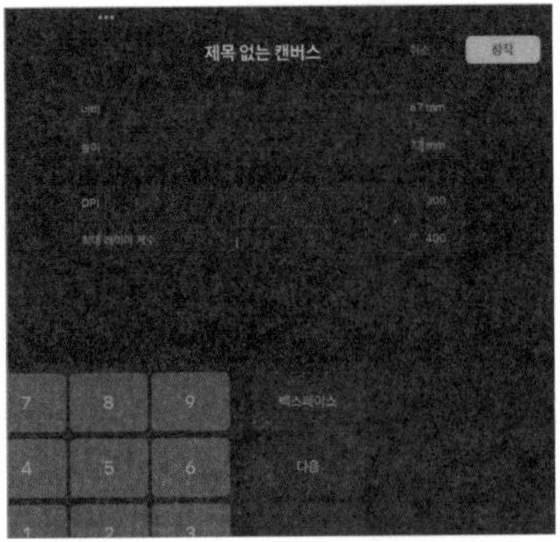

01 레드프린팅 사이트에서 [가게용품] 〉 [컵/홀더] 〉 [포토머그컵]을 선택합니다. 11oz(약 355mL)의 머그컵에 그림을 넣어볼게요. 이 상품은 포토머그컵으로 네모난 사진을 넣어 제작하기에 적합한 제품입니다. 컵을 만들 때 가장 신경 써야 할 것은 컵에는 굴곡이 있어서 일자 형태의 디자인은 삐뚤어져 보일 수 있어요. 그래서 보통은 컵 전면에 그림을 배치하는 형태로 제작합니다.

02 [간편주문]에서 JPG 파일을 업로드하여 접수합니다. 파일을 첨부하면 뜨는 에디터에서 이미지 사이즈를 조절하고 원하는 위치에 배치해주세요. 작업사이즈 202×77mm로 작업한 그림을 가운데 배치하면 손잡이 맞은 편에 그림이 인쇄됩니다. 가로 202mm를 삼등분한 67.3mm가 한 면의 제작 사이즈가 됩니다. 작업 영역은 앞면, 가운데, 뒷면 이렇게 나눌 수 있어요.

03 가운데 배치가 아닌 앞면 혹은 뒷면에 그림을 넣기 위해, 프로크리에이트에서 사이즈 67.3×77mm, DPI 300, CMYK 모드의 캔버스를 만들어 주세요.

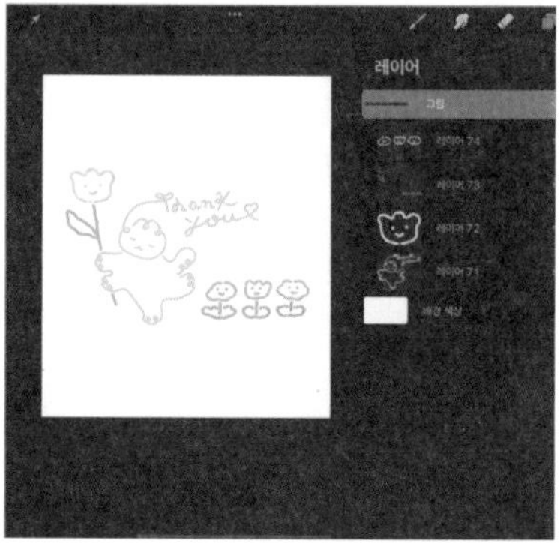

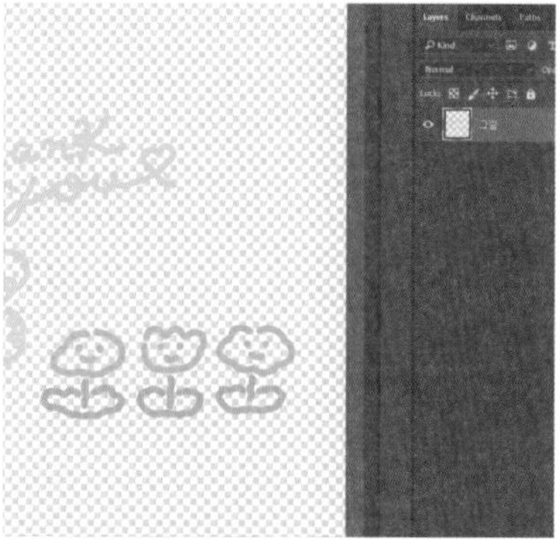

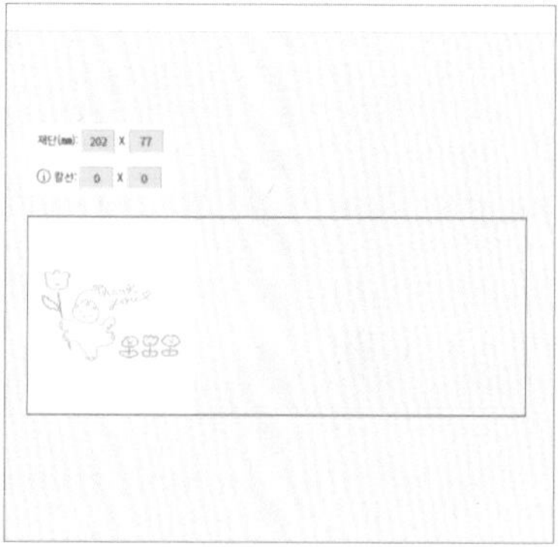

04 머그컵에 들어갈 그림을 자유롭게 그려주세요. 컵에 하는 인쇄는 전사 방식이라 너무 얇은 선은 보이지 않을 수 있으니 주의하여 디자인합니다.
다 그린 후 PSD 형식으로 저장하여 PC에 보내주세요.

05 포토샵에서 PSD 파일을 열어주세요. 배경레이어는 삭제하고 그림레이어는 모두 병합합니다. [File] 〉 [Export] 〉 [Quick Export as PNG]를 선택하여 PNG 파일로 저장해 주세요.

06 이제 사이트의 간편주문에 PNG 파일을 첨부합니다. 왼쪽에 그림을 붙이면 컵의 중앙이 아닌 뒷면에 인쇄됩니다. 그림이 제품 사이즈 선 안에 들어가게 크기를 조절한 뒤, [칼선]의 위칫값을 0, 0으로 입력하여 완료합니다.

2. 월머그 텀블러 만들기

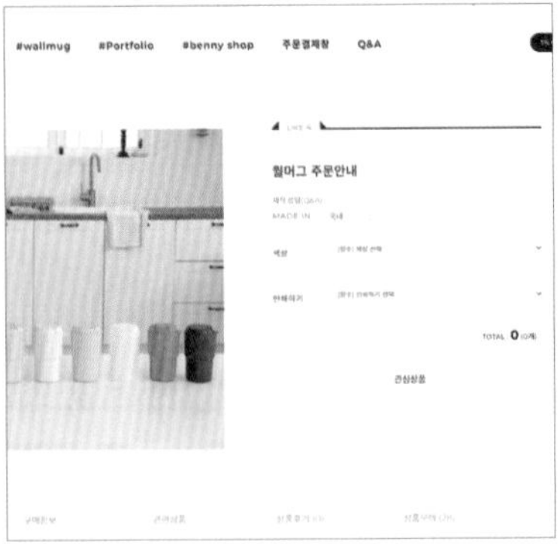

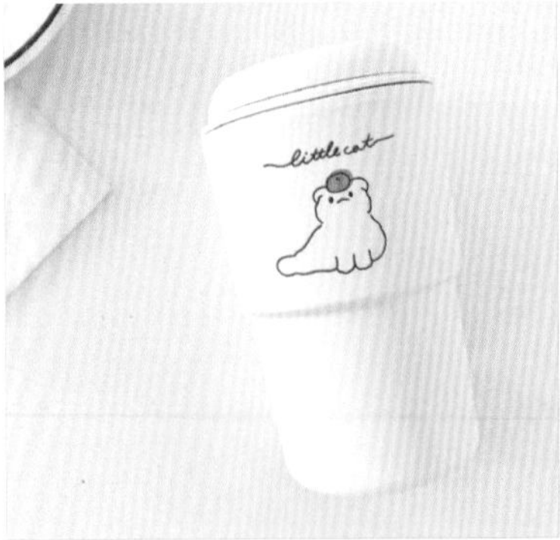

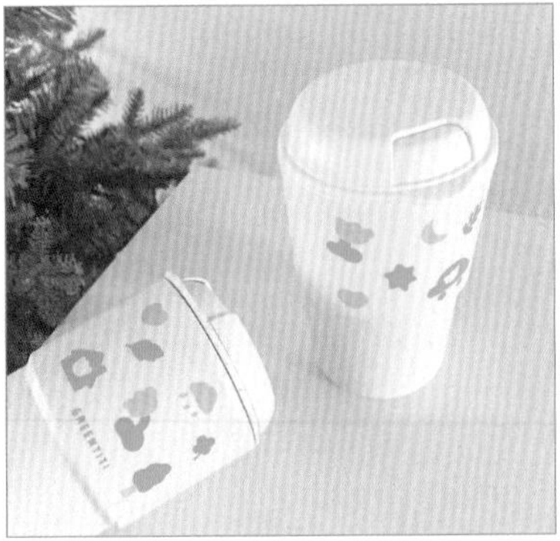

01 윈브릿지 사이트에서 월머그 텀블러를 제작해보세요. 기본 컬러가 다양하며 완전 밀폐형이 아니라 책상이나 테이블에 놓고 가볍게 사용되기 때문에 많이 제작됩니다. 지금도 새로운 컬러가 계속 추가되고 있으니 이후에도 더 다양한 컬러의 제품을 볼 수 있을 것 같아요. 머그컵과 달리 실크스크린 인쇄로 좀 더 또렷하고 깔끔한 인쇄가 가능하지만 기본 제작 수량이 100개 이상으로 다소 높습니다.

02 실크스크린 인쇄이기 때문에 인쇄 컬러가 한정적입니다. 주문 페이지의 선택사항에 보면 '1도 인쇄'라고 되어 있는데, 한 가지 색 잉크로만 제작할 수 있다는 뜻이에요. 많게는 두 가지 색을 사용할 수 있으며, 이때 색의 위치가 완벽하게 맞지 않을 수 있다는 점을 유의해 주세요.

03 한두 가지 컬러로만 인쇄되기 때문에 깔끔하고 단순한 그림이 좋습니다. 칼선은 이미지 확장보다는 펜툴을 사용해 직접 그려주세요. 인터넷에 컵, 텀블러 제작 등을 검색하면 대체로 판촉물을 제작하는 토탈 기프트 숍이 많아요. 소량 제작을 하고 싶다면 판촉물 사이트도 좋습니다. 제작 방법은 대부분 동일하며, 소품류는 일러스트 파일로 접수를 하는 것이 좋다는 점을 꼭 기억해 주세요.

05

파우치, 에코백 만들기

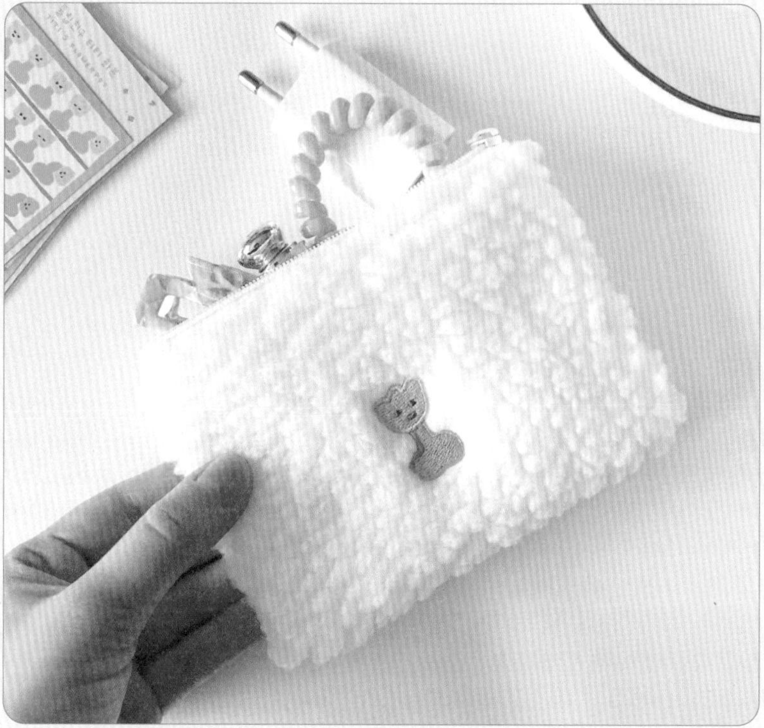

NOTE

가장 많이 제작하는 패브릭 굿즈는 파우치와 에코백입니다. 여름철에는 광목 원단, 캔버스 재질로 많이 제작하며 겨울철에는 뽀글뽀글한 덤블링 양털 원단으로 많이 제작합니다. 특히 에코백은 저렴한 가격에 제작할 수 있고 판촉물 사이트를 이용하면 소량으로 제작할 수도 있습니다. 보통 잉크 인쇄 방식으로 제작하지만, 자수로 인쇄하는 제품도 인기 품목입니다.

SAMPLE SITE

지오스컴퍼니 I www.giosbag.com 자수에코백

레드프린팅 I www.redprinting.co.kr 에코백

한국봉제공장 I https://cafe.naver.com/misinggo

1. 제작 업체 찾아보기

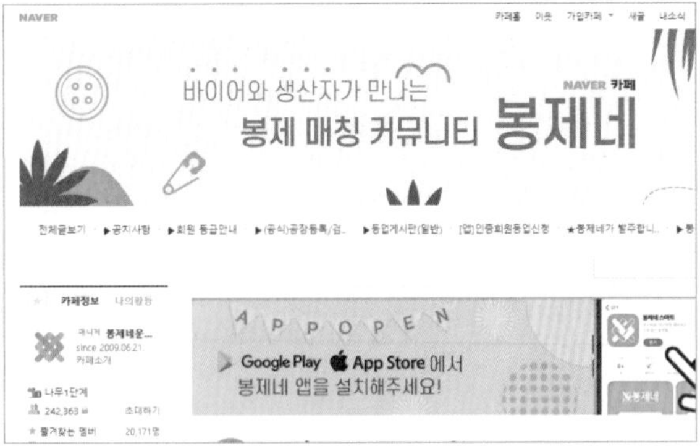
NAVER
바이어와 생산자가 만나는
봉제 매칭 커뮤니티 봉제네
NAVER 카페
Google Play App Store 에서
봉제네 앱을 설치해주세요!

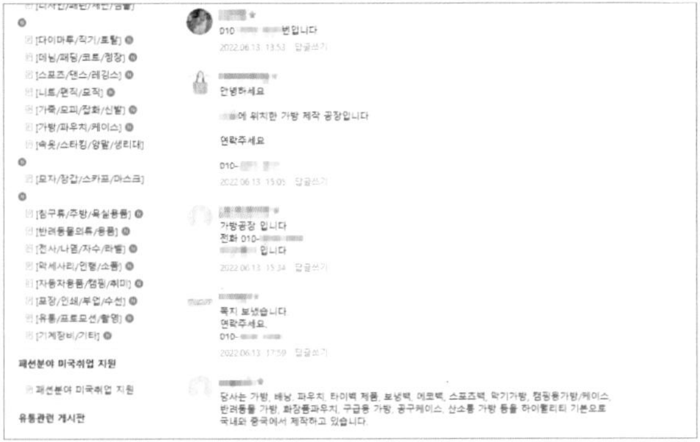

패브릭 굿즈는 지류와 달리 큰 금액이 드는 만큼 꼼꼼하게 제작업체를 검색하고 여러 번 확인하여 진행하는 것이 좋아요. 먼저 만들고자 하는 상품을 정하고 제작사이트를 직접 검색하여 제품 사양을 확인하고 발주하는 방법이 있습니다. '파우치 제작'이라고 검색하면 다양한 제작 사이트를 확인할 수 있습니다. 최근에는 사이트뿐만 아니라 스마트스토어를 통해서도 제작할 수 있어요.

두 번째 방법은 직접 제작업체를 찾는 글을 올려 업체의 연락을 기다리는 것입니다. 업체와의 컨택은 네이버 한국봉제공장 카페(https://cafe.naver.com/misinggo)에서 활발하게 이루어지고 있어요.

카페에 가입 후 [공장 찾습니다] 게시판을 이용할 수 있어요. 제작하려는 제품이 어떤 원단인지, 대략적인 크기와 인쇄 방법, 부자재 등에 대해 최대한 자세히 적어 글을 올리면 관심 있는 업체에서 댓글을 달거나 업체로부터 메시지를 받을 수 있어요. 혹은 다른 사람들이 올린 글에서 업체 정보를 확인할 수도 있습니다.

연락이 되면 제작하려는 제품에 대해 자세히 이야기하고, 될 수 있으면 직접 방문해서 원단 및 실의 종류, 색상, 부자재 등을 꼼꼼히 확인 후 제작을 진행하는 것이 좋습니다. 가능하다면 대량 제작을 하기 전에 샘플로 먼저 하나를 제작해보는 것도 좋아요.

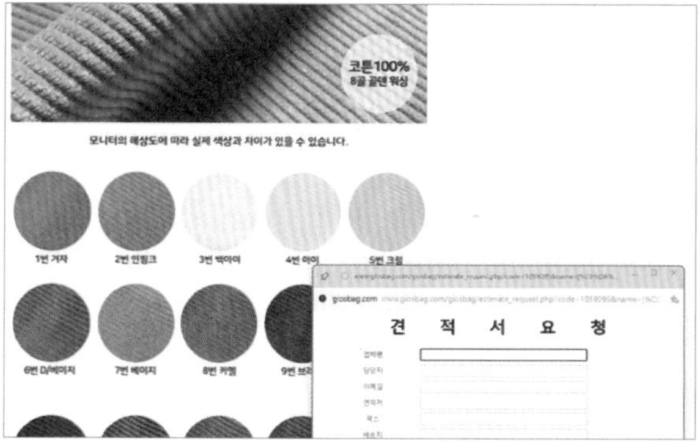

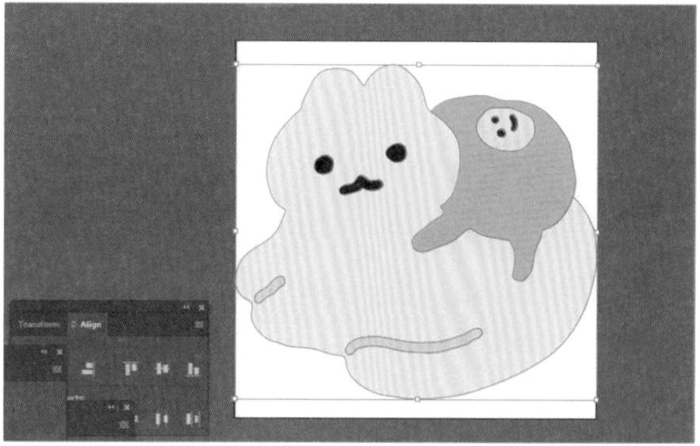

01 이렇게 찾은 사이트나 제작업체와 견적에 대한 상담을 진행합니다. 품목, 원단, 제작 수량, 인쇄 방법 등 내용을 작성하고 준비해둔 일러스트 파일을 첨부해서 견적을 요청합니다. 온라인에서 임시 견적서를 받을 수 있는 곳도 있지만, 업체에 직접 연락해서 문의하는 방법이 가장 확실하고 좋습니다. 제작 전에 후가공 및 제작 공정에 대해 상세페이지와 상담을 통해서 꼼꼼하게 체크해두는 것이 중요합니다.

02 패브릭 제품류를 주문할 때 먼저 도안을 완성해서 준비해 놓는 이유는 도안의 사이즈나 색상, 원단 종류와 크기 및 부자재 등 변수가 많기 때문에 도안을 보고 정확한 견적을 파악하는 것이 중요하기 때문입니다. 번거롭더라도 칼선 작업을 해둔 일러스트 파일을 준비해두세요.

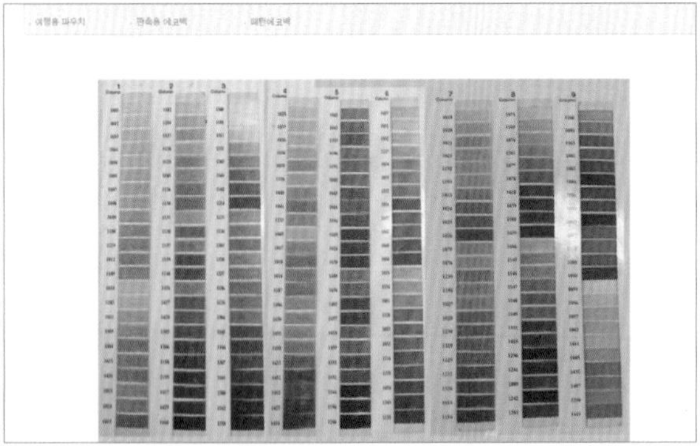

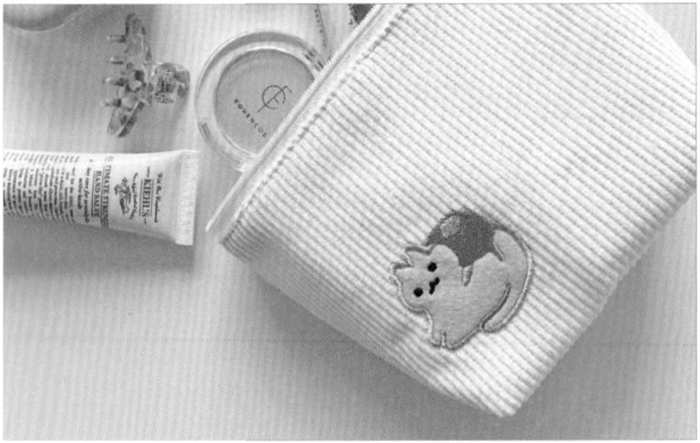

03 패브릭에 인쇄하는 방법은 다양하지만, 일반적으로 실크인쇄 또는 자수인쇄로 많이 제작하는 편입니다. 실크인쇄의 경우 1도, 2도 인쇄로 많이 제작되며, 자수인쇄에는 다양한 실을 사용할 수 있습니다. 지오스 컴퍼니 사이트의 [원단색상표], [지퍼색상표], [자수인쇄실]에서는 다양한 원단의 종류와 컬러, 지퍼와 자수의 종류와 컬러도 확인할 수 있어요. 하지만 아무래도 화면상으로 보는 것이기 때문에 실제 색상과는 차이가 있는 점을 참고해주세요.

04 자수 인쇄는 자수만으로도 제작이 되지만, 안쪽에 펠트지 같은 다른 원단을 놓고 위에 자수를 입히는 방식으로도 제작할 수 있습니다. 혹은 안감을 넣음으로 좀 더 튼튼하게 제작할 수도 있어요.
다양한 방식으로 제작이 되며 실의 색상, 굵기, 그림의 위치에 따라 제품의 느낌이 많이 달라지니 평소에 다양한 제품을 살펴보며 눈에 익혀 두는 것이 좋습니다.

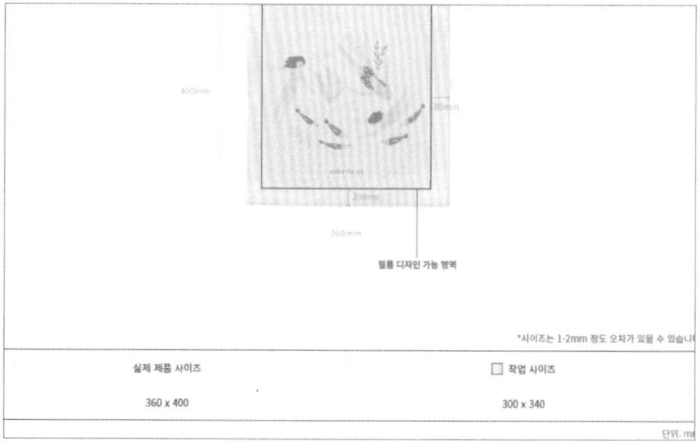

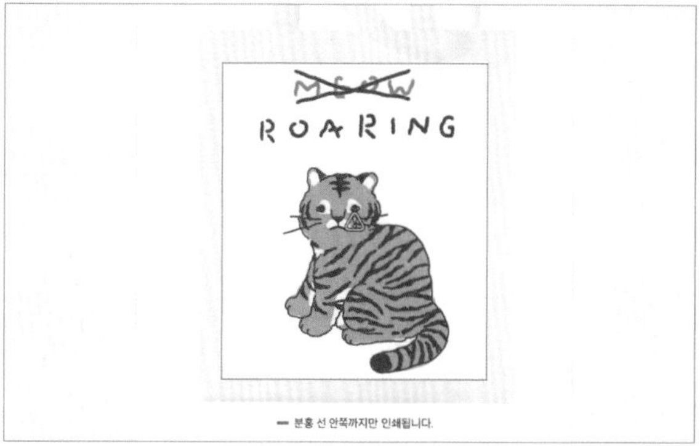

01 개인이 사용하는 용도나 소량으로 가볍게 제작할 때는 역시 레드 프린팅을 추천합니다. [에코백] 〉 [직접인쇄] 메뉴에서 제작할 원단과 작업사이즈를 확인해주세요.

캔버스 내추럴, 캔버스 화이트, 면 14수 내추럴 베이지 세 종류의 원단이 있고 원단 위에 인쇄하는 방식으로 제작됩니다. 에코백의 제품사이즈는 360×400mm이고 작업 사이즈는 300×340mm입니다. 흰색 인쇄가 안 되는 점을 미리 숙지하고 디자인해주세요.

02 파일 접수 방법은 PDF도 있지만 편한 방법으로 에디터에서 이미지를 불러와 편집하는 방식으로 제작해볼게요. 파일 업로드에서 [에디터]를 실행하고 JPG 또는 PNG 파일을 가져옵니다.

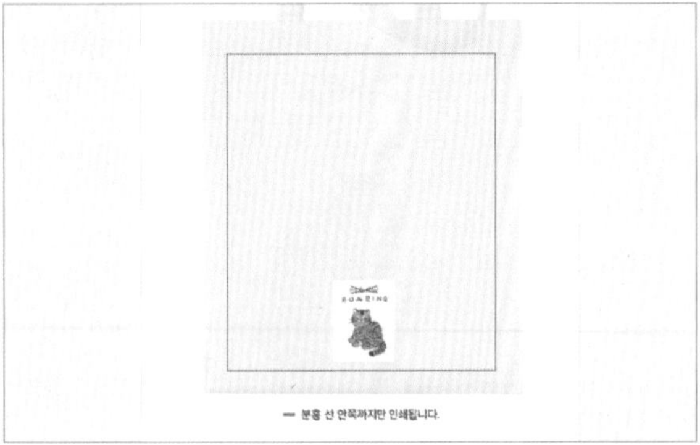

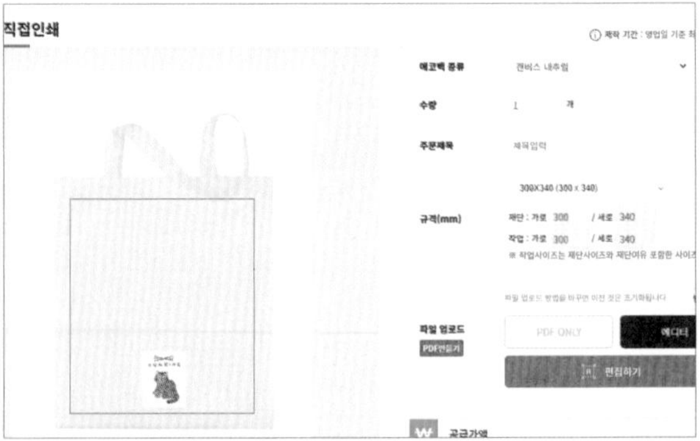

03 이미지의 사이즈가 너무 작거나 해상도가 낮으면 인쇄했을 때 그림이 깨질 수 있으니 반드시 작업 사이즈인 300×340mm 안에 DPI 300으로 작업해 주세요. 그림을 영역 안에 꽉 채우지 않아도 되니 여유 있게 크기를 조절해서 위치를 잡고 완료합니다.

04 편집 완료한 이미지를 확인 후 주문합니다. 사이트의 에디터를 이용하면 에코백을 포함한 다양한 패브릭 굿즈를 쉽게 제작할 수 있으니 나만의 디자인으로 하나뿐인 패브릭 굿즈를 만들어 보세요.

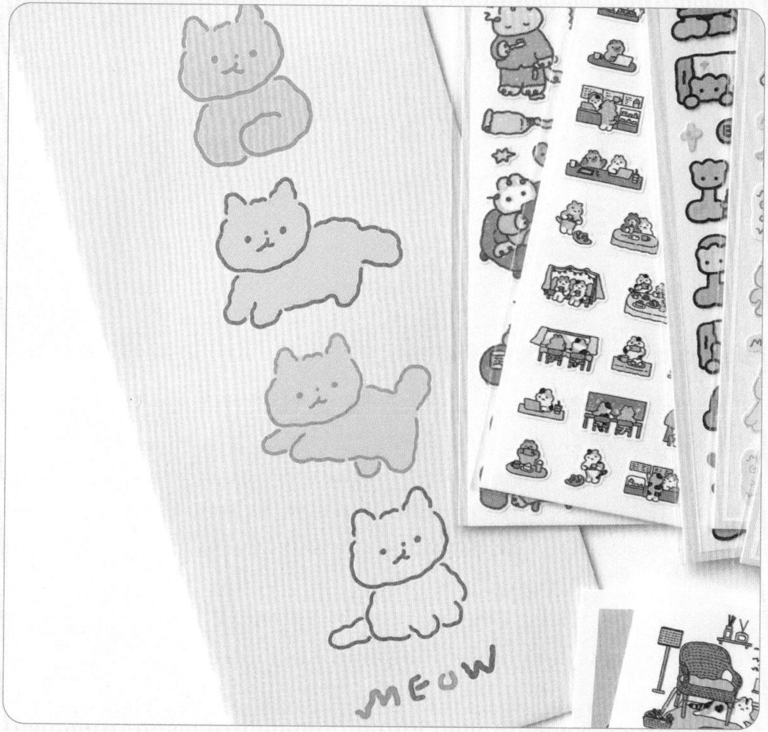

작은 봉투 만들기

NOTE

굿즈 시장에서 가장 많이 제작되는 것은 스티커, 메모지, 엽서와 같은 지류이지만 작은 소품들 또한 수요가 많아지면서 다양한 상품이 제작되고 있습니다. 대체로 제작 방식이 쉽고 비슷해서 간단하게 다양한 제품들이 많이 제작되고 있습니다. 그중 제작한 굿즈의 포장으로도 활용할 수 있고 그 자체로도 훌륭한 굿즈가 될 수 있는 일러스트 봉투를 제작해봅니다.

SAMPLE SITE

레드프린팅 I www.redprinting.co.kr
컬러 소봉투 일반

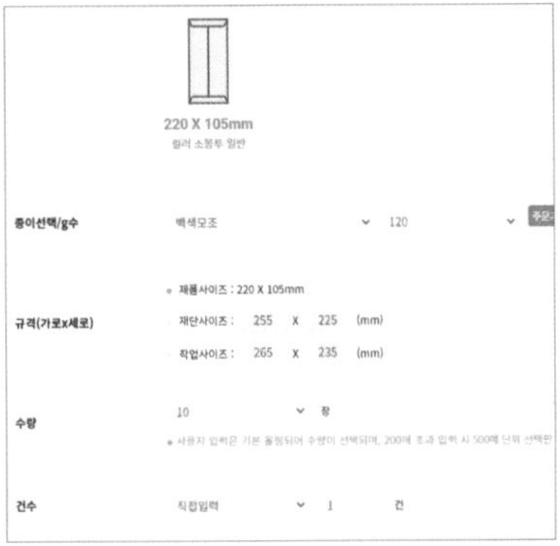

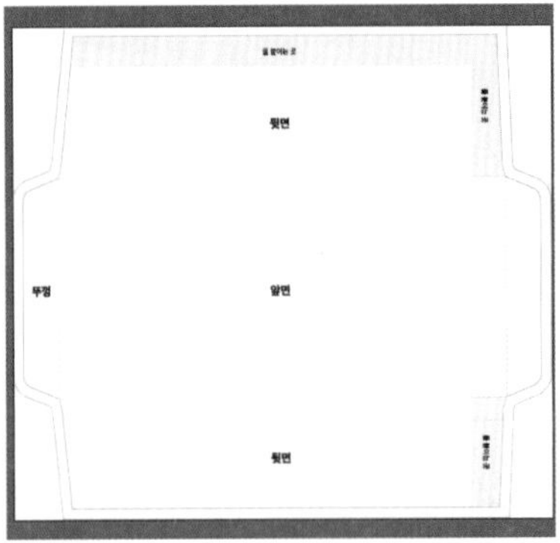

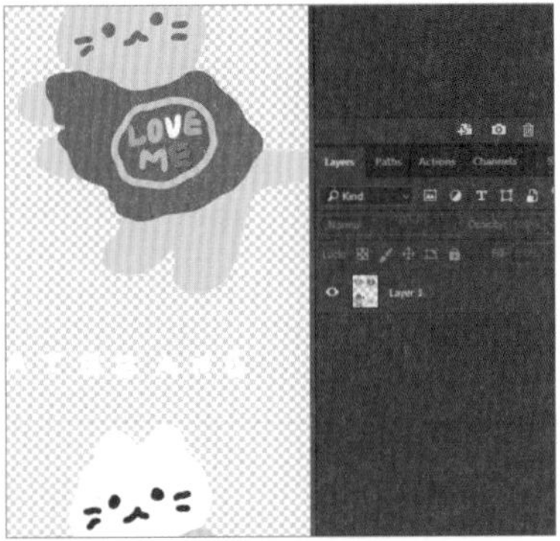

01 여러 종류의 봉투가 있지만 일반적으로 많이 제작되는 '컬러 소봉투 일반'을 만들어 볼게요. 220×105mm 사이즈의 세로로 긴 형태의 백색모조지 봉투입니다. A4용지 재질로 필기가 가능합니다.

02 봉투 제작은 템플릿을 다운받아 PDF로 접수합니다. 템플릿을 다운로드해서 '소봉투 다대(A4 규격)' 일러스트 파일을 열어주세요. 봉투가 펼쳐진 모양의 템플릿입니다. 봉투의 뚜껑이 왼쪽에 있지만 일반적으로 뚜껑이 위로 간다고 생각하면 앞면에 디자인 이미지를 넣을 때 왼쪽으로 돌려서 넣어야 합니다.

03 프로크리에이트에서 그림을 그려 디자인을 완성한 후 포토샵에서 열어주세요. 배경 레이어를 삭제하고 나머지 그림 레이어는 모두 병합하여 하나의 레이어로 만들고 PSD 파일로 저장합니다.

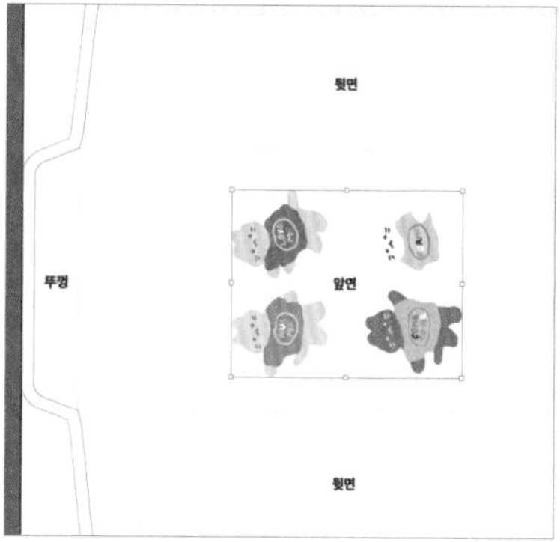

04 일러스트 템플릿 파일에서 [File] 〉 [Place]로 PSD 파일을 가져옵니다. [Link]에 체크가 해제되어 있는지 꼭 확인해 주세요. 이미지는 '작업' 레이어에 넣습니다. (Shift) 키를 누르면서 이미지를 왼쪽으로 회전시킨 후 앞면에 배치합니다.

05 가이드 레이어의 잠금을 해제하고 가장 바깥쪽에 있는 보라색 선을 선택해서 색을 채웁니다. 면 색을 채우면서 선 색은 없애주세요.

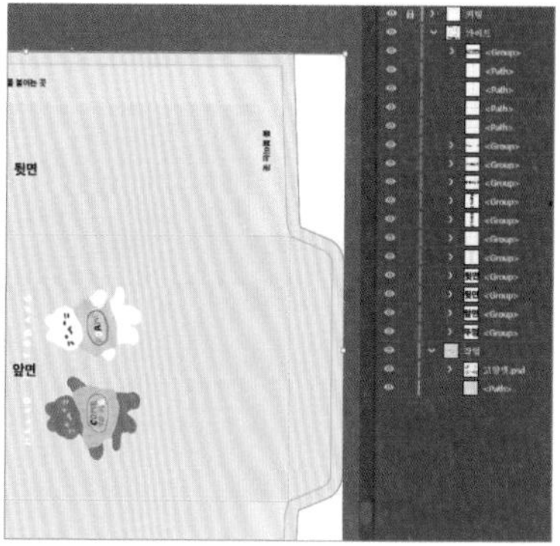

06 이 바탕 레이어를 가이드 레이어에서 작업 레이어의 그림 이미지 아래로 이동해주세요.

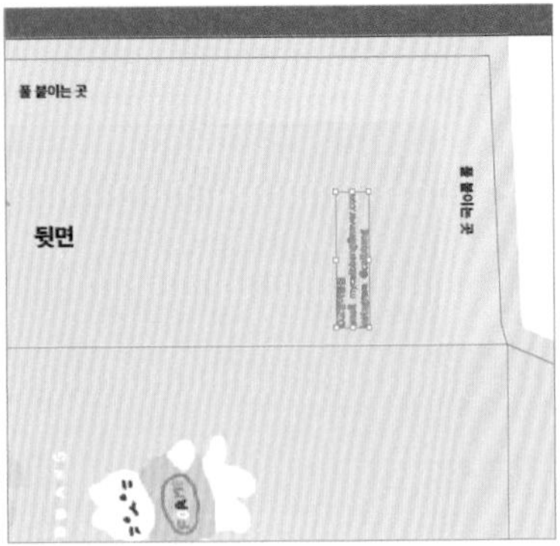

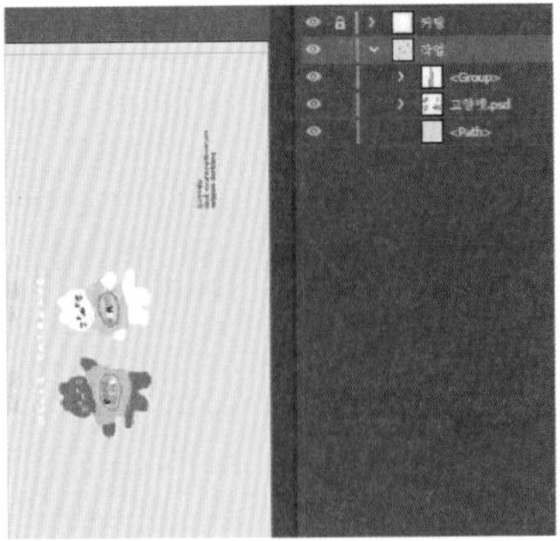

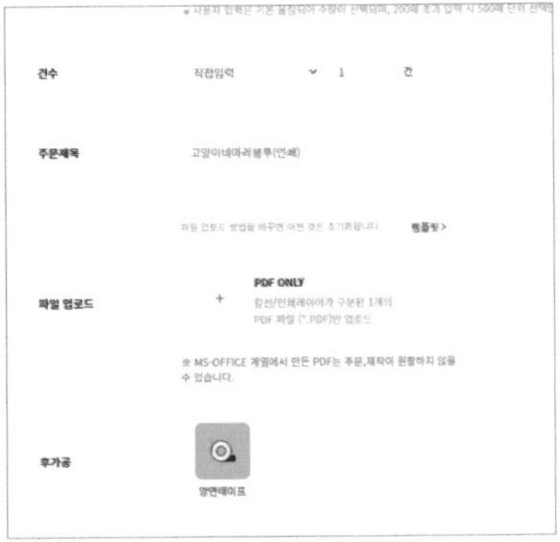

07 봉투에 넣을 내용이 있다면 작성하고 폰트 종류 및 크기, 컬러를 조절하여 배치해주세요. 글씨를 넣었다면 반드시 폰트 아웃라인을 만들어야 합니다. (단축키: Ctrl+Shift+O) '풀 붙이는 곳'은 봉투가 접혀서 붙는 부분이기 때문에 그 주변은 여유 있게 피해서 그림과 글씨를 배치해 주세요.

08 이제 가이드 레이어를 삭제해주세요. 바탕, 그림 이미지, 글씨 등 인쇄 내용은 모두 작업 레이어에 있어야 합니다.
최종적으로 M100의 칼선만 있는 커팅 레이어와 작업 이미지가 있는 작업 레이어, 두 개의 레이어가 있는 것을 확인 후 커팅 레이어의 잠금을 해제하고 PDF 파일로 저장합니다. Press Quality, Acrobat 6로 저장해주세요.

09 이제 PDF 파일을 접수합니다. 봉투의 입구를 봉하기 편하게 양면테이프를 함께 주문할 수도 있어요. 다른 봉투도 이렇게 템플릿으로 쉽고 편하게 작업할 수 있습니다. 봉투의 종류는 성원애드피아도 다양하게 보유하고 있으니 여러 사이트에서 다양한 봉투를 제작해 보세요.

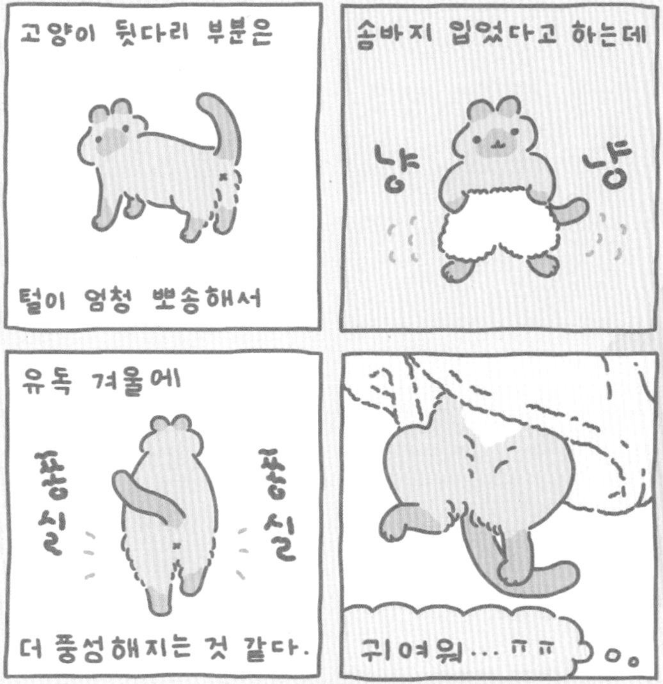
고양이 뒷다리 부분은
털이 엄청 뽀송해서
솜바지 입었다고 하는데
냥 냥
유독 겨울에
풍실 풍실
더 풍성해지는 것 같다.
귀여워... ㅠㅠ

오늘도 역시 고양이는 귀엽다...!

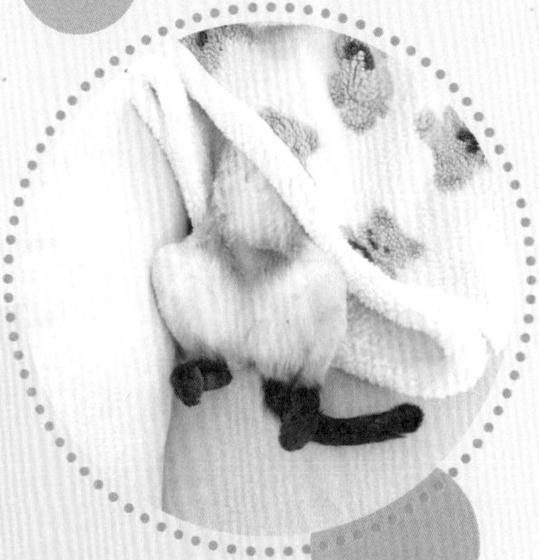

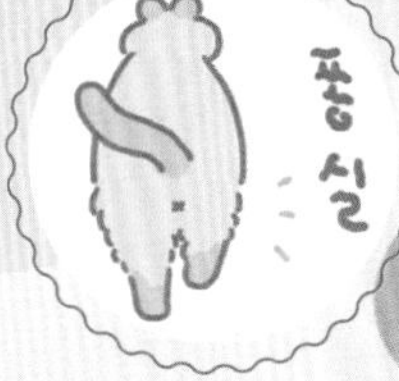
풍실

두 번째 겨울 이야기

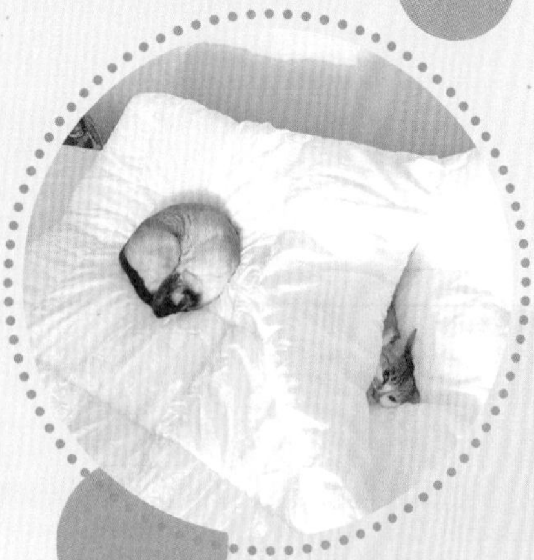

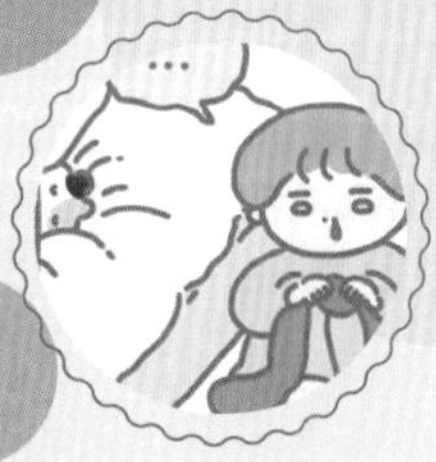

…

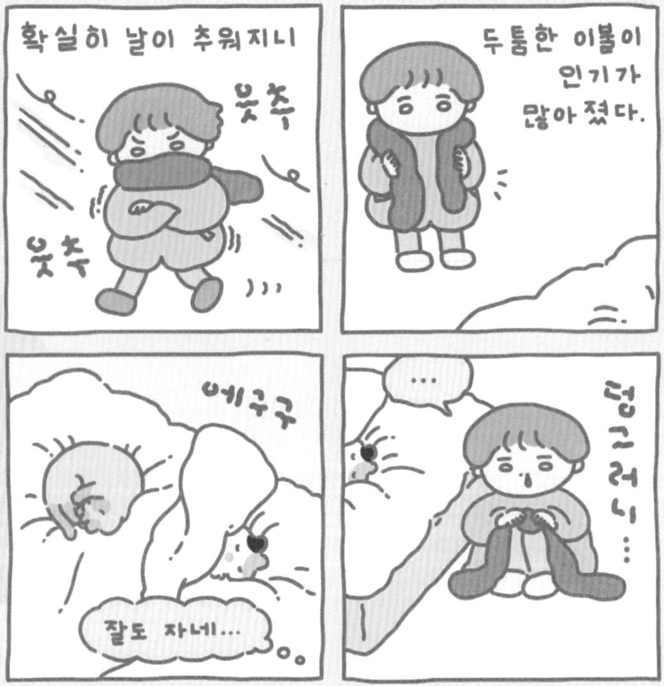

확실히 날이 추워지니
웇추
웇추
두툼한 이불이 인기가 많아졌다.
에구구
잘도 자네…
…
덩그러니…

감기 조심하세요…!

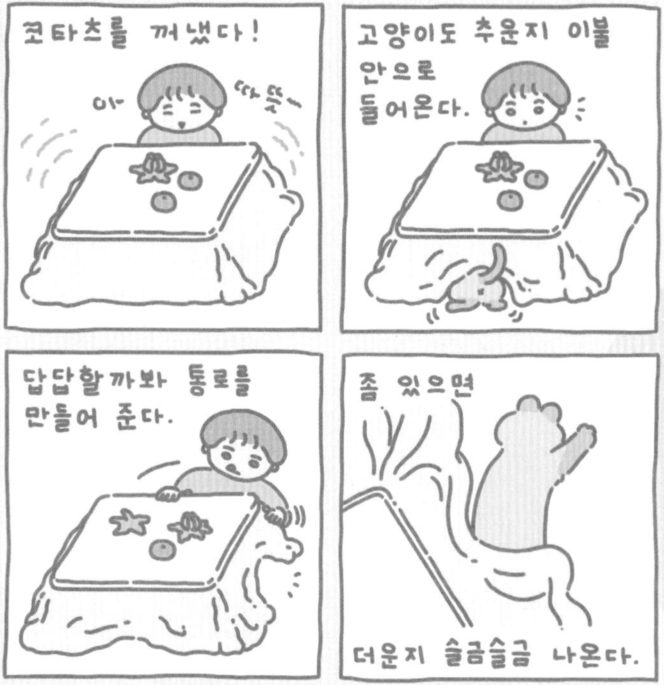
코타츠를 꺼냈다!
아~
따뜻~
고양이도 추운지 이불 안으로 들어온다.
답답할까봐 통로를 만들어 준다.
좀 있으면
더운지 슬금슬금 나온다.

통로를 만들어두어 발은 계속 시리다ㅠㅠ

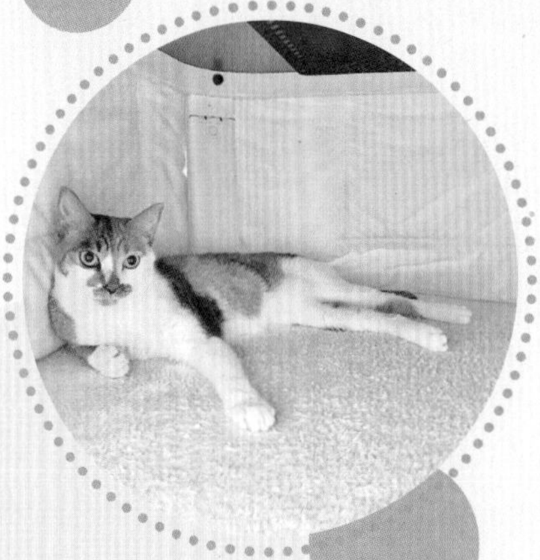

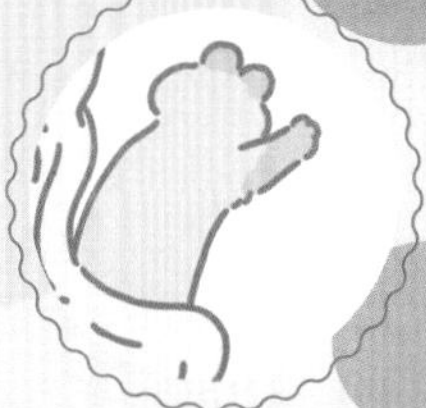

네 번째 겨울 이야기

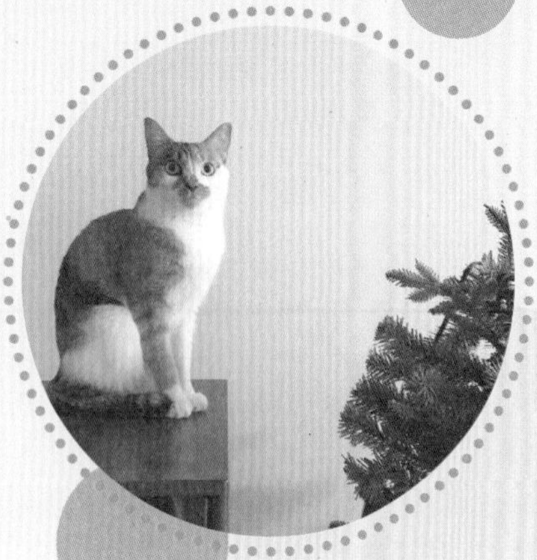

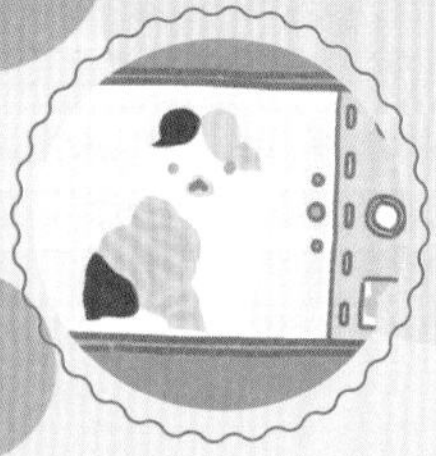

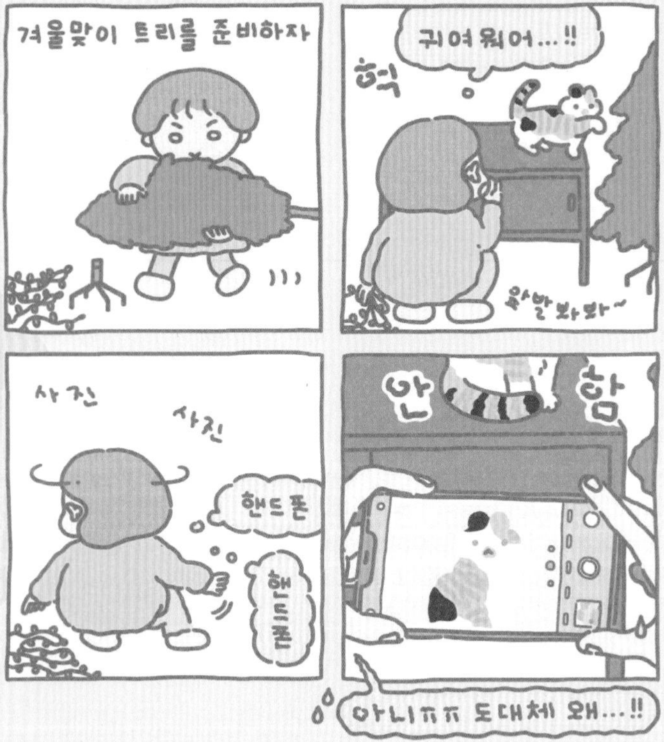

겨울맞이 트리를 준비하자
귀여워어...!!
헉
앞발 봐봐~
사진
사진
핸드폰
핸드폰
안
함
아니ㅠㅠ 도대체 왜...!!

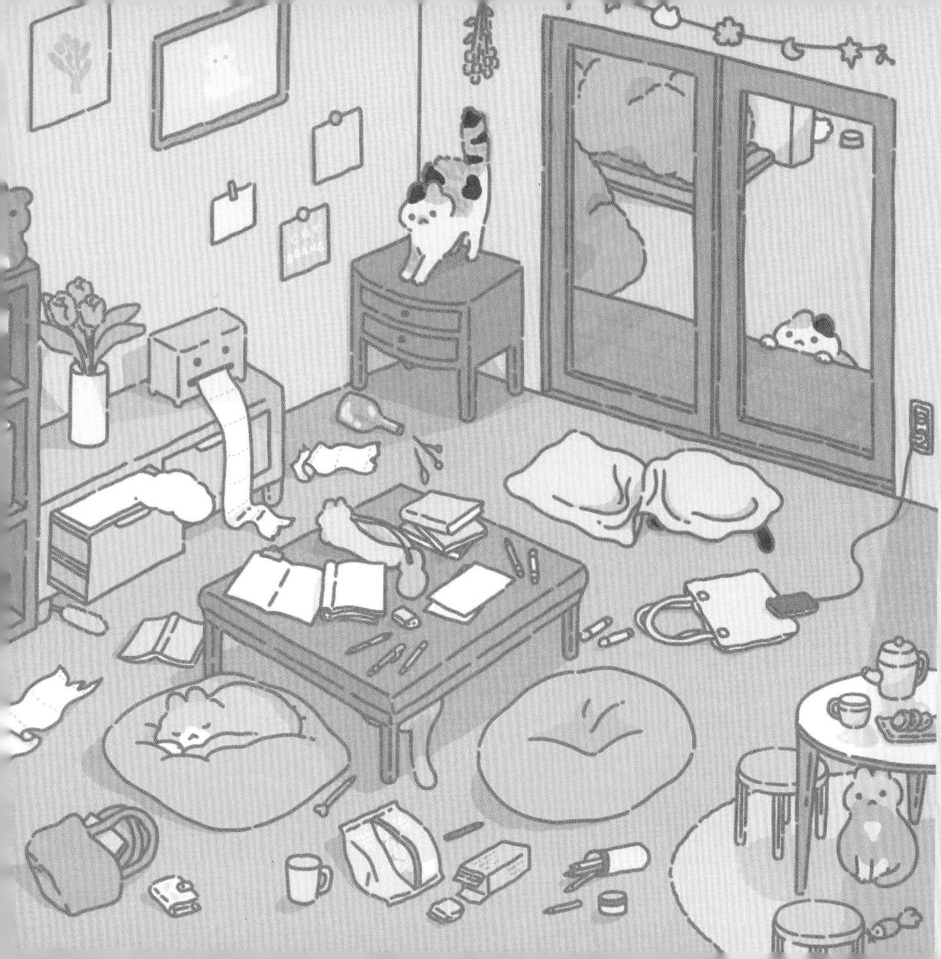

Chapter #04

나만의 소품숍 만들기

01

판매 준비하기

NOTE

좋아하는 그림을 그리고 다양한 제품들을 제작했다면, 판매를 시작해 보도록 합시다.
판매를 하기 위해 준비해야 할 것은 크게 세 가지입니다.
첫 번째는 제품 제작, 두 번째는 제품 포장, 그리고 세 번째는 홍보입니다.

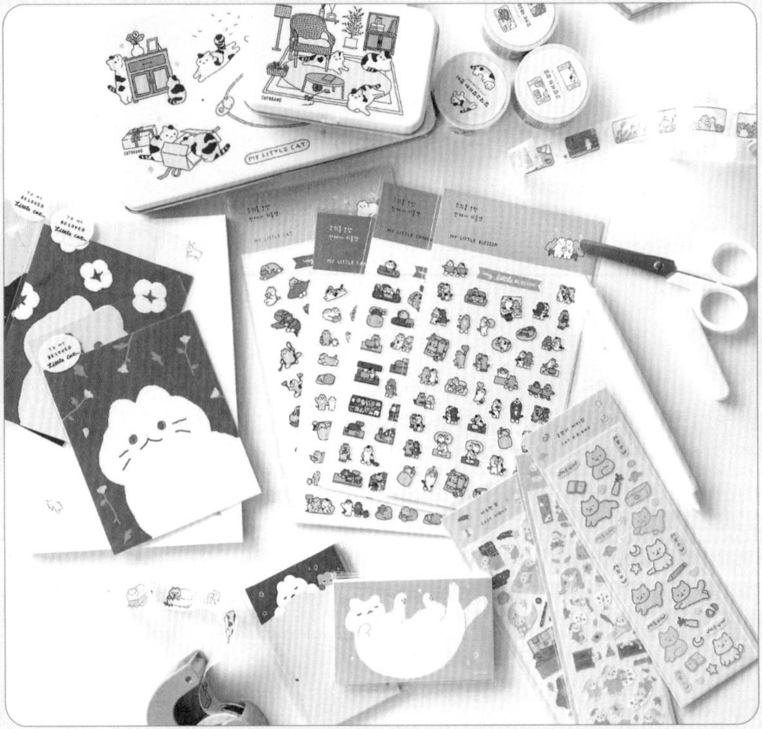

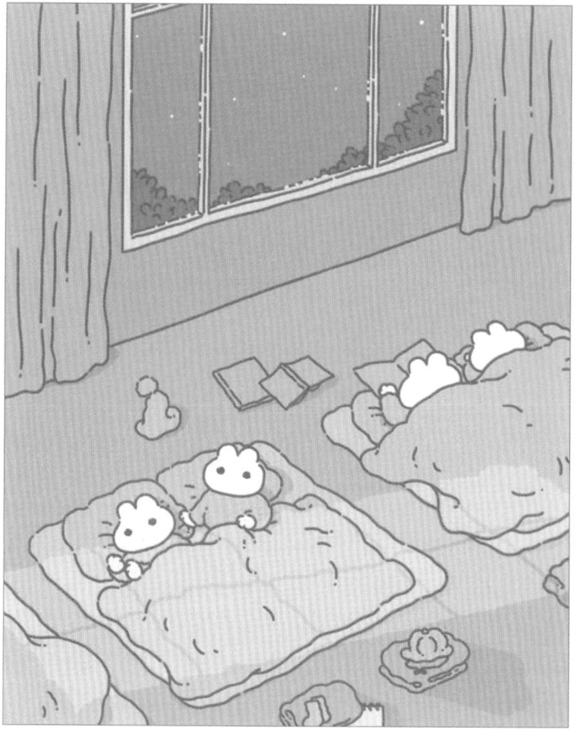

그림을 그리다 보면 내가 추구하는 그림 스타일을 알 수 있습니다. 이를 살려 자신만의 브랜드를 만들어 보세요. 무턱대고 제작하는 것이 아닌, 일종의 스토리를 가진 제품들을 만들도록 합니다.

계절에 맞게, 주제에 맞게 디자인하고 제작하며 브랜드 컨셉에 충실한 작업물들을 만들어야 합니다. 먼저 브랜드의 컨셉을 정해보세요. 컨셉에 맞는 캐릭터를 만들고 이름이나 성격을 부여해서 꾸준히 작업을 하는 것이 좋아요. 저는 고양이와 함께 생활하기 시작하면서 고양이 그림을 끄적이며 그리기 시작했어요. 여러 상황이 좋지 않던 때에 작은 위로가 된 가족 같은 친구들의 귀여움을 다른 사람들도 느끼고 위안이 되길 바라는 마음으로 '고양이빵집' 브랜드를 만들게 되었습니다. '고양이빵집'이라는 브랜드명은 정말 단순하게 고양이가 앉아있는 모습이 식빵을 굽는다고 해서 빵집이라는 이름을 붙였습니다. 좀 더 세련된 이름으로 바꾸고도 싶었지만, 생각보다 많이 좋아해 주셔서 계속 유지하며 작업을 하고 있습니다. 그만큼 브랜드명은 중요하니 찬찬히 구상하고 생각해보며 만들어보세요.

고양이빵집의 슬로건은 '일상 속 작은 위로'입니다. 지친 하루의 끝에 집에서 반겨주는 작고 말랑한 고양이를 생각하며 만들었어요. 소소하지만 작은 위로가 되는 마음을 담고 싶어, 부드러운 느낌에 최대한 따뜻한 계열의 색을 사용하고 있습니다. 이렇게 캐릭터를 만들고 브랜드명을 정한 뒤, 캐릭터와 브랜드 컨셉에 맞게 작업을 합니다.

2. 제품 포장하기

제품 포장은 단순히 제품을 보호하기 위한 것이 아닌 하나의 디자인이 될 수 있어요. 잘 만든 포장은 제품을 더욱 돋보이게 해줍니다.

가장 일반적인 포장은 opp 봉투입니다. 요즘은 환경 문제로 종이 포장이 늘어난 추세지만 아무래도 비닐 포장에 비해 단가가 높고 무엇보다 종이에 가려져 제품이 바로 보이지 않는 단점으로 아직은 opp 봉투 포장이 큰 비중을 차지하고 있어요. 제품의 사이즈보다 조금 더 여유 있는 사이즈로 준비합니다.

스티커의 경우 스티커 자체만 포장하면 흐물거리니 뒷는지를 함께 넣어 포장할 수 있어요. 스티커의 사이즈보다 조금 더 크게 만들어 주세요. 주문은 성원애드피아의 엽서 품목으로 제작하면 됩니다. 이렇게 뒷지와 함께 스티커를 포장해주면 완성도가 높아집니다.

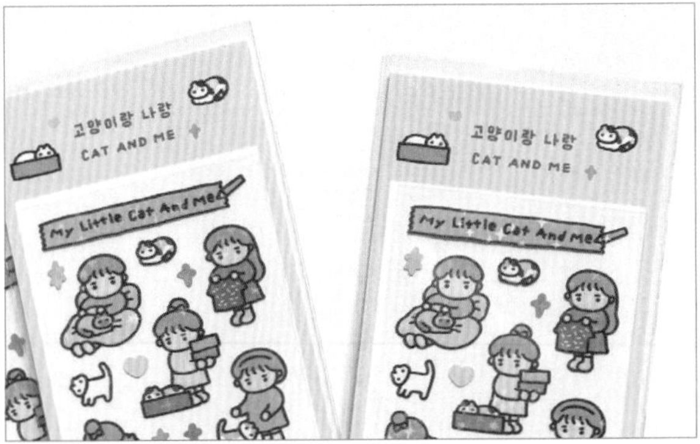

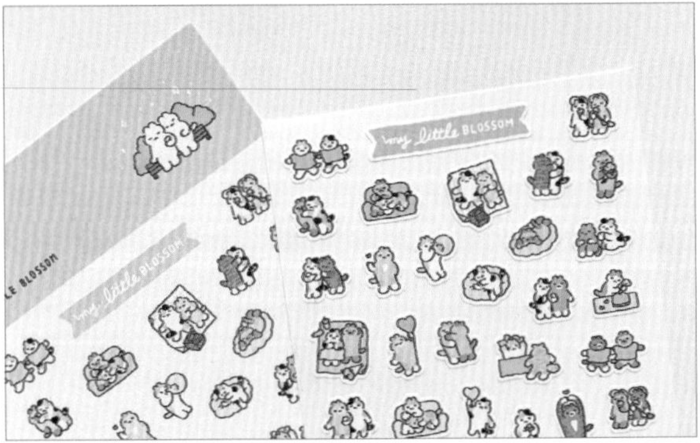

· opp 봉투 및 종이봉투 구입 사이트
볼트몰 https://smartstore.naver.com
세로피엔엘 https://www.saeropnl.com
서흥이앤팩 https://smartstore.naver.com

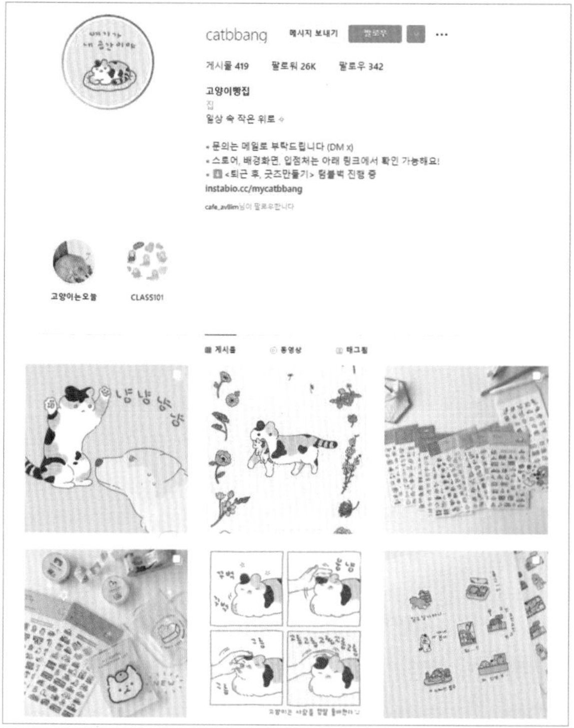

이렇게 포장까지 완료했다면 판매를 위한 마지막 스텝, 브랜드를 홍보해야 합니다. 홍보는 판매에 가장 중요한 역할을 합니다. SNS, 블로그 등 많은 사람들과 소통할 수 있는 곳을 활용하세요.

브랜드명과 어울리는 이름으로 SNS 계정을 만들어서 그림 작업하는 모습과 제품 사진 등을 꾸준히 업로드하며 소통을 이어가고 팬층을 만듭니다. 제품을 제작할 때는 물론 내가 좋아하는 것을 그리고 만들어도 좋지만, 소비자의 니즈를 파악하고 어떤 제품을 만들면 좋을지 생각해 보세요.

02

스마트스토어 운영하기

NOTE

굿즈 제작자들이 가장 많이 이용하는 네이버 스마트스토어를 생성하고 직접 상품을 판매해봅시다.
스토어를 생성하기 위해서는 먼저 사업자등록이 필요합니다. 사업자 등록부터 스토어 홍보까지 꼼꼼히 살펴보겠습니다.

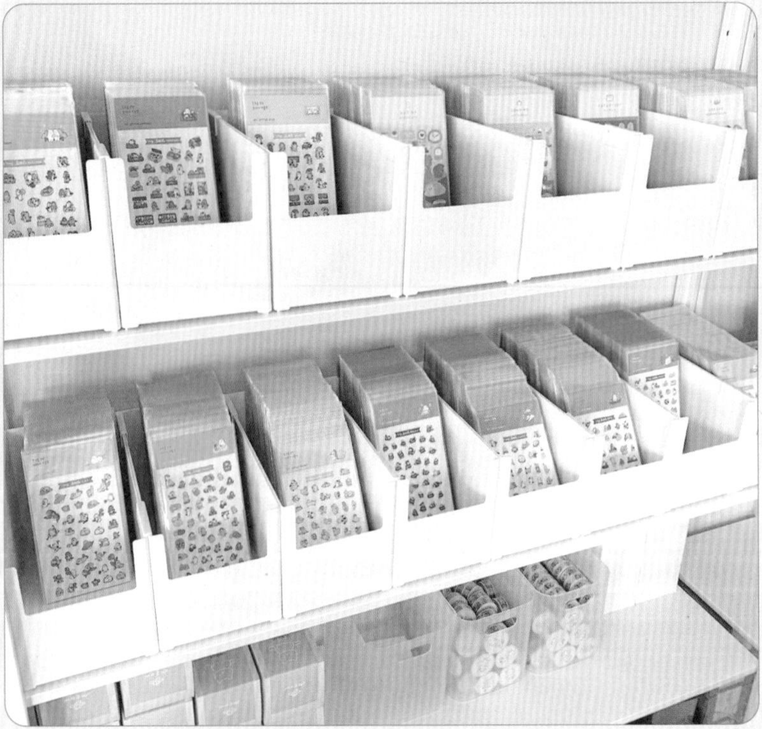

1. 사업자 등록하기

1인 브랜드를 운영하기 위해서 사업자등록을 먼저 합니다. 스마트스토어가 아니더라도 개별적으로 판매를 할 경우에는 네이버 폼이나 트웰티 폼을 만들어 링크를 공유해서 판매하기도 합니다. 하지만 소품숍에 입점하려면 대체로 사업자등록이 되어 있어야 하므로 이번 기회에 사업자등록을 함께 진행해보세요.

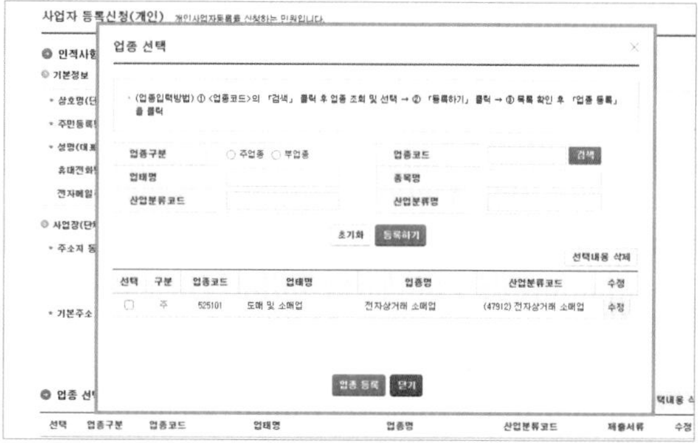

먼저 국세청 홈택스(https://www.hometax.go.k)에 접속하여 [신청/제출] 〉 [사업자등록 신청(개인)]을 클릭합니다. 기본 정보를 입력해주세요. 상호, 사업장 소재지, 업종 선택, 사업장 정보 등을 작성합니다. 만약 작업실이 따로 없다면 자택 주소를 넣어주세요. 어떤 업종을 선택해야 하는지 어려울 수 있는데, [전체업종 내려받기]에서 업종을 찾아보고 업종코드를 선택하거나 업종명을 검색해서 등록할 수 있어요. 온라인 판매를 하면 보통 '통신 판매업 〉 전자상거래 소매업'을 많이 선택하니 참고하여 등록합니다.

사업자 유형은 일반, 간이 등이 있는데, 간이사업자는 연 매출 8천만 원 미만의 소득일 경우 유지되는 사업자 형태로 부가세 부분에 있어 일반 사업자보다 받는 혜택이 많아요. 사업 초기 매출의 부진을 독려하고 성장을 지원하기 위한 세금 혜택이니 처음에는 간이사업자로 시작하는 것을 추천합니다. 기본 사항을 작성 후 신청하면 영업일 기준 약 3일 후에 발급이 된 것을 확인할 수 있어요. 이 방법이 번거로울 경우 오프라인으로도 발급이 가능합니다. 등록증에 입력될 주소지(소재지)의 관할 세무서에 방문해 빠르게 등록할 수 있어요.

발급받은 사업자등록증은 [민원증명] 〉 [사업자등록증명]에서 사용 용도와 제출처 등의 내용을 기재한 후 출력을 신청할 수 있습니다.

2. 스마트스토어 개설하기

스마트스토어를 개설하려면 사업자등록증, 공인인증서, 신분증, 임대차계약서(작업실을 계약했을 경우)가 필요합니다. 임대차계약서는 소재지가 자택일 경우에는 준비하지 않아도 됩니다.

스마트스토어를 개설하고 온라인으로 판매하기 위해서는 통신판매업 신고를 해야 하는데 그 전에 '구매안전서비스 이용 확인증'이라는 서류가 필요합니다. 먼저 스마트스토어에 접속해서 판매자 가입을 진행해 주세요. [판매자 정보] 〉 [사업자 전환] 메뉴에서 대표자 본인 인증 후 상호와 사업자 구분, 사업자등록번호 등 기본 정보를 입력한 후, [통신판매업 신고번호]에서 '아니요'를 체크하고 '신고준비중'으로 등록해 주세요. 정산대금 입금 계좌도 작성 후 서류를 첨부해서 신청합니다.

아직 통신판매업 신고를 하지 않았기 때문에 판매를 할 수는 없습니다. 먼저 네이버 구매안전서비스 이용 확인증을 받으세요. [판매자정보] 〉 [사업자 전환]을 선택하고 [서류 제출하기]의 [구매안전서비스 이용 확인증]을 누르면 확인증이 PDF 파일로 저장되는데, 통신판매업 신고를 할 때 JPG 파일로 첨부해야 하니 저장 후 포토샵에서 JPG로 변환해 둡니다.

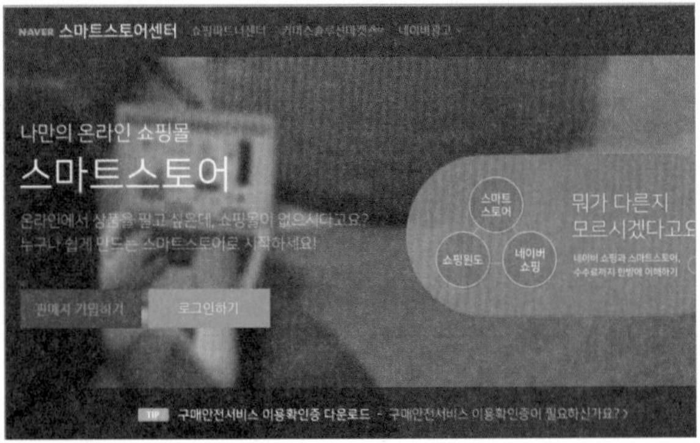

이제 정부24 https://www.gov.kr 사이트에서 [통신판매업신고]를 검색해 [통신판매업신고-시.군.구]에서 신청을 진행합니다. 기본 정보와 업체 정보를 입력하고 판매방식은 '인터넷', 취급 품목은 '종합몰'로 체크해주세요. 인터넷 도메인 이름은 개설한 스마트스토어의 URL 주소를 입력하면 됩니다. 저장해두었던 구매안전서비스 이용 확인증을 첨부하고 신고증을 직접 수령할 수 있는 가까운 기관을 선택하여 완료해주세요.

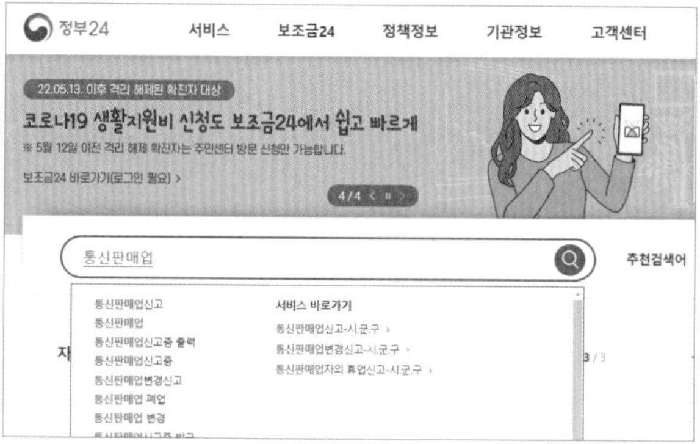

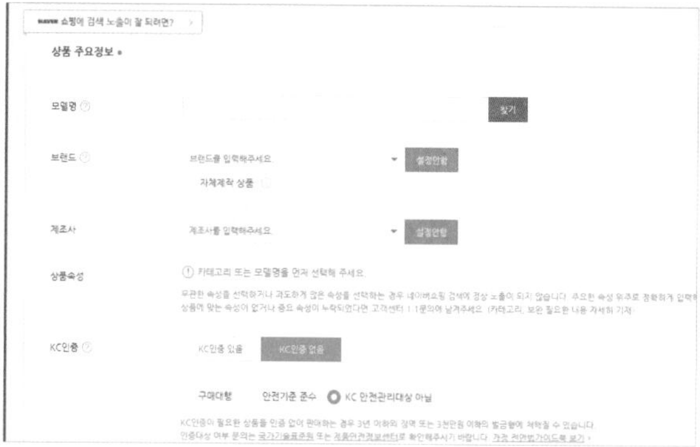

통신판매업 신고는 영업일 기준 약 3~4일 정도 소요되며, '등록면허세'를 지급 후 받을 수 있어요. 관할기관에 방문하여 몇 가지 사항을 확인 후 면허세 지급을 하고 신고증을 받을 수 있습니다. 이 면허세는 매년 1회 지급해야 합니다.

신고증을 수령 후 스마트스토어 [사업자 전환]에 신고 번호를 입력하고 신고증을 첨부해주세요. 영업일 기준 약 3일 정도 후 확인이 완료되면 스마트스토어를 이용할 수 있게 됩니다.

이제 스마트스토어에서 상품을 등록합니다. [상품관리] 〉 [상품 등록]의 빨간색으로 체크된 필수항목을 작성해주세요. 품목에는 스티커, 메모지, 마스킹테이프 등을 입력합니다. 상품명, 판매가, 재고수량, 상품을 촬영한 상품이미지를 넣어주세요. 상세 설명은 [Smart Editor]로 작성할 수 있습니다. 제품 사진들을 추가로 넣고 제품 설명을 적어주세요. 제품의 사이즈나 재질, 유의 사항 등을 적고 상품 주요 정보에 모델명(제품명), 브랜드명, 제조사, 원산지 등을 적고, 상품 정보 제공 고시에도 품명과 모델명 등을 적습니다.

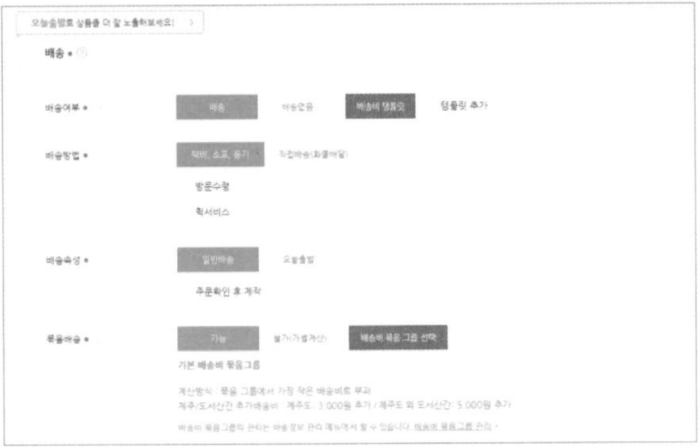

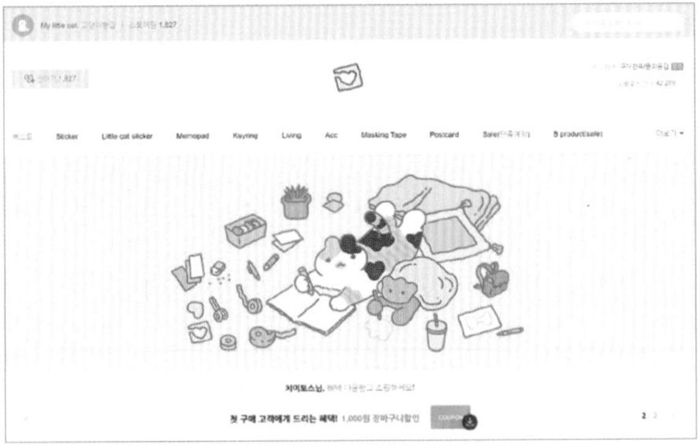

배송에는 배송 방법과 상품별 배송비, 기본 배송비를 등록해주세요. 이용하는 택배사의 기본 금액을 적고 무료 배송 정책을 만들고 싶다면 배송비 조건에 얼마 이상 구매하면 무료인지 입력하면 됩니다. 마지막으로 상품의 특성을 잘 나타낼 수 있는 태그 최대 10개를 입력하고 상품을 등록합니다. 이렇게 계속해서 상품을 등록하기 번거로우니, 다음 상품을 등록할 때는 [복사등록]을 이용하여 먼저 등록한 상품의 내용을 그대로 불러온 뒤 수정하여 등록할 수 있어요.

상품 등록을 하고 어느 정도 준비가 됐다면 [스토어 전시관리] 〉 [스마트스토어]에서 스토어의 이미지를 만들 수 있어요. 브랜드에 어울리는 이미지로 메인 화면을 꾸며보세요. 스토어는 처음에 만들고 한동안 헤맬 수 있어요. 이것저것 직접 클릭해보면서 꼼꼼히 살펴보세요. 이렇게 스토어를 만들고 상품 등록까지 완료했다면, 스토어의 주소를 SNS에 올리고 판매가 이루어지도록 유도합니다.

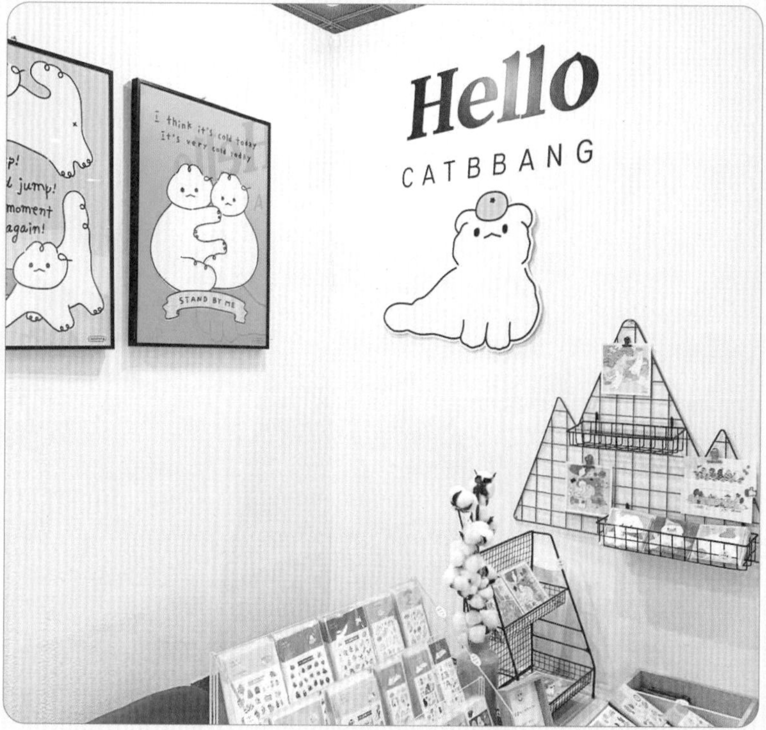

03

오프라인 행사 참여하기

NOTE

초반에는 스마트스토어를 통해 온라인 판매를 해도 매출이 잘 나오지 않을 수 있습니다. 많은 사람이 유입되어야 많은 주문이 이루어지는데, 이런 아쉬움을 문구 행사나 페어에 참여함으로써 보완할 수 있습니다. 또한 구매자들과 직접 만나서 그림과 제품에 관한 이야기를 들을 좋은 기회이기도 합니다. 다양한 문구 행사에 직접 참여해봅시다.

1. 문구마켓

문구마켓이라고 불리는 마켓 형태의 행사는 보통 소규모로 몇몇 작가들이 모여 대여한 공간에서 판매를 하는 형식인데, 정말 다양한 마켓이 열리고 있으니 여기저기 발품을 팔아 알아보아야 합니다.

가장 많은 작가들이 참여하는 마켓으로 '서문제(서울문구축제)'가 있습니다. '까만너구리'라는 네이버 블로그로 운영되며 부스 모집 글이 올라오면 신청할 수 있어요. 글 알림 설정을 해두면 편하게 체크할 수 있습니다. 그 밖에 '건너건너마켓', '취미상점', '선유야옹이마켓', 온라인에서 진행되는 '월간문구전' 등이 있습니다. (2022년 기준). 마켓은 지역별로 다양하게 열리고 새로 생기는 마켓, 없어지는 마켓도 많으니 계속해서 관심을 가지고 소식을 업데이트해두세요.

가장 좋은 방법은 SNS에서 다른 작가들이 참여하는 마켓을 눈여겨보다가 이후에 모집할 때 참여하는 방법입니다. 마켓에 참여하려면 여러 제품과 넉넉한 재고를 보유하고 있어야 참여가 수월하니, 평소에도 제품을 계속해서 제작해두는 것이 좋습니다.

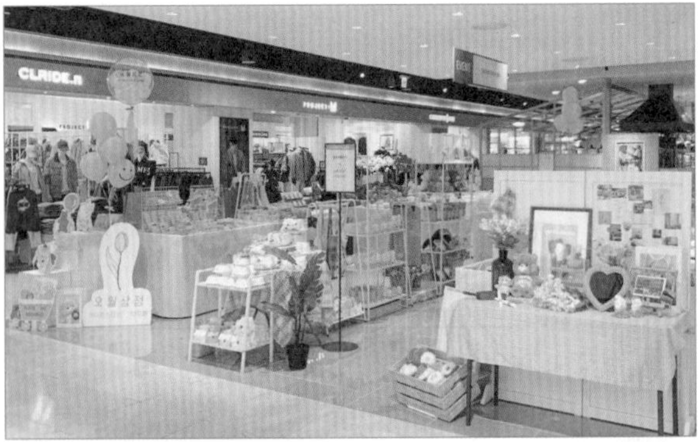

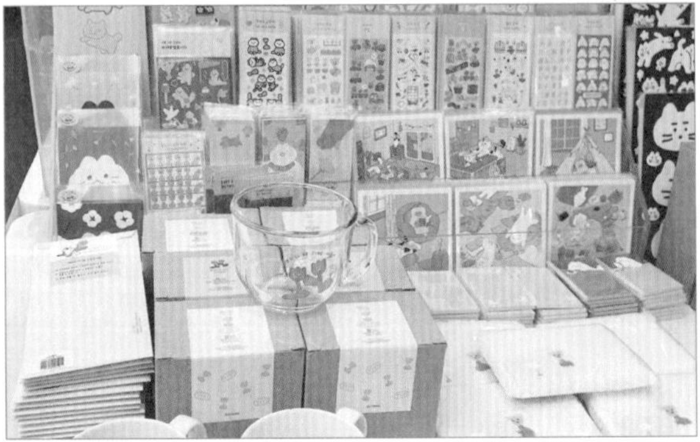

2. 페어

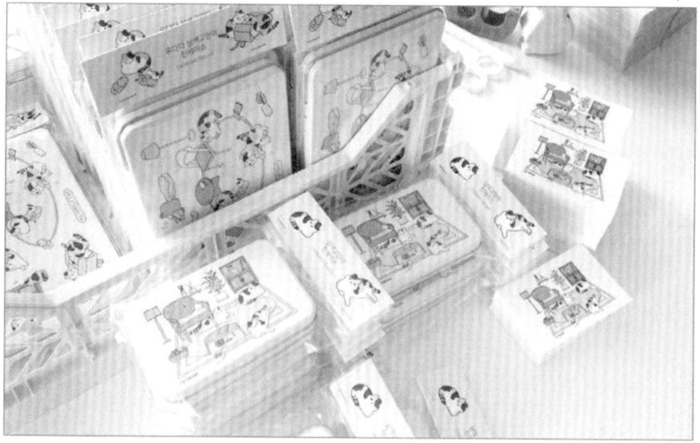

마켓보다 큰 사이즈인 페어에는 대표적으로는 '서일페'라고 불리는 '서울 일러스트레이션 페어'가 있어요. 1년에 두 번, 여름(7월), 겨울(12월)에 열리는 큰 행사로 굉장히 많은 작가들이 참여하는 대형 행사입니다. 부산에서 열리는 '부산 일러스트레이션 페어'도 있습니다.

서일페의 참여 신청률이 매해 높아지고 있어요. 그만큼 1인 창작 브랜드를 운영하는 사람이 많아지고 있다는 뜻이기도 합니다. 신청은 약 6~8개월 전에 시작되며, 인스타그램에서 서일페 계정을 팔로우해두면 각종 공지를 빠르게 확인할 수 있습니다. 혹은 카카오톡 친구 등록을 하고 정보를 받을 수 있습니다. 신청 기간에는 정말 많은 사람이 한 번에 접속하므로 서버가 다운되기도 하니, 타이밍을 잘 맞춰서 늦지 않게 신청해야 합니다. 서일페의 경우 포트폴리오 10점을 준비해서 카피라이트 표시 후 자신의 SNS에 업로드해 놓아야 합니다. 평소에 작업해두었던 작업물 10점을 잘 준비해 놓으세요.

그 밖에 'K-일러스트레이션페어', 'DDP디자인페어', '서울일러스트코리아' 등 페어의 종류도 점점 많아지고, 참여할 수 있는 폭이 넓어지고 있어요. 일러스트페어의 경우 약 3~4일간 참가하며 그만큼 다양한 업계 사람들과 작품, 구매자를 현장에서 만날 수 있는 좋은 경험이 될 수 있으니 한 번쯤 경험해보는 것도 좋습니다.

· 일러스트레이션페어 사이트
서울 일러스트레이션 페어 http://seoulillustrationfair.co.kr
부산 일러스트레이션 페어 http://busanillustrationfair.co.kr

04

소품숍에 입점하기

NOTE

마켓과 페어 참가로 여러 경험을 쌓다 보면 시야가 좀 더 넓어집니다. 그만큼 작업 스타일이나 방식 등이 성장하고 마켓과 페어를 준비하며 다양한 제품을 제작하게 됩니다.
이때 소품숍이나 편집숍 입점을 통해 판매 루트를 확장해 보는 것도 좋은 방법입니다. 커지는 문구 시장의 규모만큼 소품숍도 많이 생기고 있습니다. 그만큼 입점할 기회가 많아졌으니 여러 곳에 입점해보도록 합시다.

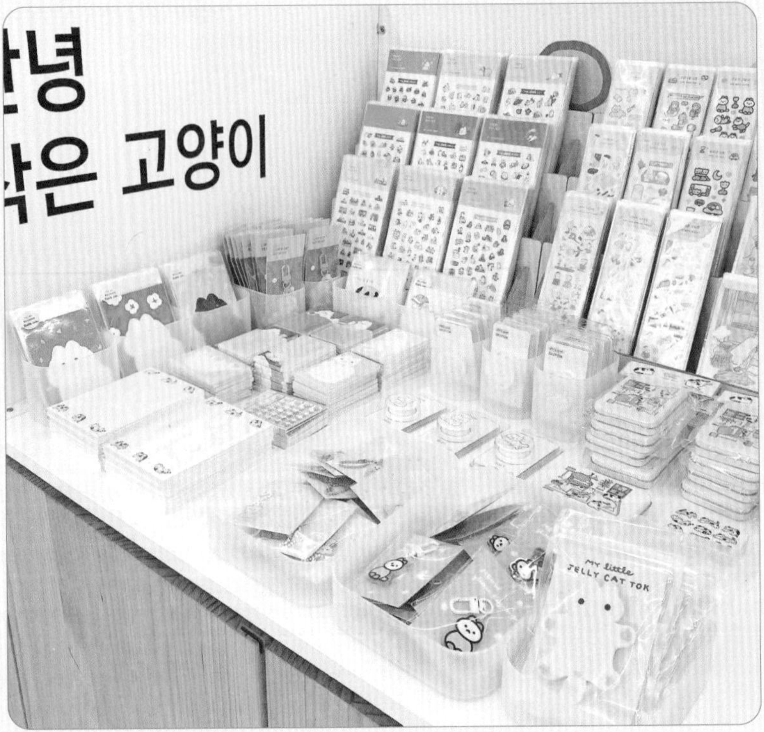

주변을 둘러보면 소품숍 한두 군데는 쉽게 볼 수 있습니다. 브랜드를 운영한다면 다양한 소품숍을 방문하여 직접 여러 제품을 보며 공부하는 것도 좋은 방법입니다. 어떠한 제품류가 있는지 어떠한 방식으로 만들었는지, 포장 방법은 어떠하며, 가격대는 어떠한지 직접 보고 파악해보면 이후 새로운 제품을 구상하는 데 큰 도움이 됩니다. 이때 디자인 등을 비슷하게 카피하는 일이 없도록 반드시 유의해 주세요.

바로 이렇게 구경을 갔던 소품숍에도 입점할 기회는 얼마든지 있습니다. 대체로 소품숍마다 SNS와 스마트스토어를 운영하고 있어요. 소품숍의 SNS에서 입점 공지가 뜰 때를 기다리거나 혹은 먼저 입점하고 싶다고 연락을 할 수도 있습니다. 어떠한 소품숍이 있는지 모른다면, 다른 작가들이 입점한 소품숍을 보고 참고해보세요. 판매하는 제품의 사진을 준비해서 포트폴리오를 만든 뒤 소품숍에 먼저 입점 문의를 하는 것도 좋습니다.

이렇게 소품숍에 입점하게 되었다면, 대부분 매월 판매 수수료를 떼고 정산하는 방식으로 진행됩니다. 사업자등록증이 필요하며 일반사업자보다 간이사업자의 수수료를 조금 더 내는 곳도 있으니 입점 진행 시 꼼꼼하게 체크해보세요.

소품숍에 입고할 제품과 입고 리스트를 준비해서 발송합니다. 제품을 입고했다고 끝나는 게 아니라, 매월 재고 파악하면서 추가 입고를 준비하고, 신상품도 지속해서 제작해 입고해야 합니다. 그래야 새로운 제품으로 인해 자신의 브랜드에도, 입점처에도 선순환이 됩니다. 그 밖에 어느 일정 시기가 지나 판매가 저조하거나 단종 예정인 제품이 있다면 입점처에 반송 요청을 해서 제품군을 계속해서 관리해주세요. 정해진 매대 공간이 있으므로 계속 신상품만 입고하면 공간이 부족할 수도 있어요. 제품군을 꾸준히 관리하여 정해진 공간을 효율적으로 활용하는 것 또한 성공적인 판매의 길입니다.

한 달이 지나 정산받을 때, 간이사업자는 현금영수증을, 일반사업자는 세금계산서를 발행합니다. 이렇게 입점처를 하나둘 늘려가며 판매를 확장하고, 그와 동시에 스마트스토어 판매도 꾸준히 관리해주세요. 초반에는 택배를 보낼 일이 적어 근처의 편의점이나 우체국 등을 이용하게 되지만 지속적인 판매가 잘 이루어진다면 택배사와 계약을 진행합니다. 작업실이나 사업장으로 배송하러 오는 택배 기사님에게 문의해서 진행하는 것을 추천하는데, 문의하기 전에 한 달에 어느 정도의 물량이 있는지 미리 파악해두면 상담을 수월하게 진행할 수 있습니다.

첫 번째 봄 이야기

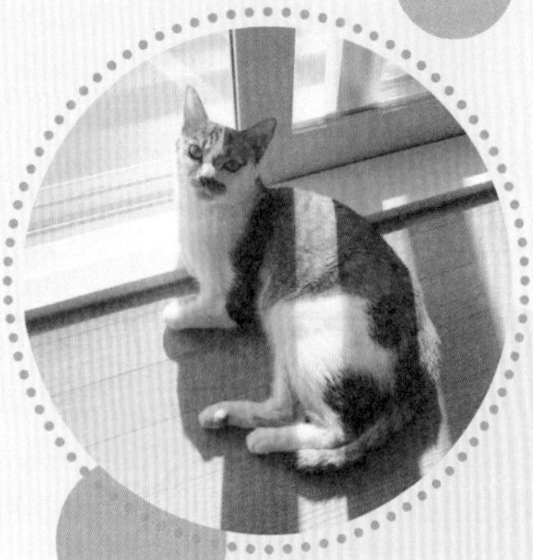

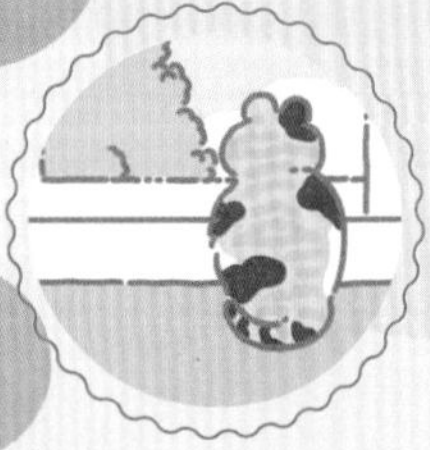

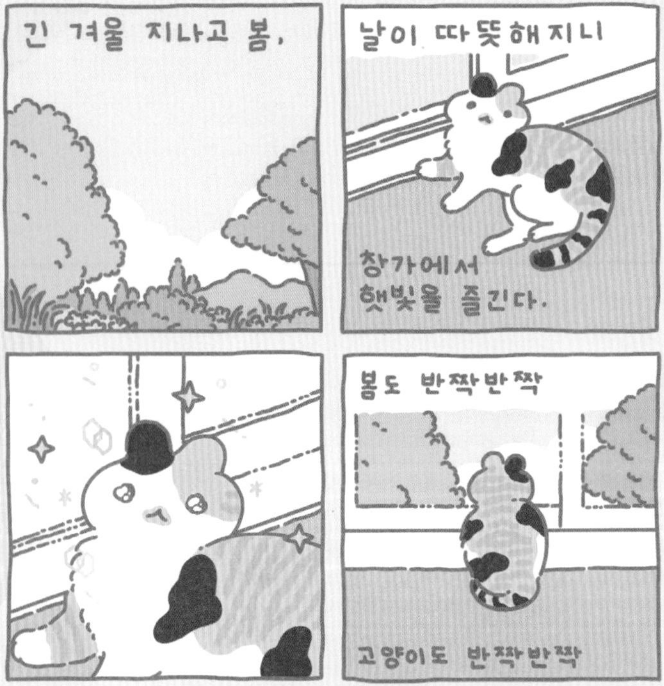
긴 겨울 지나고 봄,
날이 따뜻해지니
창가에서
햇빛을 즐긴다.
봄도 반짝반짝
고양이도 반짝반짝

오늘 하루도 반짝반짝 해요✧

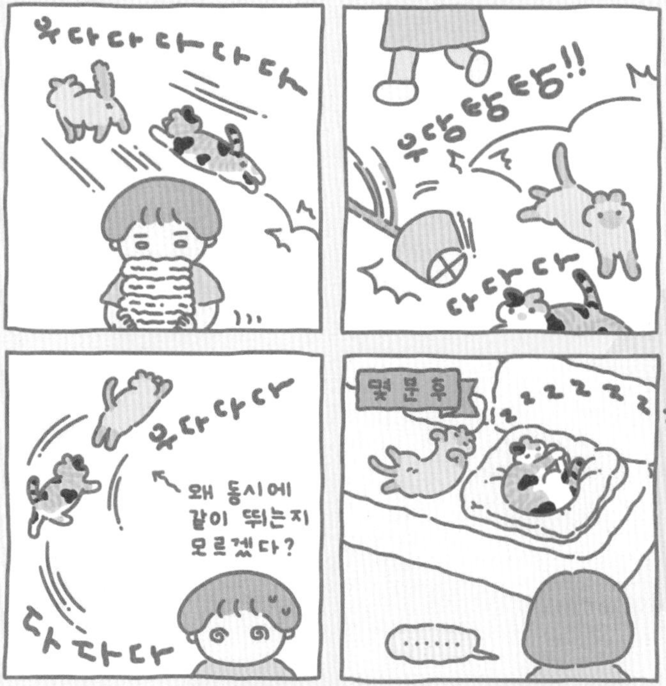
우다다다다다다
우당탕탕!!
다다다다
우다다다
왜 동시에
같이 뛰는지
모르겠다?
다다다다
몇분후
....

고양이도 잘 때가 제일 예... 쁘다.

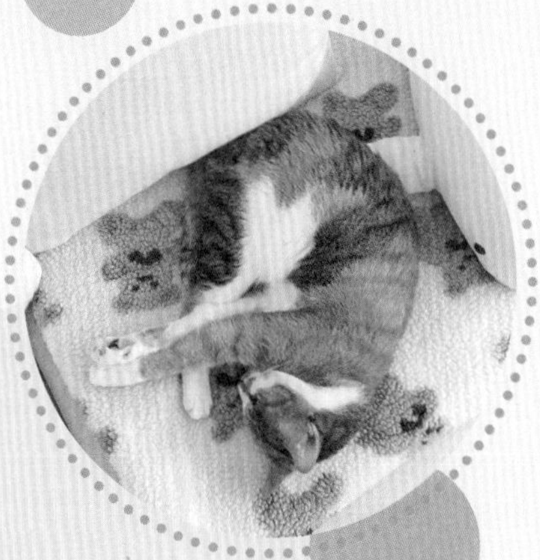

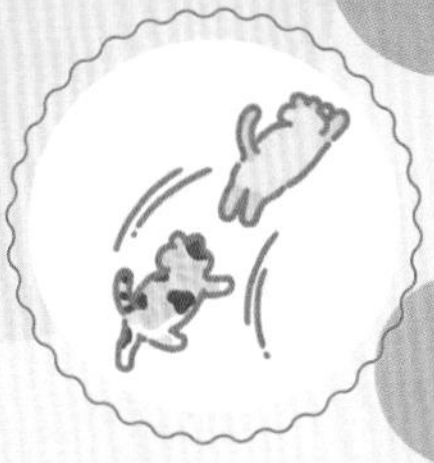

세번째 봄 이야기

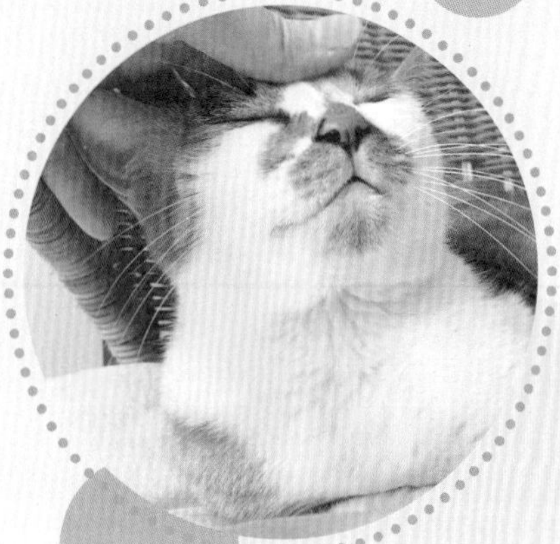

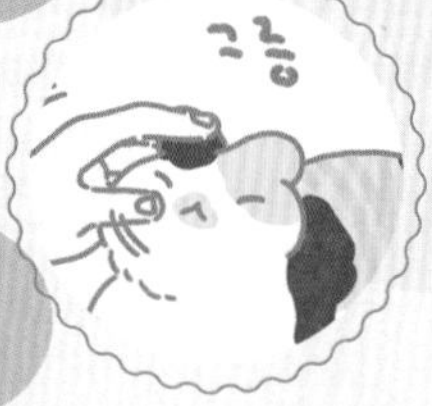

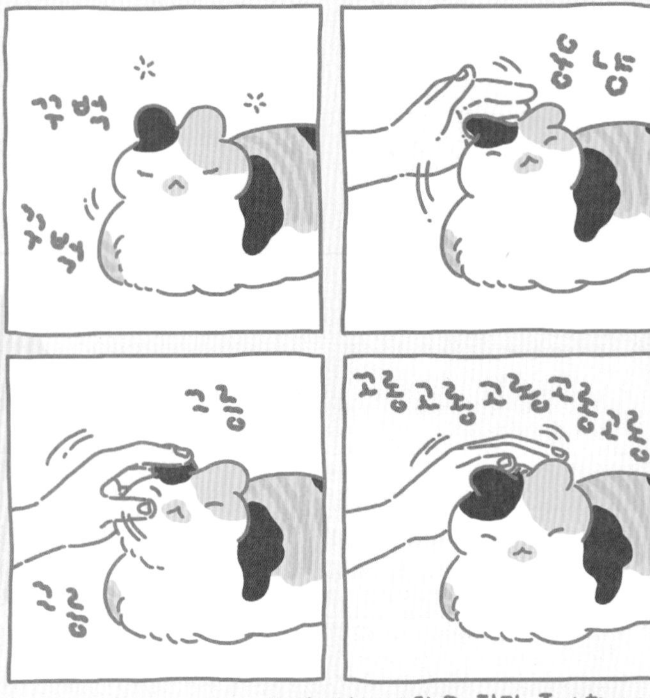

고양이는 사람을 정말 좋아한다 ☺

네 번째 봄 이야기

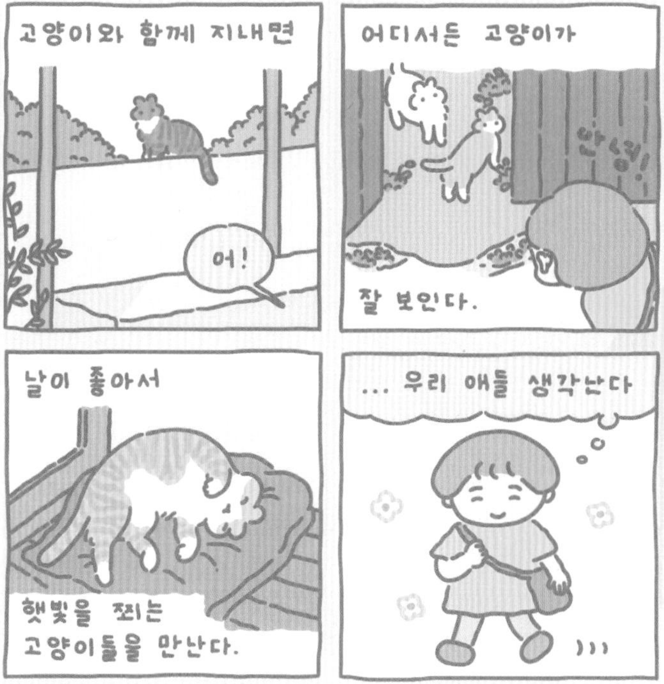
고양이와 함께 지내면
어!
어디서든 고양이가
안녕!
잘 보인다.
날이 좋아서
햇빛을 쬐는
고양이들을 만난다.
... 우리 애들 생각난다

얼른 집에 가야지...!

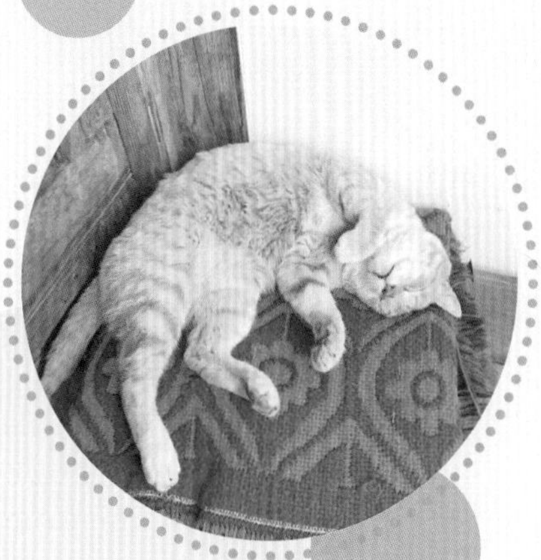

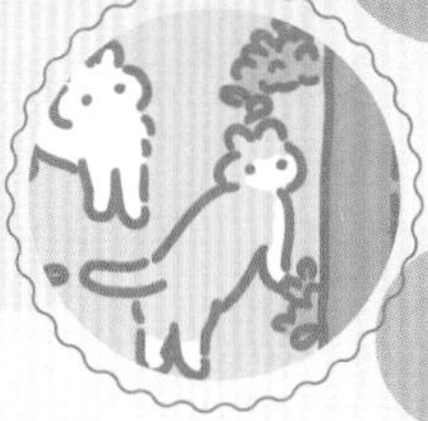

퇴근 후, 굿즈만들기

초판1쇄 인쇄 2022년 07월 11일
초판1쇄 발행 2022년 07월 18일

지은이 고양이빵집
펴낸이 최병윤
편집자 이우경
펴낸곳 리얼북스
출판등록 2013년 7월 24일 제2020-000041호
주소 서울시 서대문구 증가로30길 29-2, 1층
전화 02-334-4045 팩스 02-334-4046

종이 일문지업
인쇄 수이북스

ISBN 979-11-91553-39-0 10650
가격 15,800원